U0062589

我
思

敢于运用你的理智

湖北省公益学术著作
Hubei Special Funds 出版专项资金
for Academic and Public-interest
Publications

海德格尔《存有与时间》阐释

陈荣华　著

长江出版传媒｜崇文书局

图书在版编目（CIP）数据

海德格尔《存有与时间》阐释 / 陈荣华著 . -- 武汉：
崇文书局，2023.7
（崇文学术文库·西方哲学）
ISBN 978-7-5403-7302-3

Ⅰ . ①海… Ⅱ . ①陈… Ⅲ . ①海德格尔（Heidegger,
Martin 1889-1976）—哲学思想—研究 Ⅳ . ① B516.54

中国国家版本馆 CIP 数据核字（2023）第 061037 号

2023 年度湖北省公益学术著作出版专项资金项目

本书简体中文版由台湾大学出版中心授权出版
著作权合同登记号 图字：17-2023-042

海德格尔《存有与时间》阐释
HAIDEGEER CUNYOU YU SHIJIAN CHANSHI

出 版 人	韩　敏
出　　品	崇文书局人文学术编辑部·我思
策 划 人	梅文辉（mwh902@163.com）
责任编辑	梅文辉
装帧设计	甘淑媛
出版发行	长江出版传媒 崇文书局
地　　址	武汉市雄楚大街 268 号 C 座 11 层
电　　话	（027）87677133　邮政编码　430070
印　　刷	湖北新华印务有限公司
开　　本	880mm×1230mm　1/32
印　　张	11.625
字　　数	260 千
版　　次	2023 年 7 月第 1 版
印　　次	2023 年 7 月第 1 次印刷
定　　价	98.00 元

我
思
敢于运用你的理智

ISBN 978-7-5403-7302-3

（读者服务电话：027—87679738）

三版序

本书再版至今，已匆匆十年。在这段时间内，无论中文与外文，都出版了很多海德格尔哲学的书籍和论文。尤其在中国大陆，研究海德格尔的学者更是蜂拥群起，著作大量出版。两岸阻隔数十年，文字使用已有差异。对于海德格尔的哲学词汇，各有不同的翻译。读者阅读海德格尔哲学的中文著作时，由于相同的德语词汇有不同的中译，便容易造成混淆。况且，海德格尔常自创哲学语词，中文无法找到适当的翻译，读者便难以掌握。若只凭中文翻译的字面意义，更会令人误解。并且，这十年内，哲学讨论的方向和兴趣稍有改变。以前哲学不讨论的，如今已成显学；以前常常讨论的，如今弃如敝屣。因此，在理解海德格尔哲学时，若能在当前的哲学讨论方向上，读者会更感兴趣，也更易理解。我想趁这次改版的机会，一方面重新检讨海德格尔哲学词汇的中文翻译，另方面作出修改和加入注脚，让海德格尔更接近当前哲学讨论的方向，使读者对海德格尔哲学有更切身的理解。

海德格尔著作 *Sein und Zeit* 的英译是 *Being and Time*，我把它译作《存有与时间》。在中国大陆，大都把 Sein 译成"存在"，而 *Sein und Zeit* 的中译便是《存在与时间》。在海德格尔，Sein 与 Seiendes 是一对相关的词汇（参考本书第一章附录）。粗略而言，Sein 可说是形而上的，而 Seiendes 是形而下的。这有点像"形而上者谓之道，形而下者谓之器"。Sein 似乎是视而不见的道，Seiendes 仿佛是具体的器具。正如道和器的关系——它们虽不同，但不截然二分，反而互相统一，相辅相成，即中国哲学所谓的道器不离。Sein 与 Seiendes 虽不同，但不各自分离独立，而是统一的。

我不把 Sein 译成"存在"，因为"在"似乎是属于具体事物的，容易与 Seiendes 混淆。正如我们眼前的东西，它们是 Seiendes，是一个个的"在"。可是，若把 Sein 译成"有"，则似乎比较抽象，减轻了它的具体意义。于是我把 Sein 译作"存有"。相对而言，我不把 Seiendes 译作"存在物"或"存在者"，而把它译作"存有者"。

既然 Sein 的主要意义是"有"，则我把海德格尔另一个非常重要的词汇 Dasein 译作"此有"，不是如中国大陆学者般译作"此在"。基本上，Dasein 是人的专称，它是指人的存有。人当然是存有者，因为他有具体的一面。但凡存有者都有存有，根据海德格尔，人的存有是 Dasein，这是说，人与其他事物在本性上的不同，是由于他"理解存有"。一块石头本身不会理解存有，动物或许有各种意识，但它们的意识不能"理解存有"，唯有人才能理解存有。用中国哲学的词汇来说,动物或许可以理解它的环境或周遭中的事物,但它不能理解"道"。只有人才能理解"道",这是人之所以是人的本性,也是他的存有。

若把 Dasein 译作"此在",似乎强调人的"在",没有强调他的"有"。的确,人有具体的"在",正如我今天在课室里,昨天在家里。但海德格尔的 Dasein 不是指人拥有特殊的"在",而是拥有特殊的"有"——他拥有"理解存有"。这是他与其他事物在本性上的区别。

海德格尔曾说:"此有的本性在它的存在(Existenz, existence)。"(参考§9)我把 Existenz 译作"存在"。我们要注意,海德格尔这句话是说"此有的本性",所以这不是指此有拥有具体的存在;我用"存在"一词,是指此有的本性,是它的存有学性格(参考本书第六章§28的阐释)。大体而言,只有人才能超出(exist 中的 ex)他的当下(现在),到达将来(或他的目的)和返回他的过去。对于其他事物的本性,却只停留在当下(现在),无法同时到达将来和返回过去。简单地说,人本性上总是在他的当下里,投出到将来的种种目的中,也带着他过去的种种经验。因此,人本性上是现在的,同时也是将来和过去。他的"在"显然与事物单纯在当下的"在"不同。对于人的"在",可称为"存在"。海德格尔采用的 Existenz 与存在主义者(existentialism)所指人的存在非常类似。

很多中国大陆的著作以"实存"翻译海德格尔的

Existenz，这个翻译是不错的，因为它可以与具体事物的存在区别出来。但若采"实存"一词，似乎要将"存在主义"译作"实存主义"了。不过，existentialism 译作存在主义已被沿用了数十年，早已成为我们的习惯，若现在要改为"实存主义"，实在太过别扭了。然而，当把海德格尔的 Existenz 译作"存在"时，我们要注意这不是指具体事物拥有的存在，而是存在主义主张的存在，就不会误解。

海德格尔的 Verstehen (understanding)，我原来译作"了解"。这是由于海德格尔认为 Verstehen 来自现象学。现象学的定义是："让那显示自己者，正如从其自己显示自己般地被看见。"（参考第一章§7) 它是强调"看"，而"了解"中的"了"强调"眼睛"。不过在这十年间，Verstehen 通常译作"理解"，也被大部分学者接受。海德格尔后期强调语言，因此他不再注重"看"，而强调"听"。由听而得到天地万物的存有，这也可说是理解。所以我从善如流，把原来的"了解"，全部改成"理解"。

海德格尔《存有与时间》还有几个词汇，不仅无法用适当的中文翻译，即使它原来的德语也与一般德语意义不同。读者看到这些词汇时，最好完全忽略它的字面意义，改从海德格尔对它们的定义和文本的脉络去理解。首先是 Besorgen、Fürsorge 和 Sorge，我分别译作"关切"（参考§9 及§15)、"关怀"（参考§26)和"关念"（参考§41)。根据海德格尔，关切 (Besorgen) 是指人与世界或世界中之物的关系。例如，我坐在椅子上，这时我与椅子的关系是关切。关怀（Fürsorge）是指人与别人的关系。例如我怜悯一位老人，这时我与老人的关系是关怀。至于关念（Sorge），则是指人的存有结构。对于海德格尔，人的存有是"在世界中的存有"（In-der-Welt-sein, Being-in-the-world），本书简称为"在世存有"。这是说，人在本性上不封闭在内心里，而是超出内在到达外在世界或世界中之物去（亦即上文的 Existenz 之意）。对于这个从内在到达外在的结构，海德格尔给它一个相当复杂的语词，称为"到了自己之前的存有——早已在（世界中）（ahead-of-itself-Being-already-in-[the-world]），且作为靠存有（Being-alongside）（它遭逢世界中的存有者[entities encountered within-the-world]）"（参考§41）。目前我们无须明白这个语词的意义，只要明白，关念的意义是指人的这个结构。

并且，海德格尔认为，由于人的存有结构是 Sorge，因此才能与世界或世界中之物发生关系，他根据 Sorge 的字根，称之为"关切"（Besorgen）。同理，由于 Sorge，人才能与别人发生关系，他仍根据 Sorge 的字根，称之为"关怀"（Fürsorge）。海德格尔采用 Besorgen 和 Fürsorge 二字，主要便是因为它们来自 Sorge。

Sorge 的英文翻译一般是 Care，中文翻译通常是"烦"或"挂念"。无论英译和中文，都有浓厚的心理学意涵。但 Sorge 是指人的存有结构，是他与世界或世界中之物（或别人）的关系。这是对人的存有之描述，与人的心理完全无关。我把 Besorgen、Fürsorge 和 Sorge 分别译作"关切""关怀"和"关念"，是由于它们有相同的字根，这正和海德格尔一样，主要是根据相同的字根而命名。读者看到这三个语词时，不要被字面意义蒙骗，而要根据海德格尔文本的脉络去理解它们。

另一个难以翻译的语词是 Schuldigsein（参考§58），英译是 Being-guilty，它是根据德语的字面意义翻译的。中文往往译成"罪责存有"，这也是字面意义的翻译。然而，无论德语、英译和中译，都有过重的价值意义。海德格尔在《存有与时间》常强调他的现象学分析仅是描述，不是价值判断。因此，本书的哲学词汇都是中性描述，没有价值意涵。所以当海德格尔说人的存有是 Schuldigsein 时，他不是说人的存有是有罪的或承担种种的罪而负责。基本上，海德格尔是指人的存有是有限的。对于人的有限性，他称为"不"（Nicht, not; 亦可译作"无"）。这是说，人的存有具有很多"不能""无能为力""无可奈何"或"不得不如此"等。例如，人不能从世界中独立出来，成为一个没有世界的个体；对于他是在世存有，他完全无可奈何，也无能为力。他无法抗拒，也不能逃避；他被丢掷到世界中，只能接受，这是他不得不如此的宿命。人对自己存有的基本限制，完全无法自己操控。对于人的无法控制的种种基本限制，就是人的"不"，也是人的 Schuld 或 guilt 或罪。

我把 Schuldigsein 译作"欠咎存有"是逼不得已的决定。中文根本没有这种用法，这是没有意义的词汇。不过，它有一个好处，即可以避免读者用字面意义去理解它。我采用这个翻译，主要是我要用"欠"和"咎"两个字来解释§58中海德格尔对 Schuldigsein 的说明。"欠"是指"欠缺"或"亏欠"。无论事物或人的多种情况，都有不同的"欠缺"或"亏欠"。这些"欠缺"或"亏欠"都各有所"归咎"。海德格尔在分析各种"欠缺""亏欠"和"归咎"后，最后指出人的存有的"欠缺"和"亏欠"就是"不"。这是无可归咎的，因为当人被丢掷到这里时，他是不得不如此的。换言之，当他是人时，他就是如此。这没有理由可言，似乎就是如此地加诸人的身上。这不是人的罪，人对它没有责任，更无可归咎和责备。

《存有与时间》的 Gewiss，英译为 conscience，一般中译是"良知"。

这个翻译是可以接受的，但"良知"有很强烈的道德价值意涵。当我们责骂说："这个人没有良知。"这意涵了良知是正面价值的，失去它是不好的。不过，海德格尔的"良知"没有价值意涵。它不是好的，也不是坏的，它是中性的。它是人的存有的一个机制，能把人从非本真的存在唤醒，呼吁他回到本真的存在去。至于这是好的或是坏的，海德格尔不加评论。

同理，本书的"沉沦""闲聊""好奇""本真存在"和"非本真存在"等语词，都没有价值意涵，全都是对人的存有的中性描述。海德格尔不是说它们是好的或坏的，而仅是说人有这些不同的存在方式。这是对人的中性描述，不是对人的评价。

　　《存有与时间》是海德格尔的早期著作，当时他尚未满四十岁。八年后，他完成《形上学导论》(*Einfuhrung in die Metaphysik*) 和《论真理的本性》(*Vom Wesen der Wahrheit*)，学者大都认为这是海德格尔后期哲学的开始，也是欧陆后现代哲学的确立。后现代哲学的现象学、诠释学、批判理论和结构主义，都是在海德格尔哲学的影响下，而它们的哲学论述大都预设海德格尔的哲学概念。因此，此书上接胡塞尔 (Edmund Husserl) 的现象学，下开欧陆的后现代思潮。假若读者要深入理解欧陆当代哲学的主要思潮，《存有与时间》是必读的书。我希望本书能带领读者进入海德格尔和欧陆当代哲学的殿堂，打开新的视域，以新的观点来看看人生和宇宙之美。

陈荣华

2017. 5. 31

序

　　海德格尔哲学很难，这几乎是哲学上公认的。我想这有两个理由。首先，海德格尔常自创新字，让读者难以理解。但这点并不难解决，因为即使在阅读古文时，也是满纸看不懂的新字。我们只要参考注释，根据脉络，就可以理解它的意义了。我认为，海德格尔哲学的困难，主要由于它颠覆了我们一般的想法。初读哲学的人，难免认为哲学是重理性的学问。哲学系内的基本课程——尤其是西方哲学，大都是讨论哲学家提出的论证，因此哲学似乎成为关于逻辑推论的学问。即使不是哲学系的学生，大都承认亚里士多德（Aristotle）"人是理性的动物"的名言，甚至以成为一个理性的人为傲，因此，理性成为解决一切知识难题、获得真理的唯一途径。而且，理性又创造了各种科技产品，解决人类生活的困难，带来方便。所以，在现在的社会里，大部分人都承认理性的权威，认为它是解决一切问题的钥匙。

　　不过，我们或许可以问："人是理性的动物"这句话，是否可以由理性证实呢？至少，亚里士多德没有提出证明。在西方哲学中，似乎也没有哲学家尝试证明它。它是否不证自明呢？若是，为何它是不证自明的？若不是，则它仅是一个假设。但为何要假设它，而不假设别的？若它是假设，则它没有必然性。那么，有没有更适当的假设呢？又何谓更适当的假设呢？当我提出以上的问题时，是否仍表示我是一个理性的动物呢？是否我已超出理性，在另一个领域中反省理性呢？若是，这个领域是什么？它是真实的，或是虚幻的？这些都是我们可以进一步深思的问题。

在中国古典哲学里，根本没有"人是理性的动物"观念，不过，古人不是正如西方哲学家那样，都拥有哲学知识吗？"一阴一阳之谓道"是宇宙论知识，"人皆有恻隐之心"是人性论知识，"何必曰利，亦有仁义而已矣"基本上是伦理学义务论的主张，"听之以气。气者，虚而待物者也"可以说是知识论的主张。我们难以否定这些都是哲学知识，但它们都不是由理性而得。并且，除非我们非常独断，否则都难以否认它们包含一部分的真理。那么，古人是如何知道它们的？并且，它们出现在哪个领域里？这个领域是否比理性的领域更为基本？

海德格尔不反对理性，他承认理性可以带来知识和真理。他的思考是更深入的。他要追问，理性是不是人的理解的基本活动？它带来的是不是基本的知识？是否尚有更基本的理解活动和领域？若有，是否根据它们，可以让我们明白理性的有限性呢？海德格尔承认有这种活动和领域。不过，由于它比理性更为基本，则对于习惯运用理性的现代人而言，这个领域非常陌生，因此也是难以理解的。他的哲学来自一种比理性更为基本的理解活动，他描述的领域也比理性的领域更为基本。但这不是说，我们从未有过这种活动，也不是说我们从未到过这个领域，相反地，它深藏在我们个人的心坎里，抚慰着我们的心灵，是我们的本性、终极的家园。海德格尔指出，由于现代人忙于追逐外物，所以早已"离乡背井，流浪于外"。对于久别家园的现代人，回到故乡是温馨欢愉的。海德格尔哲学仿佛是一道光芒，照亮我们心中的家园，让流浪于外的我们回到久别重逢的家里。然而，这个家园虽是似曾相识，但也是非常陌生的。要重新认识它，不仅需靠努力，还要靠一些天分，缺一不可。

首次接触海德格尔哲学时，往往好像看到一幅抽象画。对于它的各部分，我们似乎都看得懂，但却不明白它们为何如此组合，也不知道它的整体意义。在这种情况下，如何才能看懂它呢？通常，如果有人指出这幅画的整体意义，则整幅画及它的细节立即变得豁然开朗、充满意义、令人欢愉，甚至手舞足蹈。所以，在看画时，虽然我们的视线通常只注意它的部分，但我们必须先看出它的整体意义，才能理解它的部分。可是，如何才能看出它的整体意义呢？这不是靠逻辑方法，也不是靠一瞬间的直觉，而是要靠个人的努力和天分，缺一不可。

初次阅读海德格尔的著作，也有同样的情况。我们可以看懂各自独立的句子，却看不懂整个段落，更不用说整本著作了。所以，我们往往匆匆看了几页后，便无法继续，毅然放弃。一方面，这是由于我们尚未明白它的整体意义，故难以连贯各句子的意义以构成一个意义整体；另方面，因为我们不自觉地根据一般的思考方式去理解它的语言，因此发现它跟我们的经验难以配合，便认为它不可理解，甚至是怪诞荒谬的。

其实海德格尔也明白一般读者的困难，所以，他在各章节的开始时，都先说明该章节的整个工作，让读者先行理解它的整体意义。其次，为了避免读者以一般的思考方式去理解他的哲学，他常自创新的词汇。他最常见、也是最著名的自创词汇就是 Dasein，本书译作"此有"。两千多年来，哲学家对于人的意义，已给出无数的定义。所以，当我们听到"人"这个字时，会不自觉地以传统意义去理解它。海德格尔为了避免传统意义的入侵，根据他自己的哲学主张，将人命名为 Dasein。这字的字根，意指存有在这里。人的基本意义是指存有在这里，由于存有在他这里，所以人理解存有，因此，根据海德格尔，人的基本意义是他理解存有。

当海德格尔使用 Dasein 来定义人时，他一方面要打断读者的一般想法，另方面要重新定义人的意义。不过，由于这个定义是崭新的，故在初次接触它时，我们难以理解它的深义，反而觉得它非常空洞和不合常理。并且，对于首次出现的新词汇，海德格尔都不会详作定义。这不是海德格尔的疏忽，而是他的哲学使然。在海德格尔，理解一个词汇，不是要把握它的概念，而是要让这个词汇所指的事物，显示出来，让我们看到；并且，要深入理解它，也不是要更深入地定义它，而是要在不同的脉络上应用它，让它的意义更形丰富。

我们以一个中国哲学的例子来说明。孟子说："恻隐之心，人皆有之。"要理解这句话，不是要获取它的概念；在理解这句话后，也不是在我们的心灵中多了一个概念，而是它改变了我们，理解它与概念完全无关。要理解它，或许我们要开放自己，让恻隐之心自然显示出来。我们或许可以设想自己看见孺子将入于井，反复看看恻隐之心会否油然而生、显示出来。若我们看到它显示，则我们理解孟子这句话，并且，从此改变了我们对自己的理解。再者，若要深入理解它，不是要更深入反省它的内涵，而是要理解它在不同的脉络下显示出来的意义，再将这些意义全部连贯起来，构成一个更丰富的意义整体。例如在孝顺父母、尊敬师长、敦亲睦邻、朋友交往时，恻隐之心会显示出不同的意义。当它出现在新的脉络时，它显示出新的意义。无尽的新脉络，会有无尽的新义，那又怎能给它一个固定的定义呢？

所以，在接触海德格尔的哲学词汇时，我们尽量不要以一般的观念强套在它之上，而是开放自己，根据当时的脉络去理解它，让它的意义自然显示，然后再看它出现在其他脉络上的意义，尽量一致地解释它们，组织成一个意义整体。于是，在新词汇出现时，我们必须根据脉络，反复思量其义，牢记于心，在它下次出现时，再次在其脉络上理解它，连贯它以前的意义。若它们的意义相通，则表示我们的理解是正确的；若它们不相干或甚至是矛盾的，则必须重新检讨，直至它们再度相通。在许许多多的意义里，只要一旦组织出它的基本意义，则其他脉络下的意义便会迎刃而解、了然于胸。

再者，由于海德格尔的哲学词汇要在脉络上理解，但脉络环环相扣，故只要误解其中一个，其他的词汇亦会同遭误解。反之，若能正确理解其中一个，则仿佛打开一条通道，只要沿着它，就可以通达到其他的词汇去，彼此相连，构成一个完整的意义。"君子之学贵慎始"，在阅读海德格尔这本著作时，必须在开始时建立正确的理解，在它的引导下，才容易贯通全文。

我建议，读者要细读此书的首页。此页虽然只有区区数行文字，但却指出全书的要旨及其进行方式。其次，它的导论共有八节，这也是必须熟读的。其中第二节和第七节关于本书的方法论，它看似平淡无奇，其实是相当革命性的主张。它颠覆西方传统哲学的方法论，修正胡塞尔的现象学，深刻影响当代的诠释学，又提出新的真理观。这两节是一个可让人无尽发掘的宝藏。《存有与时间》一书，其实只是分析人的存有，它百转千回，但仍在这个方法论的限制下。在第四节，海德格尔提出两个重要观念：存在（Existenz, existence）和此有（Dasein），读者宜反复阅读、仔细玩味，始能扼要明白人的本性。第九、十二和十三节是对人的存有作全盘性、鸟瞰式的简介。这也是必须用心阅读的。读者若能明了以上数节，其他的篇章大概不会有太多困难了。

本书是《存有与时间》的逐节分析。我通常先把各节分成几个小点，然后逐点说明，不过，我也非常重视它们的连贯性。在每个小节的最后，通常我会指出上文与下文的相关性。所以，虽然此书是逐节分点阐释，但亦是一本连贯完整的著作。不过，读者若要深入理解海德格尔，最好把此书与海德格尔原书一并阅读，因为这才是踏实的学问工夫。

《存有与时间》有两个英译本，一个是 J. Macquarrie 和 E. Robinson 翻译的 *Being and Time*，另一个是 J. Stambaugh 的 *Being and Time: A Translation of Sein und Zeit*。在本书中，我采取前者的翻译，因为我认为它的文字组织较接近原著。并且，译者提供很多值得参考的注释，对原书的理解有很大的帮助；后者的译文力求通顺，但在文字组织上却似乎较为失真。不过，它把海德格尔后来在此书中所作的批注一并译出，若要理解海德格尔哲学的后期发展，这是非常重要的。

十多年前，我开始在台湾大学讲授《存有与时间》，至今已有两名学生因为无法看懂此书，在我跟前落泪。我一则以喜，一则以忧。以喜，是由于在目前的重利文化下，竟然还有年轻人为哲学而哭；以忧，是由于在英文书籍中，已出版多种阐释《存有与时间》的书，但中文的相关著作却尚未出现，以致喜爱哲学的人，难以理解它，亦因此难以接近当代欧陆哲学。今年是我的休假，我根据授课时的资料，希望以平易近人的语言，说明此书的深义。我相信，即使我的工作不是十分成功，但也绝不是一篇失败之作。可是，要理解海德格尔，最后还是要靠读者的努力与天分，缺一不可。

最后，这本书之能完成，我要感谢那两位在我跟前落泪的学生，没有她们的眼泪，我不会有写作的动力。我也要感谢我的家人，我忙于工作，疏于照顾他们。我还要感谢台湾大学哲学系的林正弘教授，没有他的帮助，此书无法出版。

陈荣华
2001. 3. 10

目 录

首页　本书的目的及进路

　　《存有与时间》的首页是一篇没有题目的文字。大体上，海德格尔是要说明此书的目的及进路。他首先引用柏拉图（Plato）《辩士篇》(*Sophist*) 的一句话，指出我们总是以为理解"存有"一词，[①]但当深入反省时，却发觉它并非如我们所理解的，因而觉得迷惑了。

　　对于使用中文的人，并没有如柏拉图所说："总是以为理解'存有'一词。"在中文，"存有"是专门的哲学名词，不是一般常用字，所以它不是一般人理解的词汇。但在希腊文、德文和英文，它却是非常普通。我们甚至可以说，若不理解此词，几乎无法说话。我们以英文来说明这点。在英文，存有是 Being，Being是 to be 的名词，而在很多基本语句中，都要使用这个字。例如，I

---

　　① 其实，柏拉图原文是使用希腊语的现在分词 *on*，意指存有着，而海德格尔也将它译成德语的现在分词 seiend，也是指存有着。但本书却将之译成存有，因为海德格尔接着立即把它关连到下文所说的存有（Sein, Being），这样的翻译似乎使上下文看起来较为连贯。并且，在海德格尔哲学中，存有不是指静态之物，而是指一个动态的过程，因此，以存有翻译 seiend（存有着），在意义上也是可行的。

am a boy, this table is round, the world is wonderful 等。当我们说这些语句时，我们是理解它们的，这表示理解其中的 am 和 is，亦即理解 Being 了。

在中文，以上语句的翻译是："我是一个男孩子"，"这张桌子是圆的"，"世界是美妙的"。这里的"是"基本上是一个系词，它把主词与宾词连系起来，成为完整的句子。不过，从另一个观点看，"是"将主词的意义说了出来。例如，"是"说出了"我"的意义是男孩子，"这张桌子"的意义是圆的，"世界"的意义是美妙的。当我们说"某个东西是……"时，我们便是要指出这个东西的意义。在哲学上，哲学讨论的是最基本的课题，当我们说："某个东西是……"我们便是要指出这个东西的基本意义。对于这个意义，通常我们称为"存有"。

现在，当我们说"我是……"，我们通常都理解这句话的意义。不过，我们真的理解它吗？我们理解"我"的基本意义吗？"我"到底是什么？"我"是一个灵魂吗？肉体吗？为何灵魂会被困在肉体内呢？"我"是一堆单纯的物质组合吗？若是，为何"我"又有各种欲望呢？"我"从何而生？死往哪里？于是，深入的反省让我们对"我"的存有困惑了。

同理地，桌子的基本意义是什么？是由于它有一个桌面吗？由于它有高度、宽度、硬度和颜色吗？它只是科学家所说的原子吗？为何现在是桌子，多年后会变成一堆废物呢？再者，世界又是什么？是一切客观事件的整体吗？但我的世界里不是还有快乐、欢笑、悲伤和痛苦吗？孔子的世界似乎不同于现在的世界？天下间只有一个世界吗？只要深入反省，各东西的存有都令我们万分困惑了。

2

　　两千多年前的柏拉图，已经开始讨论存有，但至今找到适当的答案了吗？海德格尔认为，不仅尚未有解答，现在的人甚至已经遗忘存有的问题，不再追问它。于是他认为，我们有必要再次提出存有的问题，追问存有的意义。所以，他指出这本书是要具体完成存有意义的问题。在这里，我们要注意，海德格尔所指的"问题"（Frage, question）①具有特别的意义。通常，"提出问题"是指我们向某人问一个问题。例如，我问："你要到哪里去？"这样，我就是把问题完成了。但显然地，海德格尔不可能只要我们去问一个问题，问完了就结束。其实，提出问题是要继续追问下去，直至得到答案。所以，提出问题基本上是指进行一个"探索"（Frage, inquiry），而完成问题是指完成一个探索，得到答案。所以，当海德格尔说，此书的目的是要完成存有意义的问题时，他是要探索存有的意义，直至得到答案。在下文，我会常使用"探索存有"和"存有意义的探索"来代替"存有问题"和"存有意义的问题"，因为我们实际上是要进行探索，不是仅提出问题。

　　在刚才的例子里，我们提出"我""桌子"和"世界"的存有，这似乎是说，这是三个不同的存有，它们各有不同的意义。但现在海德格尔却说，要具体完成存有的意义。显然地，这不是指各东西个别不同的存有，而是指存有一般的意义（der Sinn von Sein überhaupt, the meaning of Being in general），海德格尔也曾用过这个词汇（SZ15, BT31）。②的确，哲学的基本兴趣是讨论最基

---

① 在本书括号中，若有两种外文，则前面是德（原）文，后面是英译。

② SZ 是指 M. Heidegger, *Sein und Zeit, Martin Heidegger: Gesamtausgabe,*

本的课题，而存有一般当然比"我""桌子"和"世界"的存有更为基本。所以，海德格尔是要讨论一切东西的存有，探索其意义。

不过，我们对"存有"一词早已有很多误解。既然自柏拉图以来，都没有正确理解存有，表示整个西方哲学都误解了存有，而真正的存有意义则被遗忘了。对于海德格尔，西方传统哲学大体上认为存有的意义是手前性（Vorhandenheit, presence-at-hand），这是说，存有似乎是一个摆在我们前面的东西，一个实体。对于这样的存有，西方哲学有不同的解释，如柏拉图的理型（idea）、亚里士多德的形式（form）和质料（matter）、中世纪的上帝、现代哲学的心灵（mind）与广延（extension）、德国唯心论的心灵或主体（subjectivity）、经验主义的经验与料（sense-data）或事件(fact)等等。然而，无论如何，以上各种主张，似乎总是视存有为摆在那里的、呈现于某处的"在"（Anwesenheit, presence）。传统哲学中的存有，是以不同的方式"在"那里。

海德格尔不认为存有的基本意义是手前性的"在"，或实体性的"在"。我们或许可以说，存有（Sein, Being）的基本意义是"去存有"（zu sein, to be），用较简单的话说，这是指"延续下去"。我们若把存有的名词意义，改变为动词意义，便较契合海德格尔的意义了。一个东西若只是一刹那地"在"，则它是不可理解的，亦即，它不可能存在。换言之，一个东西要成为一个东西，它必须能够"延续下去"，这是说，由于它能够"延续下去"，所

Band 2 (Frankfurt am Main: Vittorio Klostermann, 1997)。BT 是指 M. Heidegger, *Being and Time*, trans. J. Macquarrie and E. Robinson (New York: Harper and Row, 1962)。

以它才"在"。但我们不能反过来说，由于一个东西"在"，故它才能"延续下去"，因为只有"在"的东西，不一定会"延续下去"。于是，讨论一个东西的存有，是讨论它"延续下去"的方式。

"我""桌子"和"世界"各有不同的"延续下去"的方式，这是它们各自的存有。但是，一切东西既然已经存在了，则它们也有一个"延续下去"的方式，这就是它们的存有了。海德格尔是企图探讨万物的存有。

中国哲学的"道"概念可以帮助我们理解海德格尔的存有，不过，我们必须先删除道概念的实体意义。若从海德格尔哲学的观点看，道不是指实体，它是从此到彼的过程。事物在道上，亦即在过程中。当事物在过程中，它有其"延续下去"的方式。不同的事物有不同的道，客观事物有客观事物之道，艺术品有艺术品之道，用具有用具之道，甚至人有人道、父有父道、君有君道、臣有臣道、万物有万物之道、历史有历史之道。不过，我们要注意，不是由于它是客观事物，故显出客观事物之道，而是我们要反过来说，由于它在客观事物之道上，所以它是客观事物。同理的，由于一物在艺术品之道上，故它是一件艺术品。根据相同的观点，则我们不能因为某人是父，故他显出了父道，而是由于他在父道上，故他是父。

若人只有父之名，而不行父道，则他无父之实。同样，由于他在君道或臣道上，故他是君或臣。所以，道是最基本的，它让一物成为一物；同理，存有是最基本的，它让存有者（Seiendes，entity）成为存有者。

儒家认为，"一阴一阳之谓道"，这是指万物的"延续下去"是在阴阳交替的方式上。老子的"夫物芸芸，各归其根"，也是谈论万物之"延续下去"的方式——道。海德格尔在他的写作计划中,其实也是希望说明万物"延续下去"的方式。中国人称之为道,而海德格尔称之为存有或存有一般。[①]

不过,海德格尔认为,要正确理解存有,必须有一个适当的观点。这正如我们要正确理解《论语》,必须默认它是一本讨论道德哲学或政治哲学的书,而不能预设它是有关数学物理学的。对于理解存有意义的适当观点,海德格尔在这里预先告诉我们,它是时间。没有观点,则我们无法理解对象;但有了观点,则它限制我们理解的领域。因此,观点规范出一个领域,对于这个领域,称之为视域 (Horizont, horizon)。于是,海德格尔认为,我们必须首先说明时间的视域,在此视域中,才能正确理解存有的意义。于是,本书的初步工作是要说明时间是存有的视域。要理解存有,就要以时间为视域,故本书称为《存有与时间》。

---

① 请参考陈荣华:《海德格尔的"存有"与中国哲学的道概念》,《台湾大学文史哲学报》, 36 (1988. 12), 页 309 – 337。

第一章　导论 (§1－8)

这个导论是对此书的工作——存有意义的探索，作一个整体而扼要的说明。它指出这个工作的必要性、进行的步骤、方法论，和厘清一些基本概念。我们须先掌握这个导论，才能容易理解下文。海德格尔把这个导论分成两个部分，在第一个部分中，海德格尔首先要证实，我们有必要探索存有。

一、探索存有的必要性 (§1)

海德格尔认为，我们现在已经遗忘存有，不再去探索它了。在这里，遗忘不是指我们曾经经验过它，但现在怎样都想不起来。这是心理学上的遗忘。在海德格尔，我们之所以会遗忘存有，是由于我们误解了存有。误解是指，我们以错误的、肤浅的意见来取代真正的、深入的知识。由于我们以假为真，便不再探索真正的和深入的知识，完全遗忘了进一步探索的必要性。所以，遗忘不是指"想不起来"，而是"以假为真"，导致探索的停止。

自古希腊哲学以来，存有的意义有三个错误的诠释，导致我们不再探索存有、遗忘了它。

（一）存有是最普遍的概念

从亚里士多德（Aristotle）开始，存有被认为是最普遍的概念，因为在逻辑上与其他概念比较，它的外延（extension）是最大的，它的范围包括一切，其普遍性超越任何的种（genus）。由于它是最普遍的，因此它在逻辑上的内涵（intension）是最空洞的。最空洞的概念是无法探索的，因为它空无一物。

然而，海德格尔认为，即使我们认为存有是最普遍和最空洞的概念，但这并不表示我们已经清楚理解它和无须探索它。相反地，这指出了我们对它一无所知，因此我们更有必要探索它。

从以上的批评可以看出，对于海德格尔，存有不是普遍的概念，也不是逻辑概念。因此，根据它的外延或内涵去探索它是不相干的，是对存有的误解。根据我们的解释，存有是道，是存有者的"延续下去"的方式，我们或许可以说，它是一个存有学过程。一切存有者皆要在这个过程上，才能成为自己。

（二）存有是不能定义的

在亚里士多德，定义是指种差定义法（genus and differentia）。例如定义"人"，是先把人放到他的种——动物——中，然后再把他与种中其他的属（species）比较，找出他跟其他属之差异或其独特的性格，即人是理性的。因此，人的定义是："人是理性的动物"。可是，存有既是最普遍的，则我们无法把它放在任何可能的种内，因此它是无法定义的，亦即无法被说明和探索了。

然而，海德格尔指出，这仅表示，存有不能以传统的定义方式去说明。存有不能正如存有者那样，被放到它所属的种之内；也不能由在逻辑上较高或较低的概念来导出它的意义。

以上的批评有一个非常重要的意涵：存有不是存有者。但这不是说，存有与存有者互相独立，而是说存有是存有者的存有。根据我们的解释，存有的意义不是"在"，而是"延续下去"的方式，凡存有者必有它"延续下去"的方式，故存有者必有其存有；同理，在"延续下去"的方式上，必有存有者。因此存有必与存有者共处，它们互相统一。用中国哲学的词汇说，这是"道不离器，器不离道"。这样，由理解器之"延续下去"的方式，则可以理解它的道；同理，由理解道，则可以理解在其上的器。这是由器见道，由道以明器，故理解存有的方式不是逻辑的定义方法。

（三）存有是自明的

在日常的谈话里，我们常说"是"这个字，而且也理解它。"是"来自"存有"一词，理解"是"亦即理解"存有"，故我们早已明白存有。对我们而言，存有概念是自明的。

海德格尔承认我们明白存有，但这种明白却是肤浅的。我们甚至可以说，肤浅的理解就是尚未理解。所以，当我们接触任一存有者，而说"它是……"时，其中已经有一个尚未解开的谜，等待我们的探索。

这个批评指出，对事物的一般理解是肤浅的，不是真正的理解。但是，要真正理解事物，不是完全放弃肤浅的知识，而是从肤浅到深入，从模糊到清晰。哲学的工作是厘清知识，不是创造知识。所以，我们的工作是要让存有更深入和更清晰地呈现出来，使我们描述它。

以上对存有的三个误解，长期垄断了存有的知识，使我们以假为真，不再要求探索存有的意义。正由于存有的真正意义尚未揭露，故有必要重新探索存有。但是，要如何探索存有呢？存有的探索有它特殊的性格，我们要针对这点，才能得到适当的方式去进行探索，于是，接下来的工作是要讨论存有探索的特殊结构。

二、从存有探索的结构指出本书方法论的轮廓（§2）

要分析存有探索的结构，首先要分析探索的结构。在理解探索的基本结构后，就可以进而分析，在探索存有时，其基本结构是什么。

（一）探索的结构

海德格尔认为，进行探索就是在追寻，而追寻之所以可能，必须在被追寻者的引导下。若探索者完全不知他要追寻什么，那当然无法进行探索。所以，探索是对一个早已理解的事物，作更深入和更清晰的理解。根据这点，海德格尔指出，探索有三个基本结构，且必须在它们的限制下进行：(1) 被探索者 (Gefragtes, that which is asked about)。这是指在探索中，那个被探索的范围或课题。显然地，没有范围或课题，当然无法进行探索。但是，只有探索的范围或课题，也不能进行探索，因为我们必须在这个范围或课题中，找到直接探索的对象。借着理解它们，才能理解被探索者。这些直接探索的对象，称之为 (2)"被研究者"(Befragtes, that which is interrogated）。不过，探索是希望得到被探索者的知识，换言之，探索是希望得到一个结论。只有得到结论，探索才完成，因此，探索尚有（3）探索欲得知者（Erfragtes, that which is to be found out by the asking），这是整个探索的目的和终点。

我们以一个简单的例子来作说明。譬如我们要做一个中国历史的探索，但中国历史的范围实在太大，我们难以入手，于是我们决定缩小范围，将它限定为清朝初叶的政绩。于是，在这个探索中，被探索者是清朝初叶的政绩。不过，如何才能理解它呢？我们必须找出一些对象，让我们直接研究它们。例如我们可以研究清初的经济、官制等等，而关于经济方面，可以研究它的税法或工商业结构等等。这些研究对象让我们得以理解被探索的课题，它们就是探索结构中的被研究者。然而，在探索时，我们必须明白，藉着这个探索，到底希望得到什么？例如，我们希望由此理解，一个异族政府的典型统治方式，或当时的统治方式对当今政治的启发，或清初的政绩对清朝中叶的影响等等。这是整个探索所希望得到的结论，这是探索结构的探索欲得知者。它是探索的完成。

在海德格尔，任何探索都必须具备以上三个结构，且在它们的限制下进行。本书的工作既然是一个探索，故也在它们的限制下进行，因此它们构成本书方法论的基本轮廓。于是，在探索存有时，先要明白这三个结构是什么。

（二）存有探索的被探索者、被研究者和探索欲得知者

显然地，在探索存有时，探索的课题是存有，故存有是被探

索者。并且，探索存有是为了获得存有的意义，这是我们的目的，因此，探索欲得知者是存有的意义，这是我们所要追寻的。我们说过，追寻之所以可能，必须在被追寻者的引导下，因此，我们必须早已或多或少理解存有的意义。但，我们到底有没有理解存有的意义呢？

海德格尔认为，即使当我们问："存有是什么？"这已表示我们理解存有，因为我们使用了"是"这个字，而且也理解它的意思。虽然这种理解是肤浅的，但它依然是一种理解。对于海德格尔，这个对存有的模糊理解，是人人具备的，也是无法否认的事实。

我们或许可以这样说明海德格尔的主张。人有他"延续下去"的独特方式，例如，他有各种行为，他是行为者。但他之能行为，是由于他早已理解他是可以行为的，否则他不会要求自己去行为；若他不要求自己去行为，则他就不会有实际行为了。换言之，人能行为，是由于他早已理解他独特的"延续下去"的方式，亦即他的存有。同时，在他的行为中，他有时会使用其他事物，以达到他的目的，但是，他之会使用它们，是由于他早已理解，事物的"延续下去"的方式是"被他使用的"，这亦即他理解事物的存有了。再深入一点，若他早已理解他的存有与事物的存有，那他也就理解，他与事物皆是"延续下去"的，他与事物都有"延续下去"的方式，他早已理解存有一般的意义——即万物之道——了。他或许尚未清楚理解存有，但无论这个理解多么模糊，他都不能否认它。因此，人总是理解存有的。人既然总是理解存有，则在探索存有时，他可以在存有的引导下，以求具体完成存有的意义。

但是，我们要直接研究哪个对象，才能清楚掌握存有的意义呢？换言之，在探索存有时，被研究者是什么？如果存有是存有者的存有，则任何存有者都是可能的被研究者，但我们不能随便选择一个，也不能全部都选。于是，我们要检讨，在存有的探索里，是否有一个具有优先性的存有者，而它的优先性是指什么？

海德格尔认为有一个具有优先性的存有者，它就是作为探索者的我们。他的说明其实相当简单，但用的文字却相当困难。他指出，若我们要探索存有，清楚把握存有的意义，便必须设法寻找种种方式去理解它，例如，我们要观察某些存有者、选取某条进路、设置某些默认等等。再者，这些方式都是我们的存有方式(Seinsmodus, mode of Being)。这是说，它们都是我们"延续下去"的各种方式。但是，为何我们能有这些存有方式呢？海德格尔认为，那是由于在我们的"延续下去"中，早已理解存有，或者说，由于存有早已呈现给我们了。据此，我们才会提出存有问题，和采取各种方式尝试去理解它。

我们必须注意，在海德格尔，我们理解存有，不是指我们以心灵或任何认知的机能——灵魂、意识、主体性或大脑——去理解存有。因为我们早已说过，存有没有实体意义，它意指"延续下去"的方式。人的存有不是指他是一个特殊的实体，他不是心灵或其他任何可能的实体。人的存有是指人拥有一种特殊的"延续下去"的方式。同理，他与其他事物不同，不是由于他的实体不同，而是由于他"延续下去"的方式不同。我们理解存有，是指我们在"延续下去"时，这个"延续下去"本身开显着存有。反过来说，存有呈现在我们的"延续下去"中。但是，我们的"延续下去"是指我们的存有，则这即是说，我们的存有理解存有，或存有呈现在我们的存有中。

　　由于存有呈现在我们的存有中，让我们总是理解存有，才能追问存有和探索存有。其他的存有者当然也有它们的存有，但它们的存有没有理解存有，故不能追问存有和探索存有，这亦即是说，存有没有呈现在它们的存有中。因此，我们的存有拥有一个特性——存有在这里，海德格尔自创一个新名词，称之为Dasein。在其他存有者的存有中，存有没有呈现给它，故它们不是Dasein。只有我们才是Dasein。在德语，Da是指这里或那里，而Sein是存有，合而为一则是"存有在这里"。中文通常译作"此有"。在本书中，我亦采用这个翻译。

　　海德格尔在本书中似乎避免使用"人"（Mensch, man）一词，或许"人"这个字夹杂了太多传统的意义。在海德格尔，此有当然是人，但人之所以是人，不是由于别的，而是由于他理解存有，或存有在他这里——Dasein。不过，当我们使用"人"一词时，会觉得我们在说自己，是与我们密切相关的；而在使用"此有"时，虽然可以避免传统意义的入侵，但却似乎说一些跟我们无关的事情。不过，分析此有就是分析我们，而且必须要在自己的存有中，才能真切理解它，因此在下文，我起初会用"人"或"我们"来代替"此有"，但在习惯海德格尔的词汇后，就改用"此有"了。

　　存有呈现在我们的存有中，且被我们的存有所理解，因此，要清楚把握存有的意义，就要研究自己的存有。要具体完成存有的意义，就先要分析此有的存有。此有成为探索存有时的被研究者。

　　总结以上所说，在探索存有时，被探索者是存有，探索欲得知者是存有的意义，而被研究者是此有。现在，我们已经指出存有探索的三个结构，而此书是在它们的限制下进行，因此我们可以说，这是此书方法论的轮廓。

（三）循环论证的问题

现在让我们反省一下，存有探索是否在循环论证的过程中？我们的方法是这样的：首先，我们认为我们的存有早已理解存有，且以之为前提，然后进行探索存有，继而获得存有的意义。不过，我们的前提是没有证实过的，因为我们仅是模糊地理解存有，而既然是模糊的理解，则当然是不确定的。换言之，我们的前提仅是尚未确定的默认而已。再者，当基于它进行探索，而又得到存有的意义时，我们当时会认为，既然前提带领我们得到我们追求的结论，则它就是合理的前提了。不过，这正显示出，存有探索是在循环中。它从前提引出结论，由结论回去证实前提。可是，在逻辑上，以结论证实前提犯了循环论证的谬误。

海德格尔认为这不是循环论证，他提出以下的理由。首先，在我们清楚说明存有者的存有前，是可以模糊指出它的意义的，否则不可能有任何存有学的知识。这是指，假若我们完全不理解存有，则就不能追问存有，而至今仍不会有存有学了。然而，我们的确建立了存有学，因此可以证实，我们的确是理解存有的——虽然这种理解尚不是清晰的。

其次，我们即使默认存有，但这个默认不是逻辑默认，而是一种"早已看到"。在逻辑上，我们可以预设"平行线永不相交"，也可以预设"平行线可以相交"，但这仅是凭空的默认，无须"早已看到"平行线具有这些性格。但在海德格尔，默认存有是指"早已看到"存有，或存有呈现给我们的存有。这样的预设是一种预先的理解，不是逻辑上的预先的假设。因此，它与逻辑的循环论证无关。

再者，探索存有也不是由前提推演结论的过程。即使在分析我们的存有时，也不是逻辑的活动，而是让我们的存有更明白呈现出来，给我们看清楚。这基本上是被探索者呈现自己，而探索者将它看清楚的过程。由于存有探索是一个"看清楚的过程"，不是逻辑推论的过程，所以这是现象学的，不是逻辑的。总之，探索存有就是让被探索者（存有）和被研究者（此有）在其自身中呈现，而探索者将它们看清楚，把握存有的意义。因此，这与逻辑的循环论证无关。

三、存有探索的优先性（§3—4）

海德格尔认为，存有探索有两方面的优先性：

（1）存有探索比科学探索和其他的存有学探索更为根本或原初，这称之为"存有学的优先性"。

（2）由于存有探索由分析此有开始，因此它凸显了此有比其他存有者更有优先性，这称之为"存有者的优先性"。

（一）存有学的优先性：存有探索是最基本的学问

海德格尔分两个步骤说明存有探索在存有学上的优先性。他首先指出，存有学探索比科学探索更为优先，然后再说明存有探索比其他的存有学探索更为优先，因此他获得一个结论：存有探索具有存有学的优先性，这是说，它是最基本的学问。

各科学必有特定的范围，它们研究其范围内的存有者。然而，如何才能规划出一个特定范围内的存有者呢？海德格尔认为，我们必须先理解这些存有者的基本概念。例如历史科学、自然科学、生命科学、语言学等，都必须先理解历史事件、自然事物、生命个体和文字语言的基本意义或基本结构，才能规划出哪些存有者才是它们的研究对象。但是，存有者的基本意义就是它们的存有，因此，我们要先理解科学研究对象的存有，才能规划出科学研究的范围。

由于不同科学所研究的存有者，各有不同的存有意义，故它们有不同的存有学。例如，我们可以讨论自然事物的存有、历史事物的存有、生命的存有和语言的存有，由此我们有自然事物的存有学、历史事物的存有学、生命的存有学和语言的存有学。再者，当它们的存有意义改变时，它们的科学研究也随之改变。例如，亚里士多德的自然事物，其存有意义不同于现代哲学的自然事物，因此便产生不同的自然科学。①

一方面，由于科学只研究存有者，而存有学却更深入讨论存有者的存有，且存有决定存有者的基本意义；另方面，由于科学的改变奠基在其对象的存有意义之改变。因此，各范围内的存有者之存有学优先于它们的科学。

---

① 亚里士多德的自然事物是在目的论（teleology）下，根据它们的本性运行。土和水的本性是往下的，因此在自然状态下，它们会往下堕，完成其内在目的。气和火的目的是往上的，因此在自然的状态下，它们根据内在的本性，会往上升。但在伽利略（Galileo Galilei）后，自然事物的本性是广延（extension），是可以由数字测量的，且它们在因果律和自然定律下运动，因此自然事物构成数学物理学的自然界。

对于特定范围内的存有学，我们可称之为"区域存有学"(regional ontology)，因为它仅探索某特定区域中的存有者。然而，海德格尔提出的存有探索，却不限制在某一区域中，而是探索一切存有者的存有，换言之，它探索存有一般（Sein überhaupt, Being in general）。因此，存有探索的领域比区域存有学所探索的领域更为原初（ursprünglich, primordial）或更为基本。相对于区域存有学，存有探索便是更为优先的学问。

在存有学的观点下，区域存有学优先于科学，而存有探索又优先于区域存有学，因此存有探索具有存有学的优先性。

（二）存有者的优先性

1. 此有的独特性

存有探索既然由分析此有开始，则在所有存有者中，此有是具有优先性的存有者，由于存有探索引出一个具有优先性的存有者，这就成为海德格尔所说：存有探索的存有者优先性。但什么特性构成此有的优先性呢？海德格尔认为，此有的特性是它的存有理解存有。

我们要明白，海德格尔所说的理解，有它特殊的意义。在一般情况下，我们说理解一物，是指拥有它的概念。如理解一张桌子，是指拥有这张桌子的概念。我们似乎仅是多了一个纯粹理念性的意义，跟我们的生活或存在无关。但在海德格尔，理解与我们的存在密切相关。理解一张桌子影响我们的生活，因为当我们理解它后，便会针对它作出反应。例如，我们以后会在桌子上吃饭、看书或写作。同理，理解存有不仅是拥有存有的概念，而是它影响我们，且我们要针对它作出反应。例如，当我们理解存有的意义是儒家所说，"天行健"的生生不息之道，则会表现一种刚健自强的存在方式；若我们理解存有的意义是道家的自然，则会表现出自然无为的存在方式。

同理，若我们对自己的存有有不同的理解，也会有不同的存在方式。例如，若我们认为自己的存有是孟子所说的道德心，则会在自己的存在中，表现为儒家的道德人格；若我们认为自己的存有是理性的心灵，则会表现出重视推理的存在方式。并且，更进一步，在实践道德人格或推理活动中，我们会因此更清楚或更深入掌握自己存有的意义。实践道德会让我们更确认人的存有是道德心；推理活动让我们更确认人的存有是理性。于是，理解关连于我们的存在，而在我们的存在中，又会获得更清楚的理解。所以，理解与存在是合一的。

这样，我们可以明白海德格尔以下这段话：

"从存有者方面看，它（此有）的特点是，它的存有关心存有（um das Sein gehen①，Being is an issue）。这是此有的存有结构，这指出，它的存有往着存有时，有一个存有关系。……理解存有是此有的存有特性。"（SZ16, BT32）

在《存有与时间》中，常有类似这样的话，所以我特别提出来讨论。海德格尔首先指出，此有的特点是，"它的存有关心存有"，这句话的"关心"不是指心理上的一种态度，例如照顾、关怀，或爱护等。这是奠基在诠释学所特别重视的理解，它是指此有总是理解存有。海德格尔更说，这是此有的存有学结构。再

---

① 本书引用之德语动词，全部采用动词的原型，因为在中文翻译里，其主词往往与原文的主词意义不同，导致德语动词与译文中的主词难以配合。

者，由于理解与存在密切相关，因此这种理解不是单纯的认知，而是要针对它在生活上作出反应。它关连到人的存在方式。从这点而言，或许也可说是一种关心。然而，这种关心不是在主体与客体的对立关系上，而是在我们存在中的关心，这是生命上的关心。这个关心本身就是我们的存在、生命或存有。所以，海德格尔继续说："它的存有往着存有时，有一个存有关系。"这不是说，这里有一个此有，那里另有一个存有，然后它们之间再有一个关系；而是说，它们的关系就是存有——是存有的呈现和此有的存有的相互交流。

在海德格尔，人不是主体，因为他的存有意义不是实体。我们甚至可以说，人不是一个东西，他的存有是一种独特的"延续下去"的方式。现在，用上文的意义说，这种"延续下去"的方式是"关心存有"（或理解存有）。至于其他的东西，它们"延续下去"的方式，不能"关心存有"。这是它们与此有的差异。并且，由于此有与存有都不是实体，也不互相独立，因此，它们之间没有第三者。它们是在其"延续下去"的方式中，互相统一，而其"延续下去"本身就是它们统一的关系。我们必须删除传统哲学的实体观念，才可能理解海德格尔哲学。

2. "存在"的意义

此有的存有总是理解存有，这蕴涵了，此有的存有总是理解所有存有者的存有——存有一般、在区域中的存有者的存有和自己的存有。它关心它们，往着它们，针对它们作出反应。此有的存有的这种"往着"，海德格尔称之为"存在"（Existenz, existence）（SZ16, BT32）。通常，我们认为人的存在是指他实际上的各种表现或行为。例如，当我们说："他是存在的。"这表示他可以有不同的行为和感受。的确，此有可以在不同的存在方式下，往着存有者，而且海德格尔所说的"存在"，也似乎蕴涵这个意义。但这不是"存在"的基本意义。海德格尔所说的"往着"，不是说此有这个存有者的"往着"，而是指此有的存有的"往着"。并且，对于此有的存有，其性格是理解存有，因此，它的"往着"基本上是指理解——虽然理解与人的实际行为和感受密切相关。于是存在的意义虽然蕴涵人的行为和感受，但它的基本意义是理解。[①]

另外，存在的文字结构是 ex-ist, ex 是超出的意义，而此有的超出是指它超出存有者到达存有去，但"到达存有"亦即它理解存有，因此，存在的基本意义是理解，而且是理解存有。

在这个意义下，海德格尔在本书对此有作存在分析时，他虽然好像分析此有的实际生活，但其实他是分析此有的理解。他是要指出，什么存在方式能真正理解存有，又什么存在方式会误解它。从这个观点看，海德格尔不是存在主义者，他依然是在西方哲学发展了两千多年的传统路线上——如何才能理解存有的真理。他是探索存有问题，不是探索人的存在问题。

此有的存有不是实体，而是存在，这是说，它总是往着、在理解存有中"延续下去"。它从以前的"延续下去"，来到现在的"延续下去"，再到将来的"延续下去"。它的存有是彻底的"延续下去"。这种"延续下去"，又称为"可能性"（Möglichkeit,

---

① 如果我们用现象学的意向性（intentionality）来说明海德格尔这里说的"往着"，就更为恰当了。在现象学，意向性是意识的活动。意识意向一物，是要理解它。同理，当人的存在（existence）往着一物时，重点不是指他的行为往着它，而是他的存有要理解它。

possibility)。一旦它从可能性变成实体，就是它的死亡，也是此有的结束。所以，此有完全没有实体的可能性。

由于此有在它的可能性上理解自己的存有，因此它可能逃避自己的存有，将它遗忘；也可能正视自己的存有，真正理解它。[①]当它是前者时，它失去自己，这时，它是非本真的存在 (uneigentliche Existenz, inauthentic existence)。在这种存在中，它误解自己、其他的存有者和存有一般；当它是后者时，它赢得自己，这时，它是本真的存在 (eigentliche Existenz, authentic existence)。在这种存在中，它真正理解自己、其他的存有者和存有一般。这是此有的两种最基本的可能性，这是说，它最基本关心的，是要在这两种可能性中抉择其一。

3. 总结：此有的三种优先性

此有是存在的，这是说，在它的存在中，它理解存有。我们也可以说，存有呈现在此有的存在中，让它理解。于是，分析此有的存在，就可以掌握存有一般，得到它的意义。这种学问，称为"基础存有学"(Fundamentalontologie, fundamental ontology)，因为存有一般是最基础的领域。当此有理解存有一般后，它可以进而理解区域中的存有者之存有，建立区域存有学，因此，基础

---

① 海德格尔认为，当人理解他的存有时，存有对他是一种压力或负担，让人不敢面对它或承担它，甚至逃避它。假若他逃避，则他丧失理解它的机会。但人也可能不逃避，反而勇敢面对它和承担它，则他得到真正理解存有的机会。正如孟子所说，当人的良知出现时，人可能逃避良知给它的压力，不愿承担它给与的责任，因此丧失理解他的人性的机会。但当良知出现时，人也可以承担它，接受它的指导，努力实践道德责任，则他得到真正理解人性的机会。

存有学是区域存有学的基础。这样，我们可以发现，此有具有三种优先性：(1) 存有者的优先性：在所有存有者中，唯有它具有存在的性格，这是说，其他存有者，其存有都无法超出自己，到达存有去理解它。(2) 存有学的优先性：由于此有是存在的，因此它理解存有，这是说，它从存有者层次到达存有学层次去。它理解存有一般、其他存有者的存有和自己的存有，但其他的存有者无法到达存有学层次。(3) 存有者—存有学的优先性：此有是唯一理解存有的存有者，并且，它是唯一能建立各种存有学的存有者。由于此有具有以上的优先性，因此海德格尔认为，相较于其他的存有者，我们必须先分析此有的存有。

在《存有与时间》导论的第二部分，海德格尔一方面指出，他要从时间观点去理解存有；另方面，他要说明西方哲学误解存有的理由。关于这两方面，我只作简略的解释。接着，海德格尔说明本书的方法论——现象学，这是非常重要的一节，我会多作说明。最后，他陈述本书的写作计划。

四、时间是理解存有的视域，
及西方哲学误解存有的理由 (§5－6)

存有探索始于此有的存在分析，终于存有意义的获得。但是，此有的存在有很多不同的方式，如使用用具、观察事物、欣赏艺术、崇拜宗教、道德实践等等，我们要分析哪种存在方式呢？鲁莽的决定和武断的偏见只会导致误解。要正确理解此有，就要让此有由自己呈现自己，这样才不会被个人的偏见去歪曲它。但哪种存在方式能让此有由自己呈现自己呢？海德格尔认为，这是此有的切近而通常（zunächst und zumeist, proximally and for the most part）的方式，也就是此有的日常生活，称之为"日常性"（Alltäglichkeit, everydayness）。

德语的 zunächst 是指首先、最接近的，zumeist 是指常常、大多数。当用于说明此有的存在方式时，这两个语汇的意义可引申为最直接的、无须慎重考虑的，和通常的、大体上如此的。对于这种最直接而通常是如此的存在方式，那就是日常生活的方式了。日常生活占据了我们生活的大部分，也是无须慎重考虑的。由于它没有复杂的思考过程，故此有的存在似乎直接呈现出来了。于是，分析此有的日常性，让我们较易正确理解它。

在分析此有的日常性时，我们先分析它的结构，这些结构，称为"存在性征"（*existentiale* [拉丁语]）。然后再找出统一这些存在性征的更基本的结构，那就是此有的存有。这样，我们完成分析此有的初步工作。

接着，我们还要追问，对于此有的存有，它的意义是什么？海德格尔的意思是指，要基于哪个观点，才能真正理解它？他认为时间性（Zeitlichkeit, temporality）是理解此有的存有的观点，亦即它是此有的存有意义。于是本书要说明时间性，再以时间性重复说明刚才的分析——此有的各种存在性征，因为这样才能更彻底地理解它们。然后，再由时间说明存有的意义——时间作为诠释存有意义的视域。不过，海德格尔在此书中没有做这个工作。

我们要明白，海德格尔所说的时间是由此有的存在呈现出来的，它不是在客观世界中的时间，换言之，它是存在的时间（existential time），不是客观时间（objective time）。在客观时间中，时态——过去、现在和将来——是互相独立的，这是说，过去已经过去、完全消失了；现在正呈现为在；将来是快将来到，但尚未出现。于是，它们彼此分割，互相独立，并且，唯有现在才是最真实的，因为只有它是呈现的，其他的时态不是已经消失，就是尚未来到。

但在存在的时间中，当人在现在时，总发现他的现在是早已是如此的，换言之，"过去"仍在他的现在里；同理，他在现在中正迈向将来，换言之，他的"现在"早已伸展到将来去。于是，过去、现在和将来互相统一。在存在的时间中，时态的三个性相早已超出自己，而又互相统一。海德格尔认为，要在这种存在的时间中，才能正确理解存有的意义。但是，西方哲学在理解存有时，却不是在这样的时间性中，故造成对存有的误解。

在第一节，海德格尔已指出，希腊哲学的存有概念依然影响至今，以致我们遗忘存有的问题。现在，只要我们检讨希腊哲学的存有概念，就可以理解在西方哲学中，存有与时间的关系了。

海德格尔认为，希腊人在诠释存有者的存有时，总是视之为"世界"或"自然界"，这是说，他们认为存有者的存有正如"世界"或"自然界"那样，是呈现在那里的东西。在这样理解存有的意义时，其实是根据时间的视域而得，因为根据海德格尔，这即是视存有的意义为希腊语的 *ousia*（实体）。*Ousia* 意指"在"（Anwesenheit, presence），而"在"是兼有存有学和时间意义的词汇。在存有学意义下，"在"指在这里或在那里。具有这种存有学性格的，就是个别的东西——实体；在时间意义里，"在"可以指现在（die Gegenwart, the present）——在现在的时态中。于是，实体的存有是指"现在"显示为"在"这里或那里。

再者，根据海德格尔，希腊哲学认为人是言谈（*logos*）的动物①，而言谈意指把言谈的对象开放出来，这是说，言谈使我们理解言谈的对象。在柏拉图，这种言谈是辩证（Dialektik, dialectic），但到亚里士多德，言谈变成认识（*noein*, know），而认识是对手前之物的察觉。因此，理解存有的方式成为对手前之物的察觉。存有的意义因此成为手前性的现在，亦即实体。于是，存有的意义离开了存在的时间，而以客观时间作为它的视域，存有的真正意义从此被遗忘了。

可是，在哪种方式上才能真正理解存有的意义呢？海德格尔提出现象学方法。

五、现象学方法及本书的写作计划（§7－8）

我们通常认为，方法是指思考的规则，这是说，在我们进行探索或研究时，必须接受某些规则的规范，才能获得被探索者的真理。因此，在进行探索前，要先行提出一些必须遵守的规则。若方法的定义是这样，则海德格尔的现象学不是方法，因为它没有规则，也不要先行的指导。他清楚指出，现象学不规定观点与方向，它仅说明进行探索时的"如何"（das Wie, how）（SZ37，BT50）。但我们必须注意，这句话不是说：没有观点与方向，因为海德格尔在§32 中说，解释永不可能是没有默认的理解（SZ200, BT191），这是说，进行探索时，必须有默认，而有默认就是有观点与方向了。

所谓"不规定观点与方向"是指，不固执我们的观点与方

---

① 对于人的这个定义，通常译为"人是理性（*logos*）的动物"，但海德格尔认为 *logos* 应译作言谈（见 SZ7 对 *logos* 的分析）。

向，因为自我固执就是将自己的意见强加于对象上，因此歪曲对象本身的意义。但是，我们又不能完全删除我们的观点与方向。[①]
在理解的过程中，我们只有根据对象来调整它们，使之能与对象一致，由此得到的就是与对象一致的知识，亦即对象本身的知识了。因此海德格尔接着说，现象学是要回到事物本身（zu den Sachen selbst, to the things themselves）。

（一）现象学的意义

海德格尔认为，现象学由"现象"（Phänomen, phenomenon）和"学"（logos, -logy）两个字根构成，分析它们可以说明现象学的意义。

1. 现象的意义

海德格尔在这节里的分析相当繁琐，我们只作简短的说明。根据希腊文，"现象"的意义是显示自己者（that which shows itself）或开放者。其实，这与中文"现象"的字根结构是相似的。根据中文，"现象"是呈现自己而被看见之象。凡呈现者，当然是被看见的；能被看见者，当然是呈现的。于是，在希腊人而言，在太阳下的一切存有者，皆是现象。这正如中文通常所说的现象界。

但现象又有另一个意义。现象意指它是表面的，尚不是真正的实有。例如我们说："你看到的只是它的现象，尚未真正明白它。"这里的现象不是指显示自己者，而是貌似者（Schein, semblance）——它看似是那个东西，其实不然。可是，海德格尔

---

① 在§2 讨论探索的三个结构时，已经指出探索必须在它们的限制下进行。它们其实就是探索者的观点与方向。没有它们，探索无法进行。

认为，貌似者之能成为貌似者，它必须显示自己，才能将自己显示为不是自己。于是，基于现象的显示自己的意义，才引申出现象的貌似者意义，所以，显示自己是现象的原初意义。貌似者是由现象的原初意义引申出来的，而且是它的缺失模式 (privative Modifikation, privative modification)，因为它显示为不是自己。

海德格尔接着分析现象的其他意义，我们不多作说明。他主要的意思是说，无论现象的何种意义，都必须奠基在现象的原初意义——显示自己者 (das Sich-an-ihm-seldst-zeigende, that which shows itself in itself)。我们可以这样说明，凡呈现之物，无论它是直接显示自己或仅是貌似、指示别物、借助别物以宣称自己或以任何方式关连于别物，都必须奠基在显示自己者上。因为，若没有显示自己者，则没有呈现之物，亦即没有其他意义下的现象，因此，无论现象以何种方式呈现，必须奠基于显示自己者。但是，显示自己者是现象的原初意义，因此，其他意义的现象皆奠基于现象的显示自己者上。

2. 学 (*logos*) 的意义

希腊语的 *logos* 有多种意义：理性、判断、概念、定义、基础及关系等。但海德格尔认为，它的原初意义是言谈 (Rede, discourse)。言谈不是指一般的说话，它有独特的意义。在言谈中，言谈要把当时所谈论之物呈现出来，让言谈的双方理解。因此，言谈的意义是指，让之被看见。于是，学的原初意义是：让之被看见 (läßt etwas sehen, lets something be seen)。其实这与中文"学"的意义相似。"学"是"觉"的意思，而"觉"也有"见"的意思。学习一物也就是要去看它，学会一物就是看清楚它。

　　在言谈中看见一物时，我们得到它的真理，因此这引申出真理的问题。在言谈中让我们看见一物时，就是得到它的真理，这是说，这时我们理解，言谈中的语言真的描述了事物。海德格尔指出，我们当时不是看到一个事物，再看到另一个命题，然后发现它们互相符合，因此明白得到真理。海德格尔指出，我们必须放弃符应论（theory of correspondence）的真理观。①真理的意义是指希腊文的"解蔽性"（*aletheia*, unconcealment），这是说，一物之所以呈现出它的真理，是由于它解开它的隐蔽，呈现出来，让我们在言谈中看见或发现。反过来说，一物之所以呈现为假的，是由于它被别物遮蔽，使我们在言谈中以别物为此物。这时，此物的本真性格依然隐藏，我们看见的仅是它非本真的性格，故对它的理解为假。

　　根据海德格尔的真理观，即使我们得到真理，并不表示得到必然确定的知识。"真"没有必然确定的意义。显然地，我们所看见的，往往都不是真的，因为更深入的观察常让我们否定以前的知识，发现它是假的。不过，我们如何才能发现以前的知识是假的呢？那是由于我们现在言谈中看见此物在它的解蔽过程中，呈现出另一个真理，故认为这是真的，而以前的知识为假。它是假的，由于它遮蔽了事物（现在）的本真性格——以别物遮蔽此物；现在的知识是真的，由于事物解开了以前的隐蔽，进一步

　　① 海德格尔反对符应论的真理观。他指出，命题是语言的，事物是非语言的。它们在本性上彻底差异，是两种完全不同的东西，怎么可以互相符应呢？再者，符应论要默认我们可以认识客观的事物，但根据海德格尔，理解要在默认下进行，不可能得到没有默认的客观知识。因此客观的事物是不可理解的。没有客观的事物，就没有命题与事物的符应了。

把自己呈现出来。可是，这样的真知识依然可能是假的，因为正如刚才的情况，事物可以再次深入解蔽自己，呈现出另一个真知识，以否定以前的知识。于是，知识是可以被修正的，但它根据的原则是：解蔽性。真理的意义是解蔽性。

3. 现象学的意义

现象的原初意义是显示自己，而学是指让其被看见。海德格尔认为，现象学的意义是："让那显示自己者，正如从其自己显示自己般地被看见。"①如果现象学让我们看见那在其自己显示自己者，这即是胡塞尔（Edmund Husserl）的回到事物本身之意。这个定义看似毫无新意，因为无论哪位哲学家，都不会承认他的哲学是虚构的，而是关于事物本身，是事物显示自己为如此的。不过我认为，海德格尔的定义是相当革命性的，虽然他的后期哲学几乎没再提及现象学，但这是否表示他放弃现象学呢？这仍是尚在争论的问题。

海德格尔认为，从柏拉图开始，西方哲学是在主体性哲学的发展上，②这是说，人自以为是主体——他是自我主导者。他自

---

① Das was sich zeigt, so wie es sich von ihm selbst her zeigt, von ihm selbst her sehen lassen. To let that which shows itself be seen from itself in the very way in which it shows itself from itself. (SZ46, BT58)

② "主体性哲学"一词不是指强调主体性（subjectivity）的哲学。海德格尔是指，在哲学探讨里，人根据他自己决定什么是真理和什么是存有。这时，他自以为是一切的基础，由他自己界定真理和存有，这样他无法理解真理和存有的本身。这也是下文说的人本主义。然而，现象学要回到事物本身，它要由真理本身和存有本身界定什么是真理和什么是存有，这才是回到真理和存有本身。

我主导自己的思考，于是，被思考者相对于他成为对象。在思考时，由于人是自我主导者，故他先定义真理的意义。然后再根据它来规定自己的思考，务求合于真理意义的要求。合于真理要求的，则是有效的，而凡被肯定为有效的，则是真实的；凡是被肯定为无效的，则是不真实的。因此，当人自我规定真理的意义时，他同时规定了存有的意义。思考活动始于人的自我主导，而终于人的自我肯定。这种以人自己为根本的哲学，海德格尔称为"人本主义"（Humanismus, humanism）。

海德格尔反对人本主义。他认为，真理的意义是古希腊的"解蔽性"，这是说，凡是解除其隐蔽而显示出来者，皆为真的，换言之，当一物自然而然显示自己时，它就是显示出它的真理。真理不由人规定，而是由它自然显示自己。当它显示自己时，人不固执自己的观念，强加诸它，而是接受它，如其所显示般地描述它。思考不始于人的自我主导，而是始于真理的自我显示；也不是终于人的自我肯定，而是终于人接受真理的规定。

从以上观点，一方面可以帮助理解海德格尔现象学的意义，另方面可以看出它扭转了传统西方哲学的思考方向。现象学的"学"是指：让之被看见，这指出了人要让开他的主导性。他不主导自己去看，而是让"现象"显示自己，且正如其显示自己般地去看它，因此他不规定现象。人不是主体，这亦即是说，"现象"不是客体或对象。再者，由于显示自己者当然是被看见的，而被看见者当然有显示自己，则现象不独立于人，而人也不独立于现象。它们合一，故没有主体与客体的二元性。现象学打破了西方哲学二元对立的传统。

再者，现象学既是让人看见现象正如自己显示自己，则在理解现象时，人看着现象如何显示，他就如其所是去描述它。思考者无须推论，也不超出他看见的范围，他只是直接描述他看见的。于是，现象学方法反对传统哲学的推论方式，而是直接的描述。现象学改变了西方重推论的思考方式，让哲学成为描述的学问。

西方传统的思考方式基本上是从人自己出发去把握对象，这是说，思考者先根据自己的观点，主动找出思考的默认，然后规定思考的过程，通达到对象去，此所以方法论占有重要的地位。但海德格尔的思考方式却将这个方向倒转过来。思考从事物的显示自己出发，人自始似乎居于被动的地位。他接受事物的显示，让它规定他的思考，根据事物的显示把它整理出来。虽然海德格尔自称他的现象学是方法，但这不是传统所说，先行以种种规则来规范思考的方法。他明白指出，现象学仅是描述的，不是规范的。它不提出思考规则，而仅说明思考的过程，换言之，海德格尔要指出，真正的思考不是始于人的自我主导，而是始于事物的自我显示；也不是终于人的自我肯定，而是终于人在言谈中将事物正如它显示自己般描述出来。

4. 现象学与存有学

现象学是让那显示自己者正如其显示自己般地被看见。但，显示自己者是指什么？在一般的理解下，一切在太阳下的存有者都是显示自己者。但我们早已看见它们了，那何必以现象学去看呢？我们必须决定现象学所指的现象——显示自己者——是什么？

海德格尔曾以康德（Immanuel Kant）的哲学来说明。在康德，凡是经验直觉所接触的，都是现象，这是说，经验界的存有者就是现象。海德格尔称为现象的普通概念，它尚不是现象的现象学概念 (SZ42, BT54)。但是，若根据康德，存有者之所以能显示自己，乃由于它们在时间和空间中，这亦即是说，当我们发现存有者时，早已发现它们在时间和空间中。

而且，时间与空间早已显示出来了，只是它们不是我们直接的课题罢了。由于存有者奠基在时间与空间上，而时间与空间早已显示出来，所以相对于存有者而言，时间和空间是更原初的，故它们才是更原初的现象。它们是现象学概念的现象。

从这个例子发现，现象学要求我们不要只看存有者，而要改变我们的焦点，去看它的存有学基础——存有者之所以是存有者的基础。其实，在存有者显示自己时，它的存有学基础早已显示出来。人通常只承认存有者，而难以窥见，就在存有者中，已经显示着存有——事物"延续下去"的方式。康德说的存有者，不是已在时间与空间中"延续下去"吗？对人而言，存有者是最切近的，而存有最遥远。但在存有学而言，存有是更为亲切的。人理解存有，才能理解存有者，因为存有是基础，而存有者在它的基础上，才能成为自己。

海德格尔提出一个论证来说明现象学与存有的关系。现象学是要去看或学习现象的，但哪个现象才是我们需要看和看清楚的？若我们需要将现象看清楚，则它显然不是那些切近和通常（在日常生活中）接触到的东西，因为它们已经相当清楚了。所以，现象学要看的是，那些切近和通常是不清楚的，而且是隐藏的东西。海德格尔认为，切近和通常最隐藏的东西是存有，因为它隐藏和伪装了自己，以致两千多年来，我们遗忘了它。再者，存有是存有者的基础和根本意义，只有理解存有，才能真正理解存有者，因此，我们有必要理解它。因此，现象学指的现象是存有。

存有虽然隐藏，但它却早已显示自己，否则我们对存有者一无所知。再者，现象学是要理解存有的，因此，唯有作为现象学，存有学才可能（SZ48, BT60）。但我们已说过，存有早已显示自己在此有中，因此，要理解存有，就要以现象学去理解此有。我们又指出，现象学不是推论，而是直接的描述，我们是要让此有显示自己，且正如它显示自己般去描述它，希望能说明它的存有，再由此理解存有一般。这样的现象学描述，海德格尔称为"解释"（Auslegung, interpretation）。但在解释此有时，这种解释是希腊语的 *hermeneuein*（诠释）。因此，在海德格尔，现象学成为诠释学现象学。它先诠释此有的存在性征，然后说明此有的存有结构，再指出存有的视域，以说明其他的区域存有学，最后是存有的意义。根据这个步骤，海德格尔进而说明他的写作计划。

（二）写作计划

海德格尔的写作计划相当庞大，包括两大部分，每部分分为三节，全部是六节。对于其中的内容，我们无须说明，但我们必须注意，海德格尔在本书中，只完成他写作计划的两节，其他四节，在他以后的著作中，都没有出现。但为何海德格尔不继续他的计划呢？他没有清楚说明。他承认他的哲学后来有一个转向（Kehre, turning），但为何他要转向？他只曾非常简略地提及，却依然没说明白。对于他的转向，学者们各有不同的看法。我们在阅读此书时，要明白这是一本尚未完成的著作，而后期海德格尔修改了前期的一些主张。至于为何他要作出转向，则留待读者自己研究了。

附录

在中国哲学中，有一些互相对比的概念，如"阴阳""有无""体用"和"理气"等。要理解这些概念中的一端，必须相对照它的另一端。在《存有与时间》中也有一些对比概念，它们非常重要。这个附录中，我要说明几对这样的概念。

在这些对比的概念中，其两端是互相区分的，但这不表示它们各自独立，相反地，它们必须统一。它们差异，却又统一。说明它们的差异且统一，或许可以使用一个中国哲学的词汇：形上与形下。在中国哲学，属于形上层次的，通常是指道或理，它与形下之器物相反。前者是抽象和没有形体；后者是实际而具体的。不过，形下之物不能没有形上的理，否则它不存在。同理，形上的理不能没有形下之物，否则它无法显示自己。它们虽相异，但又相辅相成，故在差异中互相统一。①

首先，《存有与时间》最常出现的对比概念是：存有（Sein, Being）与存有者（Seiende, entity）。根据刚才形上与形下的准则，我们可以说，存有属于形上，而存有者是形下的。我们说过，存有的基本意思是指"延续下去"。在海德格尔，由于在某种"延续下去"的方式上，存有者才能成为某种存有者。不具有任何"延续下去"的东西，是不可理解的，亦即它不存在。所以，在存有学的观点下，我们不能倒过来说，由于存有者是某个存有者，所

---

① 这就是海德格尔后期说的存有学差异（ontological difference）。

以它有某种"延续下去"的方式。

再者,"延续下去"的方式不能独存,它只能呈现于形下的存有者中,因此,存有与存有者虽有差异,但却互相统一、相辅相成。存有者之所以成为存有者,奠基于存有;但存有之能呈现为存有,则需要存有者。

第二个对比概念是存有学的(ontologisch, ontological)和实际存有的(ontisch, ontical)。前者属于形上,后者是形下。海德格尔曾说:"在实际存有上(ontisch, ontically),此有的特点是:它是存有学的(ontologisch, ontological)。"(SZ16, BT32)这句话的文字看似奇怪,但并不困难。它是指,从实际存有者的观点看,此有是形下的存有者,但它的特点是:它能够理解形上层次的存有,所以海德格尔称它为"存有学的"。

第三个对比概念是存在的(existenzial, existential)和实际存在的(existenzielle, existentiell)。前者是形上,后者是形下的。当海德格尔说,他要对此有作存在分析(existenziale Analytik, existential analysis)时,他是指,他希望从此有的各种实际而具体的存在方式中,找出它们具有的存有学结构——存在性征。于是,存在分析始于实际存在的层次,到达形上的存在层次去。

并且,本书也有一些不在形上、形下准则里的对比概念,它们主要建立在此有与其他存有者的区别上。在海德格尔,此有的存有与其他存有者的存有截然不同,故要由两套不同的词汇来说明。例如,存在性征(Existenzial, *existentiale*)—范畴(Kategorie, category)、事实性(Faktizität, facticity)—实物性(Tatsächlichkeit, factuality),这两个对比概念的前端只能用在此有上,后端则用于其他的存有者。我们必须明白,海德格尔很严格地区分这些词汇。

第二章 此有的存在分析：
一个简略的说明 (§9－13)

　　海德格尔的哲学方法是诠释学现象学，但诠释学要在诠释学循环 (hermeneutischer Zirkel, hermeneutical circle) 中进行，[①]这是说，要诠释一个现象，必先要理解它的整体，再去理解它的一个部分。一旦理解此部分后，会因此更清楚理解整体。接着，再据此去理解别的部分，也因此又更清楚理解整体。换言之，这是从整体理解部分，再由部分循环回去理解整体，周而复始地进行，直至对整体的所有部分清楚理解为止，这也是对整体的全盘理解。诠释必须在这样的循环中进行。在诠释此有时，我们必须先概略理解它的基本概念（整体），再由此理解其他细节（部分），周而复始地进行。所以，在本书中，当讨论新的课题时，海德格尔总是先提出一个大纲，然后再说明其他细节。现在，我们要简略说明此有的基本概念。

---

① 我们在 §32 说明这个概念。

一、此有的本性、本真存在及存在性征（§9）

在分析此有时，我们不是要分析它是否二足无毛，有多少块骨头，它的理性如何运作。我们是要分析它的存有。根据上文，此有的存有特征是它理解存有，而所谓理解是指，它关心存有，且针对它作出反应。当此有是此有时，它已经是这样了，这是说，此有不是先来在这里后，才得到这个存有学性格；也不是指，虽然它拥有这个性格，但以后可以将之删除。这个存有学性格是委付（überantworten, deliver over）给它的，它不能事先拒绝，也不能事后删除。我们现在根据这个存有学性格，指出此有的几个基本概念。

（一）此有的本性是存在

海德格尔清楚指出，此有的本性在它的存在（SZ56, BT67）。在这里，所谓"本性"（Wesen, essence）一词，不具有传统哲学的手前性意义。在传统哲学，一物之本性是指：它的"是什么"（Was-sein, Being-what-it-is），亦即指一独特的基本性质。柏拉图哲学是很好的例子。他认为一物之本性是它的理型（idea），而理型仿佛是摆在手前。这种摆在手前的存在方式，海德格尔用一个拉丁语命名它：*existentia*。他认为，这种存在方式等同于手前性存有。可是，此有不以这种方式存在，因此，它没有 *existentia*。此有的存在方式，海德格尔称为"存在"（Existenz, existence）。人之所以是人，不是由于他具有某种手前性质，而是由于他是存在的。

（二）本真存在与非本真存在

当人在他的存在中理解存有、关心存有和作出反应时，他同时明白，他的存有总是自己的。这是说，在这里存在的，不是别人，而是我自己。由于在这里的存有是我自己的，故我对它不能完全冷漠、毫不关心。人必须关心自己，即使他对自己冷漠或不关心，但这仍是关心——只不过是非常微弱的关心而已。至于其他存有者，因为它们的存有不属于自己，故不能关心，也不能冷漠自己。人的存有总是属于自己的，这个性格，海德格尔称为"属我性"（Jemeinigkeit, in each case mineness）。

当我们说，人的存有拥有属我性时，这不是说，属我性是人的共同特征——凡人都拥有属我性，正如凡人都是理性的动物一样。因为在这样的解释下，每个人都是相同的，人人都是人类中的一员。但是，刚好相反的，属我性把人从人类或人群中抽离出来，成为唯一的、独特的个人。

当人发现这里的存有是自己时，他发现这里的我不是别人，也不是人类中的一员，而是"我自己"。天下间只有一个"我"，不可能还有另一个"我"。我与别人彻底不同，因为我是我，别人是别人；我在这里，而别人在那里。我是唯一的、独特的。

于是，我进一步发现，这个存在是我的，我不是实体，而是可能性。根本上，这些可能性都是我的。在选择我的可能性时，我要正视、承担和关心它是我的可能性，我不应冷漠和不关心它们，让别人来决定我的可能性。不过，在日常生活中，我往往不愿承担自己的存有，反而让别人帮我决定自己。于是，由于人是属我的，故在他的存在中，他有两个基本的可能性：坚持把握着他的可能性是自己的，正视这点作出抉择，这样，他选择了自己而成为真正的自己，他得到本真存在（eigentliche Existenz, authentic existence）；另方面，他可能不愿正视自己的可能性，逃避或放弃它，接受别人给他的选择，于是他失去自己，成为非本真存在（uneigentliche Existenz, inauthentic existence）。

海德格尔不是说本真存在是正面价值的，是应该追求的；而非本真存在是负面价值，是应该避免的。我们要明白，海德格尔非常警觉他不是在讨论价值问题。他的工作是现象学描述，因此，他只是描述，而不评价此有的存在方式。他指出，此有至少有这两种存在方式。至于它们的价值，不是基础存有学的工作，故他不作评估。并且，他也不是说，本真存在是真实的，而非本真存在是虚幻的，因为在海德格尔看来，两者都同样真实，是人存在的两种可能性。所以，海德格尔不是教导我们应当如何存在，或哪种存在方式才是真实的。虽然我们可以根据他的哲学，选择自己应当的存在方式，但这是我们的事情，不是海德格尔的工作。

我们必须谨记，海德格尔是希望能具体完成探索存有的意义，正确理解它。当他谈论各种存在方式时，他是要谈论它们能否正确理解存有。所以，他的意思是指，在本真存在中，此有可以正确理解存有，得到存有的本真意义；在非本真存在方式中，此有误解存有，得到它的非本真意义。在本真存在中，由于此有正视它的可能性，故它理解它的可能性是属于自己的，这样它正确理解它的存有拥有属我性。换言之，它正确理解自己的存有了。这样，它才能进而正确理解存有；另方面，在非本真存在中，此有不愿正视自己的可能性，而逃避它，因此它无法理解它的属我性，亦即它误解自己了，它便进而误解存有，故非本真存在造成对存有的误解。海德格尔在分析此有的存在时，其实他是分析此有的理解，此有不同的存在方式就是不同的理解方式。我们要在这个观点下，才能正确掌握《存有与时间》。

（三）存在性征

在分析此有时，海德格尔首先分析它的切近而通常的存在方式，这是说，分析此有的日常生活或日常性（Alltäglichkeit, everydayness）。他的取向是存有学的。在这个分析里，他要指出，日常生活的存在方式要奠基在哪些存有学结构上。例如，我们在日常生活中会使用用具，但我们能有这个存在方式，是由于我们的存在具有一个存有学结构——海德格尔后来称它为"关切"（Besorgen, concern）。当我们是此有时，就已具有关切，它让我们能关切世界中之物，因此才能使用用具。反过来说，若我们没有这个存有学结构，则无法关切世界中之物，也无法使用用具。于是，不同的存有学结构，使我们有不同的存在方式。这样的存有学结构，海德格尔称为"存在性征"（existentiale）。

同理，在日常生活，我们可以照顾别人，但我们能有照顾别人的存在方式，是由于我们具有一个存有学结构——关怀（Fürsorge, solicitude）。它让我们理解别人，进而照顾他们。于是，照顾别人的存在方式奠基在关怀这个存有学结构上。关怀是我们的存在性征。分析此有的存在，是要指出它的存在性征。

各种实际的存在方式之所以可能，由于此有具有相应的存在性征。再者，由于只有此有是存在的，所以只有此有具有存在性征。其他存有者也有它们的存有学结构，但不能称为存在性征，海德格尔称之为"范畴"（Kategorie, category）。存在性征用以说明此有，而范畴用以说明其他存有者之存有。我们要注意，海德格尔以后使用这两个词汇时，是将它们严格区分出来的。

二、简略说明此有的基本结构：在世界的存有（§12）

此有是存在的，这是说，它不是手前性的实体，而是可能性。我们说过，它有两个基本的可能性——成为自己或不成为自己。在决定要成为或不成为自己时，它也要决定在实际上，它要如何做，去做哪个行为。很多行为都是可能的，但必须选择其中一个可能性。换言之，此有总是要决定它要如何做，要这样做或那样做。这里显出此有的一个非常重要的性格——它必须与世界统一。

（一）"在世界的存有"的基本概念

人之所以能决定做某个行为，是由于他早已熟悉当时的世界或环境。

在完全陌生、彻底一无所知的世界中，人无法决定他要如何存在下去。他当时只是一片完全的空白。但是，从一片完全的空白中，无法建立知识，也无法作出抉择。①然而，绝对的无知无

――――――――――

① 海德格尔反对亚里士多德和洛克（John Locke）所说的"人心如白板"。在2说明探索的结构时，早已指出探索是由三个结构所引导，换言之，要理解一个事物，必须先对它有一点点的认识。完全的无知无法进行探索，亦即永远不能得到知识。

法决定自己的可能性。在绝对的无知中，人无法存在。所以，假若人的本性是存在，则他必或多或少早已理解世界。人不能独立于世界，他总是在其存在中，早已理解世界。我们不是指，他实际上是在世界中，仿佛与它并列在一起；而是说，在存有学上，他的存有总是理解世界的，因此他与世界是统一的。所以，人的存有是"在世界的存有"（In-der-Welt-sein, Being-in-the-world），简称"在世存有"。海德格尔认为它是一个统一的现象，而用连接号把它们关连起来。

人的存有总是理解世界，他才能决定各种可能的存在方式，往前到达世界中之物去。换言之，只有奠基于在世存有这个结构上，人才能有各种存在方式。因此海德格尔认为，在世存有是此有的存有学基本结构（Grundverfassung, basic constitu-tion）。在世存有虽是统一的，但这仅表示，在存有学上，它的各部分不能各自独立。但在分析它时，却可以逐部分地作出说明。不过，它的部分依然是这个统一体中的部分。

海德格尔指出，他要分三部分分析在世存有。首先是在世存有中的世界。其次是，在日常生活中，在世存有到底是谁？他的意思是说，在日常生活中的我们，到底是谁决定我们的存在。是自己决定自己的存在吗？或是别人为我们决定的呢？或仅是由一些流行的观念决定的？海德格尔后来指出，在日常生活中，决定我们的存在的，不是我们自己，而是"人人"（das Man, the they）。最后他要分析在世存有的"在"（in）。人"在"世界里的方式，显然不同于事物的"在"。根据上文，人的"在"是存在（Existenz, existence），而事物的"在"是在场（Anwesenheit, pres-ence），或在某个处所。所以，我们有必要从存在的观点分析在世存有。在本节，海德格尔要分析在世存有的"在"，希望能简略介绍在世存有的一些基本概念。

（二）从在世存有的"在"简略说明在世存有

在世存有的结构表示此有是"在"世界中的，不过，既然此有与别的存有者不同，故它的"在"与它们的"在"有别。此有的"在"表示存在。根据上文，讨论存在的意义时，我们指出，存在是指：理解着世界，在其可能性上往前到达世界中之物去。但其他存有者的"在"是指空间位置或空间关系——在某物内。例如，水在茶杯内，衣服在衣橱内。严格而言，此有没有这种"在"，因为它不是手前性实体。在存有学，此有的"在"是存在意义的"在"(existential "in")，而其他存有者的"在"是手前性的"在"。由于它们不是此有，故它们的"在"是范畴意义的"在"(categorical "in")。对于此有的"在"，海德格尔给它一个独特的名词，他把"在"与"存有"用连接号关连起来，成为"在存有"(In-Sein, Being-in)。

只有此有才有在存有，其他存有者只有"是在某物内"(Sein in, Being in something)。根据海德格尔的字源学分析，他认为"在"(in)是指居住、生活、居留、习惯、熟悉，也有爱护和专注之意。而"我在"(Ich bin, I am)是指"我活在"或"居于"熟悉的世界中，这基本上没有空间位置的意思。并且，这是人才有的存在方式。因此，人之所以有这些存在方式，是由于他的存有是在存有。在存有是此有的存在性征。

由于在存有能让此有往前到达世界中之物去，因此，此有可以投到事物中，不断追逐它们，甚至只看到它们，而不愿反过来理解自己的存有了，这时，此有似乎是紧紧靠着世界中之物，遗忘自己，对于此有的存有与世界中之物的这种关系，海德格尔以一个前置词来命名它，称为"靠着"（bei, alongside）。只有此有才能靠着世界中之物，其他存有者没有这种性格，因为它们的存有没有世界（weltlos, worldless）——不理解世界，也因此不能到达世界中之物去，故无法靠着它们。由于它们不能靠着别的存有者，因此它们不能触摸（berühren, touch）对方，而只能互相并列（nebeneinander, side by side）。反过来，由于此有可以靠着其他存有者，故它可以触摸它们，但它却永不与它们并列。

此有与其他存有者的相遇方式，海德格尔称为"遭逢"（begegnen, encounter）。我们要注意，在海德格尔的词汇里，只有此有才有"靠""触摸"和"遭逢"的存在方式，其他存有者不能"靠着""触摸"和"遭逢"别的存有者，因为它们的存有结构不同——没有世界。此有的这些存在方式，皆奠基在它的存有是在存有。

为何此有具有以上的性格呢？为何它不正如其他存有者那样，只在世界中占有空间位置呢？为何它的存有的基本结构是在世存有呢？海德格尔认为，这是没有理由可言的，我们只能说，事实就是如此，因为此有不是由自己的选择来到这里，而是它不得不来到这里的。当它在这里时，也不是由自己选择自己的性格，而是它早已被委付为这样的性格了。它不得不接受，而且必须承担它们，在其限制下继续存在。此有的这些事实上就是如此的种种性格，海德格尔称为"事实性"（Faktizität, facticity）。基本上，我们以上所说关于此有的一切结构，都是它的事实性——只要是此有，就已经是如此的种种性格。

至于其他存有者，其实也具有"就已经是如此的种种性格"。例如，桌子就已经是具有质料，或它就已经是广延的（extended）。再者，本书也有提到事物就已经是如此的种种性格。但海德格尔指出，它们的存有不理解它们，更不能承担它们、在其限制下继续存在。桌子不理解自己的广延，更不知广延对它的影响。对于其他存有者本来就具有的种种性格，海德格尔另给一个名词：实物性（Tatsächlichkeit, factuality）。实物性似乎是一些手前的性质，冷冰冰摆在事物中，与它的存有没有息息相关的密切关系。

在存有是此有的事实性的结构，它让此有理解世界，且往前到达世界中之物去，与它们遭逢。此有与世界间的存在关系，海德格尔称之为"关切"（Besorgen, concern）。关切是存在性征，这是说，由于此有具有这个存有学性格，故它才能以各种不同的方式去关切世界中之物。它可以制造、产生、使用、专注、放弃、接纳、研究、质疑、讨论、决定、证实各种事物，这些都是关切的可能方式。此有也可以置之不理、忽略、排斥、停止行动等等，这些不表示此有与世界中之物完全割离，而仅表示它的关切是在不足的模式（defiziente Modi, deficient modes）下。基本上，此有不能完全没有关切，因为这是它的事实性——它本来就是如此，它只能把关切降到最低的程度。

海德格尔采用"关切"（Besorgen）一词，是由于以后他要指出，此有的存有是"关念"（Sorge, care），这是说，由于此有的存有的基本结构是"关念"，故它才有"关切"。并且，此有与别的此有的关系，亦即人际的关系，海德格尔以后称之为"关怀"（Fürsorge, solicitude），它也是奠基于"关念"的。因此，基于此有的 Sorge，才有 Besorgen 和 Fürsorge。海德格尔是以 Sorge为字根，自创其他两个名词，故它们没有一般的意义，而必须放在海德格尔的哲学脉络下理解。为了显出 Sorge、Besorgen 和Fürsorge 是同一个字根，故我分别将它们译作关念、关切和关怀。

然而，传统哲学总认为，当此有关切事物时，它的原初模式是认识（Erkennen, knowing），而不是使用或其他的存在方式。但海德格尔的主张刚好相反，因此他要说明"认识"这种关切方式奠基于"使用"的关切方式上。

三、认识是此有的一种引出模式（§13）

要说明使用是比认识更为原初的关切，可分两方面进行。首先指出传统哲学所说的认识必须奠基在海德格尔的在世存有上，这样，认识成为在世存有的一种存在方式；然后再证实，在世存有的原初关切方式是使用世界中之物，而认识是由此引申出来的。

（一）传统认识论的困难

海德格尔指出，认识是人往着世界中之物的一种存在方式。通常我们认为，在认识中，有一个被认识的存有者，往往被称为自然界或自然界的物件。但我们知道，认识不发生在自然界中，而是在认识者里。可是，我们无法观察到认识活动，这表示它不是外在的，也不是物质的。于是，我们就以为它是内在的、心灵的。一旦认识是内在的和心灵的，则被认识的物件当然是外在的物体了。于是，这便导致主体与客体的二元区分。

主体与客体的二元区分产生很多理论上的困难。认识主体如何从它的内在领域跳到另一个外在领域呢？即使认识活动能跳出来到达外在，但心灵活动如何把握非心灵的物体呢？物体拥有哪种结构，才能让主体不须跳进另一个领域中，就可以把握它呢？这些都是传统哲学在认识论上的困难。海德格尔指出，这个困难主要是由于它没有厘清认识主体的"内在"意义。并且，一旦我们认为内在与外在对立，则这些认识论的困难永远无法妥当解决。

在海德格尔，人不是实体，所以他不是主体。人的存有的基本结构是在世存有，这是说，他在他的存在中，早已理解世界，且往前到达世界中之物去。我们早已说过，人与世界不互相独立，他们构成一个统一的现象。我们甚至可以说，他们是一个整体。从他的"早已理解世界"而言，他早已从他的内在跳到外在了。他从来没有仅停留于内在中，相对另一个外在的领域；相反地，当他是"内在"时，他已经是外在了，这是说，当他内在于他的在世存有时，他已经外在到他的世界去。我们甚至可以说，他总是从内而外。另方面，当他外在于世界时，他依然内在于他的在世存有中，他是由外而内。为什么是这样？因为人就是这个整体。在这个整体以外，没有东西。所以，人与世界根本没有内外之分。在人与世界的关系上，内外是一对错误的词汇。

再者，当人认识世界中之物时，他仍是在他的在世存有中理解着世界，往前到达世界中之物去。只是，他这时的"往前"是认识活动，换言之，他当时的存在方式是认识。在认识活动中，他看到的世界是自然界，而遭逢到之物是自然物。所以，认识活动不是从内在主体——没有世界的心灵或意识——跳到外在客体去，把客体抓回内在主体中；而是，人在认识的存在方式上，在他的在世存有中认识他早已拥有的世界。于是，一旦海德格尔把人的主体性取消，则他同时取消了事物的客体性。他再把人与世界视为统一的整体——在世存有，则由主客对立所导致的认识论困难，便迎刃而解了。

（二）认识是此有的一种引出模式：传统认识论困难的消解

人是在世存有，他总是关切他的世界，但在日常生活中，他的存在方式不是认识世界中之物，而是使用它们。在切近而通常的情况下，他要使用世界中之物，处理事情，达致他的目的。因此，他是在使用的存在方式下理解世界，往前到达世界中之物去。在这种存在方式下，世界中之物不是自然物，而是用具。在使用中，他也有理解世界中之物，但这种理解不是认识——获得知识性的概念，而是把握它的用途。如果人永远只有这种存在方式，则人不可能获得事物的知识，他只能理解事物的用途而已。然而，海德格尔认为，人有时会停止工作，他或许需要休息、或许用具失效，以致无法继续工作。这时，他不能仍在使用的存在方式上积极关切世界中之物，于是使用的存在方式变弱了。不过，他没有因此离开他的世界，他依然是在世存有，依然在他的在存有中，往前到达世界中之物，靠着（bei, alongside）它们。可是，根据海德格尔，这种靠着只是停留地靠着（Nur-noch-verweilen bei, just tarrying alongside）。人停留地靠着它们，不是为了使用它们，而是为了看看它们的样子。看看它们的样子就是知觉它们了，人开始对它们有初步的认识。可是，只有当人以语言说出和讨论事物是什么时，才是知觉的完成，这就成为对事物的解释。解释一事物就是限定它的意义，于是我们说出命题。由此，对事物的初步知识完成了。

在海德格尔这样的诠释里，人对世界中之物的原初存在方式是使用，而仅是由于人停止使用，才引出另一种存在方式——认识。因此，认识是此有的存在的一种引出模式（fundierter Modus, founded mode）。

在这里，有一点值得我们注意。人改变成认识的存在方式，不是仅由于他停止使用世界中之物，最主要的关键是：在他停止使用时，他改变或采取另一个观点。在使用用具时，其实他早已设置一个观点：世界中之物是让他操纵和处理的。但当工作无法进行时，他不能再坚持这个观点，他必须改变。这时，事物无法使用，它们仿佛硬生生地摆在手前。于是，他视之为手前性的东西。只有在手前性的观点下，认识才能开始。因此，世界中之物能拥有用具性或手前性，主要是由于人当时的观点。换言之，世界中之物不拥有固定的、客观的本性，它的性格主要奠基在人当时的存在方式。我们理解这点，才能理解海德格尔以后所说的世界性（Weltlichkeit, worldhood）概念。

第三章　在世存有的世界及世界性（§14－21）

我们通常认为，我们看到的都是客观的自然事物，而世界是由它们组成。这种主张其实奠基在一个观点上：实体性（Substanzialität, substantiality）。这是说，我们预设一切东西的存有是实体。从这观点出发，所有存有者都客观地拥有它们本身的性格，占着自己的位置，而世界就是这些存有者的总和。不过，这样的世界显然不是在世存有的世界，因为在后者，世界中之物的性格不由自己决定，而是奠基在此有的存在方式上。再者，若世界中之物是实体，则此有也是另一个实体，这样，此有与世界各自独立，不互相构成统一的现象。所以在海德格尔，从实体性观点理解世界是错误的，他所说的世界，并不是我们通常所说的客观世界。

再者，唯有此有才有世界。这不是说世界上没有别的东西，只有此有，因为这显然是荒谬的；而是说，只有此有的存有才能理解世界，与世界统一，其他存有者的存有无法理解世界，故在存有学上，它们没有世界。海德格尔认为，世界不独立于此有，它是此有的存有性格。

世界既是此有的存有性格,而世界中之物的性格又奠基在此有的存在方式上,则同理,世界的性格也奠基在此有的存在方式上。换言之,当此有在不同的存在方式上,世界也会出现为不同的性格。根据以前的例子,当此有在使用的存在方式上时,他遭逢的是用具世界;当他在认识的存在方式上时,他遭逢的是客观事物的世界。此有的存在方式让世界得到它的意义。[①]那么,在此有的存在方式中,必具有一个结构,让世界成为自己。这是说,世界要奠基于它,才能成为世界。这个结构,海德格尔称为"世界性"(Weltlichkeit, worldhood)。世界性不外在于世界,而是在此有的存在中,这是它的存有学结构,故海德格尔认为,世界性是存在性征。

此有虽与世界统一,但它却可以有不同的世界,于是,"世界"一词便是多义的。我们分析此有的世界,先要厘清世界的各个意义,再指出我们分析的是哪个世界。在分析世界的意义时,可引申出以下几点:

(1)"世界"是实际存有的概念 (ontischer Begriff, ontical concept)。它意指所有手前存有者的总和,这亦即我们所说的实体世界。

(2)"世界"是存有学语词 (ontologischer Terminus, ontological term)。它意指第一个世界意义中的存有者的存有。例如我们说:"物

---

① 从此可以清楚看出,世界不是实体性或在其自身 (in itself) 的世界。它是在人的诠释中呈现出来的世界。世界有不同面相,是由于人在不同方式下所作的诠释。因此,只有借着诠释学,才能真正理解世界。

理世界是在因果关系上。"这句话是说明物理世界的存有，或它"延续下去"的方式。同理，我们也可以从存有学观点描述数学世界或柏拉图的理型世界，这里所指的世界是存有学语词。

（3）"世界"尚有另一个实际存有的意义，这是说，它由实际具体的东西构成，但它们不是手前存有者，而是围绕着人，让人生活在其中的周遭世界（Umwelt, environment）。基本上，这是海德格尔接着要讨论的日常生活的世界。

（4）"世界"也可以指世界性。上文指出，实际世界奠基于世界性，而世界性一方面是此有的存在性征，另方面是世界的存有学基础，因此，在这个意义下，这是世界的"存有学—存在的"概念（ontologisch-existenzialer Begriff, ontologico-existential concept）。

海德格尔曾指出，对此有作存在分析，是要分析它的日常生活。他认为此有的基本结构是在世存有，而分析在世存有时，他要先分析它的世界，这亦即是说，他要分析在世存有日常生活中的世界。日常生活中的世界就是上文第三个意义的世界——周遭世界。周遭世界中的东西不是手前性之物，而是被我们使用的用具。再者，周遭世界奠基于此有的存在性征——世界性，换言之，此有在它的存在中，基于它的存在性征，开放出一个由用具构成的周遭世界。它开放出世界中之物为用具，且使用它们。但此有自己不是用具，用具隶属于由此有开放出来的世界，且必须在世界中。此有是开放世界的，它不隶属于世界，也不在世界中。因此，当海德格尔使用"隶属于世界"（weltzugehörig, belonging to the world），和"世界中的"（或世界中之）或"在世界中"（innerweltlich, within-the-world）这些词汇时，所指的一定不

是此有，而是其他存有者。另方面，由于此有才有世界，所以此
有是"世界的"（weltlich, worldly）。我们现在又多了一个对比概
念：世界的，和隶属于世界、或世界中的、或在世界中。前者只
能用于此有，后三者一定用于其他存有者。

一、周遭世界的分析（§15－16）

（一）此有在周遭世界中的存在方式，及周遭世界中的用具

　　我们是在世存有，这是说，我们总是与世界统一。海德格尔
认为，在日常生活中，我们的世界是周遭世界。周遭世界的德文
是 Umwelt，um 与英文的 around 类似，是围绕的意思，而 Welt
是世界。根据字根，Umwelt 是指在日常生活中围绕我们的世
界。英译 environment，只译出围绕（environ）之意，却失去世界
（Welt）的意思。在下文，我们必须注意几个以 um 为字根的德语
词汇。

　　在日常生活中，我们如何关切（Besorgen, concern）周遭世
界中之物呢？那当然不是冷静地观察或客观地研究。海德格尔认
为，我们的关切方式是去使用、制造或控制它们。这种方式，他
统称为"处理"（Umgang, dealing）。Umgang 由 um 和 Gang 构
成，Gang 出自 gehen，它类似英文的 go（走），所以在字根上，这
是围绕着走的意思。不过，在一般德语用法中，Umgang 是指交
往或打交道之意，但我们很少说："与周遭世界中之物交往或打
交道。"因此本书根据英译 dealing，译作"处理"。但根据 Umgang
的字根，它意指，在处理周遭世界中之物时，我们是从一物走往

另一物，围绕着周遭世界走下去。例如，当我要做一张桌子时，我发现槌子、钉子、木板等用具在不同的位置上围绕着我。在处理它们时，我是先走往槌子，沿着当时的周遭世界，往前去拿钉子，再走向木板，到达工作间。所以 Umgang 指出，日常生活在处理事物时，是围绕着周遭世界，从一物走往另一物去。

在处理事物时，我们不是盲目的，这是说，我们不是完全没有理解的，甚至，我们必须早已或多或少理解周遭世界，且在理解的指导下，才能围绕着它，从一物走到另一物。更进一步，即使在处理的过程中，我们也会得到理解。正如在使用槌子时，我至少理解槌子的使用方式。并且，我之能理解槌子，不是由观察而得，而是在处理中得到的。我似乎愈是不观察它、不去认识它，愈是投入在处理中，则愈能贴切理解周遭世界中的槌子。在海德格尔，实践中是有知识的，但它不是理论知识。在处理事物时，早已有对周遭世界的理解，且在它的指导下作出种种处理方式，并在处理的过程中，进一步理解它。这种对周遭世界的理解，海德格尔称为"环视"（Umsicht, circumspection）。Umsicht由 um（周遭）和 Sicht（视觉或视线）两个字根构成，意指一种看到或理解周遭的视觉。英译 circumspection 相当传神，它把周遭（circum）和视线的察觉（spection）都翻译出来了。在日常生活中，我们在环视中理解周遭世界。

在周遭世界中之物是什么？它们当然不是客观摆在手前之物，而是被使用的。根据海德格尔，周遭世界中之物是用具（Zeug, equipment）。用具之所以为用具，不是由于它具有某个形状或特征，而是由于它具有某种用具功能或用途。海德格尔指出，用具有一个"为了……"（um-zu, in-order-to）的性格，这是说，它是

"为了……"而被使用的。例如，槌子是为了槌打，钉子是为了钉紧。我们不能说，由于这个东西具有槌子的形状、硬度和重量，故它是槌子；而是说，由于它具有"为了"槌打的功能或用途，所以它是槌子。换言之，在周遭世界中，一物的"为了……"的性格，决定了它是此物，不是别物。

再者，德文的 um-zu 在一般用法上，与英文的 in order to 类似，但它的字根是 um，这是指，用具的性格是：它围绕而往着（zu, to）另一物。用具之所以是用具，是由于它具有某种用途，但它的用途让它往着另一物。例如，槌子有槌打的用途，但捶打必须打到另一物——如钉子，否则槌打是不可能的；同理，钉子有钉紧的用途，但钉紧必须是钉紧另一物——如木板，否则钉紧是不可能的。海德格尔利用德文 um-zu 的两个歧义，说明用具的性格。于是，由于用具的用途有"为了……"和"围绕而往着另一个用具"，因此周遭世界是围绕着我们的，而在处理用具时，我们把握着它的"为了……"，在周遭世界中，从一用具往着另一用具去。

凡用具必有它的用途和往着另一用具，则用具不能独立，这是说，它必关连另一个用具。严格而言，没有所谓"一个"用具。不过，或许我们会反驳说，这里不是有"一个"槌子，那边不是有"一个"钉子吗？它们各自不是"一个"独立的用具吗？首先，当我们这样说时，那个槌子和钉子已经不是用具，而是两个手前性的东西，因为它们是具有某个形状、性质和空间位置的客体。再者，"用具不能独立"，不是指它的实际存有的（ontisch, ontical）性格，而是指它存有学的（ontologisch, ontological）性格。在实际存有上，各用具可能互不干涉，如在周遭世界中的槌子，它或许仅是挂在墙壁上，仍未槌打到钉子去。但是，它之可能是用具的槌子，必已在其用途上关连到钉子，否则它的用途不明，根本无法决定它是何物。

若用具必各以其用途关连另一用具，则它们构成一个整体。并且，在理解用具时，我们先要理解整体，然后才能理解在其中的各用具。例如，当我们看到笔、墨、纸、桌子、椅子、灯、窗户、墙壁、门和房间时，我们不是先理解一件件的用具，然后才理解这是书房；更不是看到几片墙壁构成一个几何学的形状，和其他不同形状之物，然后理解这是书房。而是，我们首先理解它的整体，即它是书房，然后才能理解其他的用具。在海德格尔，理解总是由整体出发，在它指导下去理解部分，再由部分回到整体，更清楚地理解它。理解是循环的，不是直线的。这正如我们从在世存有这个整体出发，分析它的世界、它的"谁"和它的在存有，然后再回到在世存有去；又正如我们从周遭世界出发，分析它的用具，然后回去更清楚地理解周遭世界。

用具的性格既然是在它的用途上，往着另一个用具，这则显示它本性上是要被我们使用，关连到另一用具去的。换言之，它有被操纵性（Handlichkeit, manipulability）。因此海德格尔认为，用具的存有是及手性（Zuhandenheit, readiness-to-hand）。我们要明白，及手性（Zuhandenheit）中的"手"（Hand）相关于被操纵性（Handlichkeit）中的 Hand 而来，所以及手性的主要意义与手没有直接关系，而是指被操纵、使用或控制。故而，用具存有——"延续下去"——的方式，便是被我们操纵、使用和控制。

（二）从用具扩展至更大的领域

虽然在使用用具时,我们的环视理解它们,但非常奇怪地,用具却不是我们当时理解的直接课题,这是说,我们当时注意的,主要不是用具。并且,当我们愈是投入在工作里、愈是恰当地使用用具时,用具似乎愈是退隐——或者说,我们愈是不察觉它。当时,我们注意的是工作的成品。例如,在做一张桌子时,虽然我们拿着槌子打钉子,但若当时的工作是顺畅的,则我们不会注意槌子和钉子,而是注意工作要做出来的那张桌子。槌子与钉子是退隐的,而桌子则较为明显。并且,唯有注意桌子,才能让我们使用槌子和钉子,以及当时的用具整体。因此,在使用用具时,我们的环视不仅超出该用具,到达用具整体去,它甚至扩展到由用具整体制造出来的成品。

再者,成品本身也是用具,则它也必须在它的用具整体中。正如桌子也要关连到纸、笔、灯,和房间等用具构成的书房中。因此,环视又再扩展到另一个用具整体去。

成品不仅关连别的用具,它首先是由原料制成的。例如桌子是由木板制成。根据这条线索,木板是由另一些原料制成——即来自木材,而木材来自森林。如此,我们最后会到达一些不是由我们制造出来的东西,那就是自然界中的存有者——树木。任何成品,最后的原料都是自然界的东西。于是,在用具中,环视可以扩展出来,到达自然界。

然而,由环视而得的自然界,其存有者是在它的用途上被理解的。它们不是手前之物,也不是神的创造物,更没有所谓自然之美。森林是木材、山是石矿、河是水力，风吹船帆。自然界中都是实用之物，是及手性的存有者。

成品也显示别的此有。在做桌子时，我们明白，桌子不仅给我们使用，也可以给别人使用。同理，当我们买鞋子时，也明白它可以给别人穿。于是，我们发现当时的周遭世界不仅是我个人的，也是别人的。我不是一个独我，我的世界不是私有的。我与众人同在，而世界是公共世界（die öffentliche Welt, public world）。于是，环视又扩展到别的此有和公共世界去。

在公共世界里，可以看到公共使用的措施，例如车站、桥梁和公路等。在理解这些措施时，我们发现一个围绕着公共大众的自然。当我们看到车站关闭，则知道天气恶劣；看到路灯明亮，则知道太阳下山，黑夜来临了；看到时钟，则知道太阳的位置。这个由环视扩展而得知的自然界，海德格尔称为"周遭自然"（Umweltnatur, environing nature）。这个自然仍是及手性的，因为它不是仅摆在手前，而是被我们处理的，或根据它去调整我们的行为。

我认为，以上其实是一个很好的现象学分析示范。现象学的工作是让那显示自己者，正如从自己显示出来般地被看见。它如何显示，我们就如何看；我们看到什么，就描述什么。在日常生活中，我们以为只有一个个的存有者显示它们自己。但其实，尚有非常丰富的领域没有明白显示出来。它们不是完全没有显示，因为完全不显示的东西是永不可知的。它们是隐约地显示。现象学的工作就是让那些在隐藏中，只隐约显示的东西，更清楚地显示出来，被我们看见和描述。

通常，我们以为明白显示自己的，只是那些摆在手前的东西，但当我们看清楚时，便会发现，在日常生活中，其实它们早已隐约显示出它们的用途，而我们与它们接触时，基本上是理解其用途才去使用它们的。并且，它们也隐约显示出，其具有"为了……"和"围绕而往着另一用具"的性格。由此，一个隐约的周遭世界跟着显示出来了。再者，在看得更清楚时，便会发现当时的周遭世界是要做出成品，而在成品中，又隐约显示自然界、别的此有、公共世界和周遭自然。于是，那些本来仅是隐约显示的东西，在现象学的引导下，变得更清楚地显示出来，被我们看到和描述。现象学一方面让事物更清晰地显示自己；另方面它指出我们要更谨慎、深入和广泛地看。海德格尔在这书中，认为一切都显示于在世存有的整体内，只要谨慎地看，就可以理解一切了。

（三）世界在日常生活中宣示自己的三种方式（§16）

在日常生活中，我们愈是投入工作里，则用具愈是退隐。只有成品才是明显的，这亦即是说，由用具构成的周遭世界是退隐的。假若我们的工作永远顺畅无碍，则永远不会清楚理解周遭世界。于是，我们永远在工作中，不会追问世界、用具，甚至其他存有者的存有了。但显然地，我们有时会被惊醒，发现自己在世界中。那么，在什么情况下，我们会注意用具、发现世界呢？显然，那就是当工作发生困难，无法继续的时候，那时，我们必须停止工作。这样，用具似乎凸显出来，它与世界的关系亦跟着显示，换言之，世界宣示自己了。然而，世界若要宣示自己，必先要让用具从退隐中显示出来，给我们看到。海德格尔指出，在以下三种情况下，我们会停止工作，用具从退隐中显示出来，给我们看到。

1. 突出性（das Auffallen, conspicuousness）

在使用用具时，有时会发现它不适用，或许它损坏了，无法再用。我们之能发现它不适用，不是由观察而得，而是由环视而知。这时，工作中断，而用具依然拿在手上。假若我们能继续使用它，则它再次退隐。可是，我们这时不能使用它，它便似乎贸然从隐藏中凸显出来，摆在手前。一方面，从我们仍要使用它而言，它是及手性的用具；另方面，从我们无法使用它而言，它是手前的存有者。它似乎介于及手性和手前性之间，但这正好指出，它从及手性的退隐中凸显出来，正要成为手前之物。无论如何，我们这时发现了用具。

正如当我们手拿钉子，用槌子去打它时，发现槌子太短，无法使用。这时，不是由于我们观察槌子的长度，才得知它不适用，而是在使用时，它无法顺畅工作，使工作停止，这时的环视才发现槌子不适用。再者，当时手上的钉子不再是用来钉紧别的东西的用具。它似乎突出了自己，置于我们的手中，让我们发现它是一件不能使用的用具。

2. 闯入性（Aufdringlichkeit, obstrusiveness）

在使用用具时，有时会发现缺少另一个用具，以致工作无法进行。我们愈是着急，愈是发现手中的用具无法使用。它被握在手上，似乎闯进我们的关切中。它硬生生摆在那里。于是，用具显示自己了。

3. 固执性（Aufsässigkeit, obstinacy）

有时在工作中，一些不属于工作范围内的东西，会出现和阻碍工作的进行，以致工作被迫停止。工作一旦停止，则用具无法使用，它们似乎固执地站立在面前，迫使我们去注意它们，但对它们却无可奈何。

用具在以上三种情况下显示自己。然而，当它们显示时，我们一方面想要使用它，另方面却又无法使用它。这时我们会发现，用具之所以无法使用，是由于无法在它的用途上，将它关连到另一个用具去。换言之，它在用途上的"为了……"和"围绕而往着另一用具"(um-zu, in-order-to) 的性格被破坏了。这亦即是说，我们当时也发现，用具之所以是用具，必须相继围绕往着另一用具。于是，周遭世界宣示自己了。

用具有一个非常奇怪的特征：当它正要失去它的用具性格时，它才显示它的用具性格。当用具在使用中，成为一个真正的用具时，它是不突出、不闯入和不固执的。它这时是退隐的，难以掌握。周遭世界亦因此隐而不现。但当它否定自己时，却显示自己的本性，让我们得以理解它、肯定它。换言之，它的自我否定却带来它的肯定。①海德格尔这种从否定中看出肯定的洞见，多处表现在《存有与时间》中：他从人的自我逃避中看出人的自我肯定；从人的死亡中看出人的存有；从怖栗（Angst, anxiety）的虚无中看出真正的在世存有。要理解海德格尔这本书，必须能在生命中，把握这一闪即逝的现象。

----

①《周易·系辞上》说"百姓日用而不知"，这是说，人人平常在道中生活，他们依道而行。假若他们的生活是顺畅的，没有障碍，则他们永远不会理解道。但什么情况才让他们理解道呢？根据海德格尔刚才的主张，只有当人在生活中与道产生破裂时，他才明白道是什么，才会深入探讨道的意义。

二、世界性（§18）

现在，世界已宣示自己，且宣示为一个由用具构成的周遭世界。虽然在不同的情况中，会有不同的周遭世界，例如当我拿槌子和钉子去做一张桌子时，当时的周遭世界不同于我拿笔写文章时的周遭世界；上市场买菜与出国旅行的周遭世界也不相同。然而，若它们皆为周遭世界，则它们有一个共同的存有学结构，这个结构就是"世界性"（Weltlichkeit, worldhood）。但这不是说，世界性是在周遭世界中，是它的存有学结构，因为这让周遭世界独立于此有之外，破坏了此有与世界的统一性。所以，在讨论世界性时，我们不是分析周遭世界中的存有学结构。相反地，由于此有与世界统一，而且此有在它的存在中，早已理解它的世界，因此它当然也理解世界的存有学结构——世界性。反过来说，由于此有总是理解世界性的，故在它的存在中，才能理解它的周遭世界。所以，世界性不是外在的，而是此有的存在性征。于是，讨论世界性时，先要拒绝客观的进路，而要反省：当此有在它的存在中理解周遭世界时，它所根据的存有学结构，或它根据的存在性征是什么？换言之，我们要采取存在的进路——在我们的存在中，反省理解所根据的存在性征。

我认为，《存有与时间》分析世界性的§18是全书最困难的一节，因为海德格尔采用非常陌生的语词，又默认此书后来才出现的概念，而讨论时又似乎相当凌乱，故读者难以明白他的意思。不过，只要我们明白他的讨论过程，和他的结论所蕴涵的意义，便会较容易掌握这节的内容了。

首先，世界性不外在于周遭世界中，而是此有的存在性征。换言之，周遭世界之建立，基于此有的存有学结构。但是，在上节的分析中，我们似乎只是"外在地"分析周遭世界，说明在其中的用具的存有，及它们如何构成和宣示周遭世界，却没有把它关连到此有去。因此，本节首先的工作，是要把周遭世界与此有重新统一起来，希望能进而证成世界性是此有的存在性征。所以，在本节开始时，海德格尔再次检讨用具的性格，藉此把它与此有的存在关连起来。他认为用具的性格是指向性（Bewandtnis, involvement）。

（一）指向性

海德格尔曾认为，用具是互相关连的，是由用途上的"为了……"和"围绕而往着另一用具"（um-zu, in-order-to）两个性格关连起来。现在，海德格尔再次反省用具间的关系，希望借此说明用具与此有的统一性。他认为，用具的关系是指向性。其实，Bewandtnis（指向性）是一个无法翻译的名词。在理解这个词汇时，不要拘泥于它的字面意义，也不要太重视它的德语意义，否则只会造成误解。

海德格尔指出，当用具是用具时，它早已被关连到另一用具去，这种关连的方式是："以（mit, with）一物指向到（bei, in）另一物去。"这种"以……到……"（mit...bei..., with...in....）的关系，就是指向性的意义，它建立在两个前置词的意义上。我们以一个例子来说明。在造房子时，我们已理解造房子的周遭世界，但我们之所以理解当时的周遭世界，是由于我们理解，要造一个房子，我们必须工作，而工作是"以一物指向到另一物去"。于是，我们开始往着一物，且"以它的用途指向到别物去"。在这个用途上，前者之物是槌子，它的指向方式是槌打，且在槌打中到达另一物，它就是钉子。再者，我们再以钉子，在它钉紧的用途上，指向到另一物去，它就成为墙壁。然后，我们再以墙壁，在它抵挡风雨的用途上，指向到另一物去，它就是房子。房子是当时周遭世界的成品。到达这个成品时，我们的工作不须再指向别的用具了。我们是在这种"以……到……"的关系上，将一物指向另一物，然后再继续指向，直至整个指向整体所指向的成品。由此，我们得以理解当时的周遭世界。

当我们说"以一物指向到另一物去"，这里所指的"物"，其实不是一个东西或实体，而是此物的用途或用具功能。在海德格尔，一物之所以是一物，不是由于它拥有某种手前性的性质，而是由于它有某种"延续下去"的方式。所以，一物之所以是用具，是由于它具有用途或用具功能。同理，槌子之所以是槌子，不是由于它有槌子的手前性质，而是由于它用于槌打。一只高跟鞋，若它用来打钉子，则它不是高跟鞋，而是槌子。所以，严格而言，指向性的意义是，"以一种用途指向到另一种用途"。并且，由于当时有一物具有此用途，故它不是别物，而是此物。

在刚才的例子中，由指向性构成的关系是，以槌打（槌子）指向到钉紧（钉子），以钉紧（钉子）指向到抵挡风雨（墙壁），以抵挡风雨（墙壁）指向到提供舒适生活（房子）。当到达房子时，指向性终止，因为房子是当时的成品。这时，此有完成工作了，它无须以房子指向到别的用具去。不过，房子是被此有使用的，用以满足此有的要求。于是，房子与此有在另一种关系上，海德格尔称之为"缘于……能满足"（um-willen, for the sake of）。在海德格尔，从周遭世界中之物而言，它们是为了满足此有的；从此有而言，此有关切（Besorgen, concern）周遭世界中之物，是缘于它们能满足它。再者，um-willen 在德语的一般用法里，与英文的 for the sake of 同义，但我们要注意它的字根。它由 um 和 willen 构成，um 是 Umwelt（周遭世界）中的 um（周遭或围绕之意），因此 um-willen 也表示：此有关切周遭世界中之物，是由于它理解它们是为了满足它的，于是，缘于周遭世界能提供成品来满足它，它便以一物指向到另一物，再继续指向到别物，直至到达成品为止。于是，由于此有总是"缘于周遭世界中之物能满足它"（即 um-willen）和能够"以一物指向到另一物"（即指向性，Bewandtnis, involvement），故它总是理解它的周遭世界。换言之，周遭世界是由此有的这两个结构开放出来。在这里，我们可以看出，海德格尔把周遭世界与此有的关系，进一步统一起来了。

（二）让之在

当此有缘于周遭世界能提供成品来满足它，而又以一物指向到另一物时，它就将具体的周遭世界呈现出来了。例如，当我缘于周遭世界能提供房子来满足我时，我当时知道，房子不会从天而降，我必须使用用具才能得到它，这亦即是说，我必须以一物指向到另一物。这时，我或许希望以捶打的方式，指向到另一个钉紧的用途上，再以钉紧的方式，指向到另一个抵挡风雨的用途上……以至完成一个房子。这样，我会发现，在某处有槌子，另一处有钉子和木板等等。在我尚未要求得到房子前，槌子、钉子和木板没有呈现在我的世界中。一旦我要求得到房子和将世界中之物相继指向起来时，它们便各自呈现为自己了。于是，以指向性将存有者关连起来，其实就是让它们成为在——即成为自己，海德格尔称为"让之在"（sein lassen, letting be）。基本上，此有的各种存在方式——无论是使用或认识，都是让存有者成为在。这亦即是说，由于此有具有"缘于周遭世界中之物能满足它"和"以一物指向到另一物"这两个结构，故它让周遭世界呈现出来，成为在。

此有让存有者成为在，不是说它能创造存有者，因为这显然是荒谬的。这是说，此有的存有，或此有在存在时，它具有一些存有学结构，让它据此去理解存有者，存有者在此结构下获得意义，因而成为在。基本上，我们可以看出，海德格尔这个主张深受康德超验哲学的影响。但我们必须注意，康德哲学从主体出发，以主体的结构硬套在存有者之上，强迫存有者接受。但海德格尔的哲学不是超验哲学，而是现象学。他是让存有者显示自己，且正如它显示自己般地去看它。①

---

① 康德认为，人的理性超验地限制事物的意义。因此他认为，要理解事物，先要分析理性。这是他的批判哲学的路向。《存有与时间》似乎走上相同的路向。海德格尔认为，要理解世界，先要理解人的存有学结构（世界性）。他默认了世界的意义被人的存有所限制。不过，这与海德格尔现象学宣称"回到事物本身"不一致。根据现象学，要探讨世界，须根据世界正如其自身般显示自己。但《存有与时间》却是根据人的存有学结构去探讨世界。这显然违反了现象学"回到事物本身"的宣言。

（三）世界性

在海德格尔，周遭世界之所以能呈现出来而成为在，是由于当*此有*存在时，它总是"缘于它的周遭世界能满足它"和"以一物指向到另一物去"。换言之，基于这两个结构，周遭世界才成为在。并且，这两个结构早已在此有之中，否则此有不能根据它们开放出周遭世界。再者，根据海德格尔，此有之所以是此有，由于它理解存有，这是说，此有总是理解自己的存有。那么，它当然理解它的存有具有这两个结构——无论它的理解是清晰的或晦暗的。所以，此有早已理解，周遭世界能提供成品来满足它，并且，周遭世界中之物是在指向性的关连中。在这个理解下，此有在它的存在中作出抉择，投出到世界时，其遭逢之物成为用具，而用具在指向性的关连中构成周遭世界。于是，我们可以说，这两个结构是周遭世界的存有学基础。

在《存有与时间》中，海德格尔曾用两个难以明白的名词来说明这两个结构，因而让读者难以理解。他称之为"在其上者"（das Woraufhin, that for which）和"在其中者"（Worin, that wherein）（SZ115, BT119）。他的意思是说，此有理解这两个结构，且在其上或在其中继续存在，因此将自己与世界关连起来，让周遭世界成为在。于是，海德格尔认为，这个"在其中者"是世界的现象——亦即它是周遭世界的存有学基础。接着，海德格尔指出，这个"在其上者"的组织就是"世界性"。

其实，当海德格尔指出此有的两个存有学结构——"缘于它的周遭世界能满足它"和"以一物指向到另一物去"——时，他已经指出周遭世界的存有学基础，但他要进一步说明：这两个结构在此有与周遭世界的关系上，扮演什么角色。我们知道，这两个结构的组织相当复杂，它涉及此有与世界，世界与在其中的存有者，及存有者与存有者间的关系。这些关系到底有何性格，让此有成为在世存有，世界成为周遭世界，和存有者成为用具呢？海德格尔发现，这些错综复杂的关系，它们的性格是给出意义（Be-deuten, signifying）。海德格尔的意思是说，当此有来到这里（Dasein）时，它已具有这两个存有学结构，这是它的事实性，亦即，它就是如此的。它总是理解这两个存有学结构，因此让它理解它是在世存有，也理解它的世界是周遭世界，而其中的存有者是用具。从这点而言，这两个结构给出了此有的在世存有、周遭世界和用具的意义。

此有理解它的存有，因此理解它存有的这两个存有学结构，也理解其中的组织，它根据这个组织选择它的可能性，继续存在。这时它发现，这个组织意指出（bedeuten, signify）世界中之物是为了满足它的，而它总是为了得到世界中的成品，在自己的可能性中投出到世界去。因此，它理解它的存有与世界是统一的，亦即它是在世存有。这样，这个组织意指出，此有是在世存有。换言之，它让此有得到在世存有的意义。再者，既然世界能提供成品满足此有，则这个组织又意指出，世界中的存有者可以在某种用途上，围绕而往着另一物，以至达到该成品。这亦即是说，它们是以某物指向到另一物去，相继直至成品。于是，存有者得到用具的意义。并且，用具由指向性构成周遭世界，此有的世界也因此得到周遭世界的意义。这两个结构的组织，让此有、它的世界及其他的存有者得到它们的意义，故它是给出意义性

(Bedeutsamkeit, significance)，也就是世界性。当海德格尔讨论世界性时，他不仅要指出世界的基本结构，更要进一步指出，这个结构在此有的存在中，或更正确的说，在此有的理解中，它负起的任务是什么。他认为，世界性要负起给出意义的任务。

由于此有总是理解世界性，故在它的存在中，它发现各种意义。其他存有者的存有没有世界性，故它们不能发现意义。不过，我们要注意，海德格尔不是说，此有可以任意给出意义，而是反过来说，此有是被自己的结构限制的，当它来到这里时，它就被限制。它只能在限制下得到某些意义，但不能任意给出意义。换言之，意义限制了它，它无法限制意义。

另外，我们要注意，世界中的存有者之所以具有意义，不是由于它们本身拥有某种性质，而是由于它们在某种关系上。世界性是由各种关系构成的体系，这个体系的组织藉由此有的存在给出意义，让存有者成为在。在海德格尔哲学，关系先于实体（在），这是说，不是由于有了实体，才有关系，而是由于先有关系，才有实体。他改变了西方传统的实体形上学，而代之以关系的优先性。

三、世界性与笛卡儿的世界概念（§19－21）

海德格尔的世界性概念蕴涵了关系先于实体，而正好相反地，笛卡儿（René Descartes）的世界概念或许是实体形上学的极端表现。于是，海德格尔认为有必要检讨它。对这本书而言，这不是一段重要的文章，故我只作简略的说明。

海德格尔的工作是要找出笛卡儿世界概念的默认，检讨它能否成立。在笛卡儿的心物二元论里，心是属于人的，物则属于世界。物的基本性格是广延（Ausdehnung, extension），由物构成的世界也就是广延。广延是事物的基本性格，由广延才得以引申出形状、运动和硬度等其他性质。可是，广延是一种在其自己（an-sich, in itself）的"在"。这种"在"，就是西方哲学所说的实体。于是，笛卡儿从实体形上学的观点建立他的世界概念。

为何笛卡儿采取实体形上学的观点呢？海德格尔指出，这是由于笛卡儿认为，只能以认识（Erkennen, knowing）的方式，才能正确理解世界中的存有者。所谓认识，是指数学和物理学的认识，由此得到的知识是恒常不变的。因此，只有恒常不变的性质才是真正属于存有者。但是，"恒常不变的性质"亦即手前性的性质。当笛卡儿采取实体形上学的观点时，他早已默认存有者的存有是手前性。

不过，根据海德格尔在§13的分析，认识的存在方式是一种引出模式（fundierter Modus, founded mode），它奠基在日常生活的处理上，这是说，当人停止处理周遭世界的用具时，才会改去认识世界中之物。再者，手前性存有奠基在及手性存有上，因为只有当用具无法使用时，它才从及手性变成手前性（见§16），因此，笛卡儿哲学尚未得到世界的原初概念。他误以引出模式为原初模式，将世界的原初意义隐藏起来，故为假（参考§7, b）。

第四章　周遭世界的空间意义与此有的空间性（§22－24）

其实，当我们说此有是"在世界中的存有"时，这里的"在……中"已表示空间的意义，并且，"周遭世界"的"周遭"也是表示空间的。我们曾说，用具是"在世界中"（innerweltlich, within-the-world），因此，无论此有、世界和用具都与空间相关连。我们首先说明用具的空间意义，然后说明世界和此有的空间性（Räumlichkeit, spatiality）。

一、用具及周遭世界的空间意义（§22）

用具是日常生活中切近而通常遭逢到的存有者。"切近"（zunächst, proximally）一词其实就有空间意义。并且，用具的存有是及手性，但及手就是说，它跟我们相当接近，而接近也有空间意义。所以，当我们遭逢用具时，用具已经与空间有密切的关系。不过，当时的空间距离不是由测量或计算而得，而是由环视而来。在工作时，环视总是注意各用具跟我们的距离，也发觉它们的方向。这正如在建造一座房子时，环视不仅发现当时围绕着我们的用具，如槌子、钉子和木板等，同时也发现它们各自与我们的距离和方向，如槌子在前面不远的架子上，钉子在后面较远的地下室等。在环视中用具呈现出来的位置，海德格尔称为"方位"（Platz, place）。

用具的方位不同于手前性事物的空间位置（Stelle, position）。空间位置表示事物在广大的客观空间中，占着一个由测量或计算而来的定点。事物各自占着不同的定点，彼此在客观距离的关系上。但用具不在客观空间中，因为我们当时尚未构成客观空间。在处理用具时，环视只看到用具的方位，但没有看到、也不可能看到客观的空间。再者，由于用具必互相关连而构成一个用具整体，因此方位不各自独立，而是互相关连，甚至是根据用具的指向性关系排列起来的。

没有一个用具是没有方位的，它不在"此"（dort, there），则必在"彼"（da, yonder），这是说，用具都具有"前往隶属某处"（Hingehören, belonging somewhere）的性格。由于在用具整体中的各用具都是"前往隶属某处"的，因此，这个"往着某处"（Wohin, whither）让各用具各得其方位。而这个用具整体的"往着某处"，海德格尔称为"区域"（Gegend, region）。

海德格尔说明用具的空间性时，用了很多新的词汇。我们其实不用太在意它们，我们只要明白，用具的空间是在我们使用它们时，由环视去理解，而不是由观察而得。在使用用具时，环视早已看到一个用具整体，各用具在其用途上，次第相关，而由于它们又要往前到达各自的方位，因此它们有次序地连贯起来，成为一个区域。

建造房子时，我们是在建造房子的用具区域中；当要制作桌子时，我们是在制作桌子的用具区域中；外出时，我们是在交通的用具区域中。我们一定在区域的范围内，这是说，我们一定被一个有次序、连贯起来的多个方位围绕着。海德格尔认为，这就是我们的周遭世界中，最为切近而围绕着我们的周遭（das Um-uns-herum, around-about-us）。在日常生活中，区域是我们最切近的周遭。

用具有它的空间，但这不是指它在客观空间中的位置，而是指它在用具整体中的方位。周遭世界也有空间意义，它是在我们的周遭、围绕着我们，然而，最为切近的周遭是指我们处理用具时的区域。

在日常生活中处理用具时，纯粹的客观空间尚未出现。各用具在指向性的关系上排列在各方位。用具的空间似乎分裂成各方位。海德格尔指出："纯粹空间仍在隐藏，且空间已分裂成方位。"（SZ139, BT138）

二、此有的空间性：开辟空间（§23－24）

根据海德格尔，周遭世界的空间是指它的周遭——它围绕着此有。及手性存有者的空间是指它的方位，手前性存有者的空间则指它的位置。不同存有方式的东西，各有不同的空间性。此有的存有与它们不同，故也有特殊的空间意义。此有的存有结构是在世存有。它的"在"是指存在，而存在是指它理解世界，且在它的可能性中，往前到达世界中之物。在此有的这种存在方式下，世界中之物成为及手性的用具。"及手"即表示切近于手，用具因此有了空间的意义——它的方位。换言之，借着此有的存在，世界中之物得到了空间意义。这即是说，此有的空间性不是指它的"所在"或"处所"，而是指它给出空间。这种给出空间，又可称为"开辟空间"（Einräumen, making room）。①对此有而言，存在就是开辟空间。海德格尔认为，此有开辟空间有两种模式：除距（Ent-fernung, de-severance）和方向性（Ausrichtung, directionality）。

（一）除距

除距的德语是 Ent-fernung，它由 ent 和 fern 两个字根构成。Ent 是否定义的字首，正如英文字首的 de、dis、anti 或 un 的意义。fern 意指遥远的、有距离的、有间距的等。它们合起来是指，把一物从远处拉过来，消除它的距离。故本书将它译作"除距"。英文翻译是 de-severance, de 是否定义的字首，sever 是分开，而 de-severance 是指消除与事物的分开。这是一个恰当的翻译。

1. 此有与世界中的存有者之距离

此有是在世存有，它总是理解世界和往前到达世界中之物去。这时，世界中之物出现在它的存在中。这亦即是说，此有把

---

① 海德格尔的"开辟空间"不是指从本来没有的空间开辟出一个空间。人不是创造者，显然不能从空无中把空间创造出来。基本上，这仍是上章讨论世界性时的"让之在"。人根据他的存在性征理解存有者，于是他可以根据世界性理解存有者，让它们成为用具，也就是让用具成为在。同理，人可以根据除距和方向性，把用具的方位理解出来，让用具的空间成为在，这也即是开辟空间。

那些本来是"遥不可及"的存有者拉过来，让它们出现在它的存在里；这样，此有消除了它与它们的距离。海德格尔认为，除距是此有的存在性征。这是说，此有是在除距这个结构上持续存在，也因此，它的实际存在就是在除距。可是，在除距中，此有却发现它与在世界中的存有者有一个距离——它们是在远方或在近处，此有永远无法完全消除这个距离，即使此有与它们的空间距离是零，但它们依然彼此相隔。

当此有消除它与世界中各存有者的距离时，它会发现，各存有者在不同的地点上，互有间隔。世界中各存有者的间隔，海德格尔称之为"间距"（Abstand, distance）；但此有却是由除距而得到它与其他存有者的间隔，这种间隔称为"距离"（Entferntheit, remoteness）。正如当此有拿起桌子上的茶杯喝水时，它的环视发现桌子与茶杯的间距，但它也发现它跟桌子和茶杯各有不同的距离。用具间的空间是间距，此有与用具的空间则称为距离。

海德格尔认为，此有总是在消除距离，把在远处的存有者拉近。即使在日常生活中，此有要赶快把事情做完，也是消除距离的一种方式。如在听收音机播放其他地方的新闻时，也是克服此有与该地的距离。然而，这种消除距离的方式，不是因为此有在认知的活动中，观察到它与世界中存有者的客观距离，且把它与它们的距离缩短了；消除距离是指，此有在日常生活中处理存有者时，它的环视发现它们。这种在环视中的发现，就是消除距离，将之拉近。即是当此有知觉到世界中之存有者，同时也消除了它与存有者的距离，把它拉近。

环视发现的存有者，都是此有当时所关切的。戴在鼻梁上的眼镜，在客观距离上比当时看到的一幅画近，但当时的环视却只看到画，而眼镜却非常遥远。因此，由除距而来的距离，不同于客观距离，因为前者是由环视的关切而决定，后者是由观察中的测量而得。再者，由环视发现的存有者，也不一定是要直接看到的，因为如在收音机的广播中，此有虽未直接看到新闻中的地点，但却已消除了它与该地的距离，将之拉近。

在日常生活中，除距把其他存有者拉近，使此有与它们有了距离。此有总是带着这段距离，但却没有清楚与确定地估计它。并且，海德格尔认为，相较于那些可测量的距离，这段距离是不精确和可变的。然而，它虽不精确和可变，却仍是可理解的，因为它有其独特的"确定性"。

日常生活中，我们对距离的描述往往是："很轻松就可以走到"，"一箭之遥"，"小睡一下就到了"或"开一个钟头的车"。通常，我们是以日常生活中，由环视所熟悉的事情，来说明我们与事物的距离。即使我们说："要走十公里啊！"这也不是说它真的离此刚好一万米，而仅是说它"非常非常远"。这种说明距离的方式当然不精确，但却是可以理解的。

再者，由除距而得的距离也是可变的。例如相同的一条路，在不同的情况下，会有不同的距离。天气和心情都好时，路是短的；若是气候和心情恶劣，则路是漫长的。同理，长路可以变成短路，短路也可以变成长路。海德格尔认为，我们不能说，这是由主观造成，但在客观和事实上，距离是不变和精确的。相反地，用具世界的本真距离就是可变和不精确的。

假若我们只承认自然科学所说的客观距离，我们当然会认为，由日常生活的环视而得的距离是主观和不真实的，但是客观距离只能用于手前性的事物，不能用于及手性的用具上，更不能用于此有与用具间的距离。再者，我们也不能说，手前性事物的世界才是真实的世界，而用具世界是虚假的。相反地，在海德格尔，用具世界比手前事物的世界更为原初。因此海德格尔主张，即使我们认为日常生活的除距所理解的世界是主观的，但这种主观性没有"独断的"和"任凭己意"的意思，它反而真实说明了日常生活世界的"真正实有"。

我们要明白，海德格尔并没有说日常生活中的世界是真实的，而手前事物的世界是虚假的。哲学的工作不是为了肯定某种东西为真实的，然后据此反驳其他东西为虚假的，因为显然地，我们若肯定某些东西为真实的，则其他东西便当然成为假的了。这样，我们无疑是维护了某些东西，但却排斥了别的。传统哲学自柏拉图开始，基本上就是走这条路线，因此就有了所谓的唯心论和唯物论、一元论和多元论、永恒的存在与变化的存在、无限存有与有限存有等种种互为排斥的二元区别。但在海德格尔，哲学不是要作这种排斥性的区别，而是要理解或说明这些不同的东西。要理解这些东西，就是要理解它们的存有，所以，海德格尔在这本书中的工作是要理解此有、及手性用具、周遭世界、手前性事物、自然科学世界的存有，而不是要在它们之中，决定一个真实的东西，然后再排斥其他东西。因此，真实与虚假这对排斥性概念，不适用于海德格尔哲学。

2. 此有在世界中的所在

此有在除距中，把周遭世界的存有者拉近，围绕着它，但这不是说，此有让这些存有者得到空间的位置，自己被这许许多多的位置围绕着，占着另一个在中间的位置，因为这即默认了此有是占有空间位置的实体。但此有的存有不是实体，而是可能性。在日常生活中，它是用具的使用者。其实，"使用者"一词中的"者"是不妥当的，因为中文的"者"通常表示一个物体或一个东西之意，但此有不能用"一个东西"去表达。从此有的存有而言，它不是"使用者"，而是当时的"使用"。"使用"是存在方式，也是可能性。此有的本性是存在，不是实体。由于此有在日常生活中仅是当时的"使用"，故它没有空间位置。虽然它没有空间位置，但它依然在周遭世界中，使用其中的用具。

　　然而，此有依然在周遭世界中，占有一个所在。这个所在是如何的？海德格尔认为，我们必须根据除距这个概念去理解。此有总是在除距中，把关切的用具拉近，构成一个区域。它的环视总是发现它们在"那边"，因此它反过来发现自己在"这边"。但"这边"不是指空间位置，它完全与客观空间无关。它是指一个在除距中的可能性，并在可能性中遭逢其他存有者。我们要注意，此有不是实体，它不在空间中，因此不具有位置。此有的本性是存在，是往前到达世界中之物的那个"往前"。这个"往前"，因为不是实在的（wirklich, actual）东西，我们可称之为可能性。这个可能性是除距的，故它发现其他存有者在"那边"相对着它，而它则在"这边"。

　　并且，在日常生活中，此有不是先理解自己在"这边"，然后才理解其他存有者在"那边"，因为这即表示，此有是在自己中理解自己的"这边"，这样，它已自视为手前性存有——占有空间位置之物——了。再者，此有总是关切周遭世界中的用具，所以它总是从"那边"到"这边"，而不是从"这边"到"那边"。

　　此有在除距中，发现用具在"那边"，而自己在"这边"。此有永远是在"这边"，它不能从"这边"到达"那边"。若此有能从"这边"到达"那边"，这即表示，此有是在客观空间中，先占着一个位置，再移动到另一个位置去。此有永远在它的"这边"，不断除距，拉近周遭世界中的用具。在此有的存在中，它只能改变它与用具间的距离，但不能在周遭世界中游走。

（二）方向性

当此有把用具拉近而发现它们的距离时，其实亦会发现它们是在某一个方向上，例如天花板在上面、地板在下面、墙壁在左右两边。这是由于此有除了具有除距这个存在性征外，尚有另一个存在性征"方向性"。所以，当此有存在时，它总是带着前后左右、上下高低等方向，将之给与由除距而来的存有者。因此，周遭世界中的存有者，除了距离外，还有它们的方向。这两个性质构成它们的方位。

对于海德格尔，前后左右等方向，不是由于此有拥有一个身体，因此主观地区分出来的。它们是基于此有的在世存有的结构。此有理解世界，往前到达世界中之物去，当他往前到达世界中之物时，他总是发现他在某方向上往着此物而去。它无须看看自己的身体，再感觉左右的差异，然后才发觉自己往着一个方向，而是它当时已发觉它在某方向上。藉着这个方向，才能让它决定前后左右。

当我们说此有的空间性时，不是指它在空间中的性质，而是指它的除距和方向性这两个存在性征，它们给出了用具的空间意义——方位，也给出了手前存有者的空间意义——位置。

（三）从此有的空间性论空间的意义（§24）

1. 空间的原初意义：空间在世界中

其实，要彻底说明此有的空间性——除距和方向性，必须将它们关连到此有的世界性，因为只有当此有根据世界性去开放周遭世界时，它才会以除距和方向性，把方位给与周遭世界中的用具。这是说，只有当此有理解"缘于它的周遭世界可以满足它"和"以一物指向到另一物去"时，它才会要求成品，且为了获得它，才根据指向性将存有者关连起来，构成用具整体。这时，它发现各用具皆有"前往隶属某处"的性格，而成为围绕着它的区域。于是，此有以它的除距和方向性结构，将它们拉近和发现其方向，用具由此得到它们的空间——方位。这样，此有的空间性给出了用具的空间。这种此有的给出空间，海德格尔称为"开辟空间"。

此有能开辟空间，因此它才有"活动的空间"，这是说，它可以在它的世界中活动了。它开辟用具的空间，因此它可以移动它们的空间、预留它们的空间和使它们失去空间。对于海德格尔，开辟空间是此有的存在性征，这是说，此有的存在，就是不断地在除距和方向性中给予空间。当此有开辟空间，让各用具在其方位中，构成一个围绕着它的世界时，我们可以说，内在于世界的围绕中，有一个空间。换言之，周遭世界围绕出空间，这是空间的原初意义。

根据这个结论，海德格尔指出，空间不是如康德所说，是在主体之中，作为感性的先验形式；世界也不是如我们平常所说，是在空间中。相反地，空间是在世界里，而世界是由此有的空间性所发现的周遭世界。并且，空间还是先在的（*a priori*）。这不是说，在时间上先有空间，然后此有来到空间中的某一处；这也不是康德哲学所主张，主体（一个没有世界的主体）的结构中先有空间，然后将它投射到外在世界去。而是说，当此有遭逢周遭世界的用具时，它发现它早已在一个区域中，而此区域已经围绕出一个空间。换言之，空间的先在性是指：在理论上，在此有实际遭逢世界中之物前，它已在一个被世界围绕出来的空间中。只要此有存在，它已在空间里。它更以除距和方向性，往前到达世界中之物，才将空间开辟出来，让空间更清楚地成为在。

2. 客观空间的构成

此有的除距与方向性把方位给与用具，让此有与用具间有了距离（Entferntheit, remoteness），用具与用具间有了间距（Abstand, distance）。在日常生活中，距离与间距是由环视去估计的，但这样的估计并不精确。然而，此有也可以放弃环视的估计，这是说，此有不在处理用具时去估计世界中的存有者之空间关系，而是纯粹直接观察它们。由此，纯粹的空间出现了。

当此有放弃环视，直接观察空间时，原先在周遭世界中的空间，变成纯粹的三度空间；原先在区域中的用具所占有的方位，变成由事物占有的位置；原先由指向性所构成的用具整体，变成毫无秩序的事物；原先的周遭世界失去了它的"周遭"——它不再围绕此有，变成在广大空间中的自然世界。在自然世界中的，都是手前事物。换言之，当此有理解空间时，它不再由它的世界性去给出意义，以致原先的用具失去周遭世界的性格时，自然世界就相应出现，而一个纯粹且同质的空间得以成立，成为客观意义的空间。

至此，海德格尔分析在世存有的工作，完成了第一部分——对世界的分析。他接着要分析日常生活中的在世存有是谁。这亦即是要问：在日常生活中的我们，到底是谁？是我们自己吗？或不是我们自己，而是别人？

第五章　此有与别人共存的存在方式（§25－27）

　　海德格尔现在的工作是要探索，在日常生活中的此有是谁。较简单地说，这个问题是：在日常生活中，我们是谁？在日常生活中，我们关切的是我们的世界，这是说，我们总是根据世界性，要求世界中之物满足我们，且利用各种用具，要求获得此物。于是，我们总是投到世界中之物去，忙碌于工作，冀求得到满足。我们鲜少反问自己：在这里工作的，到底是谁？是我自己吗？或是别人呢？换言之，我们忙于理解世界中之物，疏于理解自己。由于我们沉迷于世界中，便遗忘了本真的自己，这亦即是说，我们不知道自己是在世存有，也不知道自己的本性是存在，更不知道自己的种种存在性征。换言之，上文对此有的种种描述，我们都不理解。在这种情况下，我们即使对世界和自己有种种知识，但那些都不是它们本真的知识，而是误解。在海德格尔，人一旦在遗忘自己的情况下去理解一切，所有理解都是误解。

　　然而，当人遗忘自己而投到世界去时，到底是谁指导他呢？是谁指导他的存在？是谁指导他对一切的理解呢？由于他已遗忘自己，故指导者当然不是自己，海德格尔认为，那是别人。

一、探索的方式：存在的进路（§25）

我们在§9中指出，此有具有属我性（Jemeinigkeit, in each case mineness），这是说，我总是理解我是属于我自己的。那么，在任何情况下，当我问："在这里工作的，到底是谁？"答案当然是："不是别人，是我自己。"各人都显然知道，我不可能是别人，而是"我"。然而，在继续追问"'我'是什么？"时，传统哲学通常认为，它是主体、自我、心灵、灵魂或意识等。不过，"我"这些概念的基本意义是指，在各种变化的经验中，那个依然保持不变的同一性。它似乎是一个托基（subjectum），支撑着杂多的经验。海德格尔认为，以这种方式去诠释"我"，其实采取了一个存有学的观点——实体性（Substanzialität, substantiality）。换言之，它早已默认"我"是手前性存有。但是我们已指出，人的存有不是手前性，而是存在——理解着存有往前到达世界中之物去。所以，由实体性的观点去诠释"我"，是不适当的进路。

再者，哲学往往要求清晰明确，不管讨论哪些课题，都必须从清晰明确的基础出发。笛卡儿和胡塞尔的哲学是很好的例子。若根据这个观点，则在探索"我"时，也要先找出一个清晰明确的基础，而当下的这个"我"当然是最自明的了。正如笛卡儿说，我不能怀疑或否定我自己，因为怀疑或否定，都正好证实我的存在。不过，若肯定这样的"我"，则"我"是没有世界，也没有别人的孤立的"我"。换言之，"我"不是在世存有，这又显然违背了此有的存有学性格。并且，即使能把握这个自明的

"我"，但这仅是对"我"的一个空洞的觉识，或由纯粹反省而得的、仅具形式的与料而已，根据它无法具体说明"我"的丰富内容。那么，要具体说明此有的"我"，便不能根据传统哲学所要求的清晰明确的进路。

并且，当日常生活的"我"大声疾呼说，在工作中的就是"我"时，当时的"我"是"本真的我"吗？这是说，这个"我"是此有的"属我性中的我"吗？我们曾说，此有的本性是存在，亦即它是可能性，那么，"属我性"是指此有的可能性是属于自己的，所以，此有的本真的"我"是"属于自己的可能性的我"，而不是"实体意义的我"。但是，日常生活所说的"我"却是"实体意义的我"，它显然不是"本真的我"。日常生活中的"我"遮蔽了"本真的我"。

如果日常生活中的"我"不是"本真的我"，则它是谁呢？如何才能理解它呢？海德格尔认为，既然此有的本性是存在，则只有在存在的进路上，才能正确理解此有。于是，我们的工作是要探索，此有在日常生活中存在时，它到底是谁？或者说，到底是谁在存在？是此有自己吗？或不是自己？

二、此有与别人共存（§26）

在海德格尔，人永远不是人海中的孤岛，这是说，人不可能完全与别人隔绝。这不是由于他没有这种能力，也不是由于别人会冲破他的封闭，而是因为人的存有是向别人开放的。这是他的事实性——当他在这里时，他就是如此。这是永远不可逃避的。

（一）与别人共存及共存的意义

根据海德格尔，虽然此有没有实际看见别人，它依然可以发现，它的世界里尚有别人。在它遭逢用具时，此有理解不仅它可以使用用具，别人也可以使用它。换言之，它当时与别人相遇（begegnen, encounter）了。例如看到鞋子就会理解还有别人可以穿它，或它对某些人不合穿；鞋子是工人制成的，也是鞋店老板的货物。每个用具皆让此有理解尚有别人。此有也会理解，这些别人和他是相同的，他们也是用具的使用者、在世存有，世界中之物是为了满足他们的。换言之，他们的存有不是别的，而是此有。世界中除了我的此有外，尚有别的此有。于是，对于此有而言，它总是与别人共处。由于别人不是周遭世界中之物——用具，故此有与他们共处时，有一种特殊关系，海德格尔以德文的 mit（with）来命名它，我将之译作"共存"。于是，此有与别人之间的关系是共存。

可是，德文的 mit（with）根本没有具体说明这种人与人的关系，它可说是空洞的词语，而海德格尔在书中也没有解释它的意义。并且，中文的"共存"也容易引起误解。但这是相当重要的词汇，必须加以解释。

在海德格尔，我们与别人相遇，不是由于看到别人的身体，然后再推演出他的身体内有一个心灵，所以他是另一个人；也不是我们先肯定在这里有一个"我"，故在另一边的是"别人"。要理解海德格尔的人与人的关系，必须回到刚才所说，我们是在遭逢用具时，发现尚有别人，这是说，我们是在使用用具时与别人相遇。例如使用号志灯过马路时，当看到行人的绿灯，我们就理解，不仅我看到绿灯、知道可以过马路，别人也看到绿灯、知道可以过马路。同理，别人也理解我是另一个行人，而且也看到绿灯、知道可以过马路。而且，我也理解，那些开车的人会停车，让我过马路；那些开车的人也会理解我要过马路，所以他们要停车。因此，就在我使用号志灯时，我不仅理解号志灯的意义，也同时理解别人——其他行人和开车的人；而且，我也知道，他们也理解我。换言之，就在使用用具时，我与别人相遇了。但这种相遇不是指感官上的接触，而是人与人之间的互相理解——无论这种理解是对的或错的。

在这种人与人相遇的方式里，我没有发现别人相对着我、是与我明显区分出来的另一个人。这里似乎没有人我之别，而是一种直接的沟通，一种"毫不费力"的互相理解。在这种互相理解中，彼此共存。当我使用"共存"这个观念时，不是指有很多人同时存在于世界中，正如有很多东西共同出现在一个地方一样；也不是指人必然实际上与别人在一起。而是说，人的存有总是理解别人，或者说，人总是向别人开放。当我们在这里时，早已理解别人了，这是因为我们的存有是向别人开放的。"共存"的意义基本上是指互相理解，但这不是说，人际间总是正确地理解对方，而是说，即使他们互相误解，那也是由于他们的存有可以互相理解或互相开放，否则人不能误解别人。

因此，只有此有与此有间才有共存的关系，其他存有者不可能有这种关系。海德格尔因而认为，对于别的此有，它的存有是共存此有（Mitdasein, Dasein-with）。这是说，别的此有也是此有，且它可以与我或其他此有互相理解；另一方面，对于此有自己，它是共存存有（Mitsein, Being-with），这是说，它的存有与别人互相理解；对于世界，它不是仅属于个人，而是与别人共同分享，也是与别人共同理解的世界，故它是共存世界（Mitwelt, with-world）。基本上，在海德格尔哲学，没有完全孤立的个人，也没有私有的、个人的世界。任何人都在人际间互相理解；世界是我与别人共同理解的世界。

　　此有是共存存有。这句话是说明此有的存有学结构，不是指它实际上必然与别人共存。因为实际上，人可以把自己封闭在密室中，与别人完全隔绝，这时，他实际上没有与别人共存。不过在存有学上，他依然与别人共存。因为人要隔绝别人，是由于他理解他存在于人群中，但他要拒绝他们。然而，“拒绝他们”正表示他们仍在——只是没有直接看到而已。所以，即使在孤独中，人依然理解尚有别人，只是他与他们难以互相理解而已。孤独不表示没有共存，只是共存的缺失的模式。并且，正由于人的存有是共存的，故人才能感到孤独。所以，孤独没有否定共存，反而肯定它。其次，当人孤独时，即使我们将他重新放到人群里，也不会因此减轻他的孤独，这正好证明，共存不是指实际上与别人在一起，而是人与人之间的互相理解。我们甚至可以说，即使一个人在孤岛中，他也不一定孤独，他的存有依然可以与古人相往来、互相对话、充实地共存。再者，即使他在人群中，但跟别人隔阂，觉得孤独时，别人也不会仅是一些手前性的东西。他们依然是此有，依然跟他共存，只是当时的共存模式是冷淡和疏离的。

　　对于人与人的共存关系，海德格尔给它一个特别的名称：“关怀”（Fürsorge, solicitude）。海德格尔取这个名称，是由于人与世界的存在关系是“关切”（Besorgen, concern），它的字根来自“关念"(Sorge, care),①他根据相同的字根,以关怀来命名人与人之间的存在关系。为了保留 Fürsorge、Besorgen、Sorge 三个名词中相同的字根,我将它们分别译作关怀、关切和关念。

(二)关怀的两个积极模式

在日常生活中,此有关切世界中之物,但它可以有不同程度的关切。它可以积极地关切,也可以消极地关切。例如,它可以勤奋而忙于工作,也可以懒惰而休息;它可以专注于观察事物,也可以忽略不理。但是,它必须在环视的指导下去关切世界,否则关切无法进行。同理,此有也有各种不同程度的关怀。它可以积极地帮助别人,也可以消极地漠不关心。海德格尔认为在日常生活中,此有关怀别人的方式是冷淡的、消极的。不过,无论是积极或消极的关怀,都必须先理解别人,否则无法进行。

在积极的关怀中,此有可以两种模式去理解别人:"体贴"(Rücksicht, considerateness)和"宽容"(Nachsicht, forbearance)。对于这两个词汇,我们最好不要理会它们的一般德语意义,也不用计较它们的中英文翻译,而要根据其德文字根去理解。Rücksicht 由 rück 和 Sicht 构成;前者是往后,后者是看,合起来是指:往后看。Nachsicht 由 nach 和 Sicht 构成;前者是往前,后者是看,合起来是指:往前看。

---

① 海德格尔认为,此有的存有是"关念"(Sorge)(见第八章)。较简单地说,人存在的基本原则是 Sorge,无论人如何存在,都是在 Sorge的结构上。因此,当人的存在与世界产生关系,称为"关切"(Besorgen);当人的存在与别人产生关系,则称为"关怀"(Fürsorge)。

海德格尔认为，积极关怀别人有两种方式。第一种方式会剥夺别人的本真存在，让他不能理解他的存有。这是说，在关怀别人时，我们只关心他与世界的关系，理解他工作上的困难，把困难解决，一切都安排妥当。于是，他成为依赖的和被统治的。他无须面对困难，反省自己和世界的关系，换言之，他无须负起和正视自己的存在。他不知道他的存在是属于自己的，也不知道他的存在是自己的可能性，由自己抉择的。他失去自己的本真存在，所以无法真正理解自己的存有。在这种积极关怀别人的方式中，我们似乎是跳进（einspringen, leap in）他的存在中，"往后看"以理解他与世界的关系。由这种"往后看"得到的理解，指导我们对他的关怀。这种"往后看"，就是体贴，体贴别人即是指"往后看"他与世界所引起的困难，并设法为他解决。

另一种积极关怀别人的方式，是把他的存在还给他，让他理解自己的存有。在关怀别人时，我们关心他的存在，即关心他当时的存在是否本真的，或他有没有理解他的存在是自己的。这时，我们似乎跳到他的存在前面去（vorausspringen, leap ahead），"往前看"他的存在方式。我们不是往后关怀他与世界的关系，而是往前关怀他的存在，希望他能得到本真的存在，让他能正视和理解自己的存有。在这样的"往前看"中得到的理解，指导我们对别人的关怀。这种"往前看"，就是宽容。

可是，在日常生活中，人与人的关怀通常是冷淡的。他们互不理会，但这不是完全没有关怀，而仅是消极的关怀。同样地，它也有对别人的理解，不过这种理解是非常不足的，海德格尔称为"不体贴"（Rücksichtslosigkeit, inconsiderateness）以及"不理会"（Nachsehen, perfunctoriness）。前者是懒得"往后看"别人与世界间的困难，后者是不愿"往前看"别人的存在，因此两者都无法积极关怀别人。

人对世界的存在方式是关切，但对别人的存在方式是关怀。关切世界是以世界中之物为用具，关怀别人是不能以别人为用具的。即使在最冷淡的关怀中，别人也不会因此成为用具或在世界中之物，他依然是此有。并且，虽然关切与关怀是两种不同的存在方式，但它们不能各自独立。对于每一个此有，根据它的世界性，它早已理解世界中之物是为了此有的，这是说，不是仅为了自己的此有，也是为了别的此有，因此，当此有使用世界中之物时，它早已理解它与别人共存，而且它也理解它的工作不仅与自己有关，也与别人相关。所以，一方面，没有关切是没有关怀的；另方面，没有关切仅关怀自己的此有，而不关怀别的此有。此有不是独我论的"我"。只要"我"存在，"我"在"我们"里。①纯粹独立的"我"是不可能的。

（三）别人心灵的问题

在西方哲学，如何理解别人心灵（other mind）是重要的哲学论题。

在进行讨论时，通常默认各人拥有一个内在的心灵，然后提

---

① 海德格尔这个主张可以用来说明儒家哲学。根据儒家，人永远不是一个独立的"我"，也不是内在的道德心，因为他的道德心不是单纯内在的，而是在"我们"之中，亦即它在各种人伦关系中与别人关连起来。道德心总是关怀别人的。没有不关怀别人的道德心。所以，认为儒家主张内在的道德心，是错误的诠释。

出各种理解别人心灵的可能方式。这个预设蕴涵了两点：(1) 人的存有是心灵；(2) 在理解别人时，要根据某种方式，才能理解他的心灵。我们可以看出，海德格尔哲学反对这两点。

在海德格尔，人的存有是理解存有的。不过，不是由于他拥有心灵，所以他才能理解存有，而是由于他是存在，亦即，他的存在总是理解存有。心灵是手前性的实体，但在海德格尔，人不是手前性之物，所以他不是心灵。他是存在，不仅表示他在可能性中往前到达世界中之物，同时还表示，他的可能性总是理解存有的。

由于人是存在的，因此他不自闭于自己的内在。严格而言，他根本没有内在，他是从内而外的（参考 § 13），他总是外在而到达世界中之物去。当他到达世界中之物时，他不仅理解世界中之物，还同时理解别人也可以使用这些事物，这样，他理解别人了。我们必须注意，这不是说，当人理解世界中之物后，他再在某种方式上推演出别人的存在；而是说，他当时直接或同时理解别人。当人看着号志灯时，他同时理解别人也看到号志灯。所以，用海德格尔的语言说，当时的关切同时是关怀，它们不是彼此独立，不是从一个到另一个。它们是直接而同时的。并且，我们是在使用用具时理解别人，而不是先看到别人的身体，再以某种方式去理解他的心灵。就在我们的存在中，已直接理解别人了。但为什么我们能直接理解别人呢？那是因为人的存有具有共存的结构，故人总是互相理解的。换言之，这是人的存有结构，是他的事实性。或者说，当他是人时，他就是如此。这没有理由可言。

在日常生活中，人与人的关系是冷淡的、互不关心，他们没有充实发挥他们共存——互相理解——的功能。他们发现彼此有隔阂，于是，为了能理解对方，便要找出一个方式，跨越隔阂，跳进对方的心灵去。假若人与人的关系是充实和积极的，则他们当下明白，他们已彼此理解，无须再找某种方式去理解对方，也没有别人心灵的问题。所以，由于人忽略了自己本真的存在，才会提出各种方式来解决别人心灵的问题。其实，在提出解决方式之前，人们早已在其存在中互相理解了。并且，正由于人的存有学结构是共存的，他才会忽略它而对别人冷淡，由此导致别人心灵的难题。

三、日常生活的此有与"人人"（§27）

在日常生活中，我们早已理解别人，但在切近而通常的情况下，我们是理解别人的什么呢？显然地，我们不会去注意他们有几根头发或几颗牙齿，也不会去研究他的存有学结构。海德格尔认为，我们总是要理解他们在做什么。例如我们开车时，总是要理解别人如何开车，或行人要如何过马路；走路时会注意别人会否碰撞我。海德格尔指出，由于我们总是去理解别人的所作所为，因此在日常生活中，我们的存在方式有以下三个性格。

（一）差距性

当注意别人的行为时，我们不是单纯观察它，而是关心我们与他们的差异，并进而要泯灭差异。当发现别人都突然蜂拥过马路时，即使我们看到行人灯号是红色的，也想跟随他们。当发觉自己太落伍了，便要迎头赶上，不落人后。人总是在意他与别人的差异，虽然他对此往往没有清楚的自觉。对于人在日常存在中，这种对差异的感受和在意，海德格尔称为"差距性"（Abstän-digkeit, distantiality）。人愈是不自觉它，它愈是在暗中支配人，使他难以摆脱。

（二）屈从性

在人与人的共存中，人不仅感受到他与别人的差距，他更要根据差距来调整自己的行为。他不敢超前，也不敢落后。即使他故意标新立异，想要摆脱别人的支配，但他依然是根据他与别人的差距来调整自己。对于这种根据别人来调整自己的存在以屈从别人，海德格尔称为"屈从性"（Botmässigkeit, subjection）。这似乎是说，人总是注意别人，由别人来主导他的存在。于是，当我们追问在日常生活中的人是谁时，答案显然是：他不是自己，而是别人。可是，别人到底是指哪些人呢？他不是指这个、那个、或所有的人，他是如此捉摸不定，但又似乎每个人都是别人。再者，别人又是如此真实地统治我们。于是，海德格尔认为，要回答日常生活中的人是谁，答案会是：一个中性的、无特定对象的"人人"（das Man, the they）。[①]

在日常生活中，周遭世界常有一些我与别人共用的用具，最明显的是公共交通工具。每个人都可以搭乘公交车，我与别人没有分别。在使用它时，我与别人一样，在公交车站排队；公交车

---

① 这里的"中性"是根据德语文法而来。德语的名词分阳性、阴性和中性。无论阳性或阴性，都似乎指某种特定性别。并且，阳性不是阴性，阴性不是阳性，它们互相排斥。可是，中性似乎没有排斥性，也不指定性别。海德格尔特别强调 das Man 的中性，让它与阳性和阴性无关，成为无特定对象。

来时，我也与别人一样，按着次序上车。我独特的个体性似乎消失，化成别人。日常生活似乎不断侵蚀我们的个体性，让我们化成别人。这种侵蚀愈是不明显，它愈是支配我们。

于是，我们总是穿"人人"穿的衣服，看"人人"看的电影，说"人人"说的话题。我们成为"人人"，它主导我们的存在。

（三）平均性

在与别人共存时，我们总是在意与别人的差距，海德格尔认为，这是由于我们的另一种存在性格，他称之为"平均性"（Durchschnittlichkeit, averageness）。这是说，在日常生活的存在中，我们总是要求"与人人一致"。"人人"认为是有效的，我们也会认为它有效；"人人"称之为成功的，那就是成功；"人人"认为失败的，就是真正的失败。我们要求平均，不敢有独特的意见。即使有新的想法，也会立刻将它压下，成为平均。我们总是看着"人人"，配合"人人"，将自己的独特性磨平。这种要求平均的存在方式，海德格尔称为"压平"（Einebnung, leveling down）。

海德格尔认为，当在"人人"的支配下存在，我们会在意差距，要求平均和压平自己，这构成人的群众性（die Öffentlichkeit, publicness）。这是说，人不再是自己，而是群众。他不明白他的存有具有属我性、存在是自己的存在，和要在本真理解自己下，决定他的可能性。相反地，群众性控制我们对人和世界的各种看法，垄断我们的见解。这不表示我们对人和世界有深入的理解，这反而表示了我们的看法和见解是肤浅的、表面的，尚未得到事物本身的知识。

我们必须明白，海德格尔对日常生活的分析，虽然号称是分析此有的存在，但他不是仅为了分析此有日常生活的存在方式，而是要指出，在这种存在方式中，此有无法真正理解世界和自己的存有。换言之，这种存在方式导致对存有的误解。海德格尔哲学是为了理解存有，说明它的意义，不是为了分析人的各种存在方式。所以，即使海德格尔的分析充满存在主义的色彩，但他却是为了提出一种能真正理解存有的方式。

另外，我们难免会疑惑，为何"人人"的看法都是肤浅的，尚未得到事物本身的知识呢？"人人"都认为"地球绕着太阳公转"，"人是二足无毛的"，难道这些不是真的知识吗？海德格尔当然不会否认它们是真的，但这依然是肤浅的和不是事物本身的知识。由"人人"而来的知识，即使它是"真的"，但却误解事物的存有。当被"人人"支配时，我们根据"人人"的意见去决定自己的存在，无须由自己去负起自己的存有。于是"人人"剥夺了我们的本真存在，让我们无法正视本真的自己，理解自己的本性是存在，更不能理解自己是在世存有，而世界是在世存有的世界。于是，对"人人"而言，人与世界是各自独立的手前性存有。这是对人和世界的误解。所以，即使"地球绕着太阳公转"是"真的"，但这时的"地球"和"太阳"却不属于在世存有中的世界。它们是独立的实体。同理，虽然"人是二足无毛的"是"真的"，但其中的人却是手前性的实体，它误解了人的存有。那么，"人人"的意见蕴涵了一个存有学的误解。

（四）"人人"是存在性征

海德格尔的"人人"，不是指这个人、那个人或所有人，它是无所指的。它本身甚至跟人无关，它是"没有人"(Niemand, nobody)的。并且，"人人"不是手前性的东西，也不是在所有人之上的另一个共相。

"人人"是指此有日常生活的存在方式，它的特征是：在意差距，屈从别人，要求平均和压平自己。在这种存在方式下，此有无须承担自己的存有，它因此无法得到本真的存在，也无法理解自己的存有。再者，我们不要以为，由于"人人"是"没有人"，则这似乎是说，此有失去了自己，成为没有意义和不真实的人。其实，此有依然真实地存在，它甚至可以十分忙碌，看似非常充实。并且，"人人"虽然是"没有人"，但它不是虚无的，反而它非常真实，甚至是此有的日常生活的"真正主体"。

在海德格尔，此有所以有"人人"的存在方式，是由于"人人"是它的存在性征。在日常生活中，这个存在性征取得支配的地位，此有的自我成为"人人自我"(das Man-selbst, they-self)。它与此有的本真自我不同。本真自我是此有理解自己的存有，由此主导自己的存在。但"人人自我"却把此有分散在"人人"的指导下，让它失去本真的自我。海德格尔说的自我，不是指在此有的实际存在方式中，有一个"自我"，因为这把自我看作实体；但此有不是实体，它的本性是存在，故此有的自我是指它的存在方式。"人人自我"是指此有的存在方式是"人人"，而本真自我是指此有的存在方式是本真的——本真地理解自己。

在日常生活中，此有通常都不是"我"，而是别人，而其存在方式是"人人"。在"人人"的存在方式中，此有自己和世界中的一切都被误解了。不过，要重新得到本真的存在，并不是要完全删除"人人"，因为它既是此有的存在性征，便是无法被删除的。而是，此有必须正视它、理解它，但不被它支配，而由自己对自己的理解去决定自己的存在。"人人"是很奇怪的现象，若此有愈是正视它，它愈不能支配此有；此有愈是忽略它，它的支配力愈强。

在海德格尔，摆脱"人人"的支配，恢复此有的本真存在，不是抗拒或删除"人人"支配，而是深入理解它，明白"人人"的存在方式是由于此有逃避或遗忘自己的本真存在所导致的。一旦此有明白这点，便同时明白自己的本真存在，也明白只有在本真存在中，才能真正理解自己和世界。这时，它就得到本真存在了。

第六章 此有的"在存有"之 三个存在性征: 际遇性、理解和言谈 (§28－34)

这是海德格尔分析在世存有的第三个部分。前两部分分析它日常生活中的世界和它的"谁",现在要分析它的"在"(in)。此有的"在"与其他存有者的"在"不同,后者的"在"表示空间中的位置,但由于前者的本性是存在,而我们曾指出,存在是指"理解着世界往前到达世界之物去",故它的"在"是指它的"往前到达世界中之物去",这就是海德格尔所说的"在存有"(In-sein,Being-in)。这是说,此有的存有是"往前到达世界中之物去"的,其他存有者没有这样的存有,故只有此有才有在存有。

在进行分析前,我们先要明白两个观念。首先是"同等原初性"(Gleichursprünglichkeit, equiprimordiality)。其实,在以前分析此有的各个存在性征时,已经蕴涵这个观念,因为所有存在性征都是同等原初的。这是说,在它们之中,不是有一些较为基础,而其他是由较基础的引申出来;而是当此有存在时,所有存在性征都在同等的位阶上,一起发挥它们的功用。例如当此有由世界性给出意义时，它同时是在除距和给出方向性，也接受"人人"的指导。不过，传统存有学总是希望找出一个最后的基础，然后再引申出其他的说明。笛卡儿的哲学就是很好的例子，他希望由方法的怀疑找出一个不可怀疑的基础——我思，再由此推演出其他主张。但这种基础论（foundationalism）的倾向是海德格尔反对的，因为在进行哲学探索时，我们不能预先决定探索的进程，而是要让那显示自己者，正如它显示自己般地去描述它。当被探索的现象显示自己拥有复杂的结构，而这些结构又是同等原初时，则我们必须接受它们的同等原初性。我们在下文分析此有的在存有时，会发现它有三个同等原初的存在性征。

另一个观念非常重要，而且我认为，只有在这个观念的引导下，才能恰当理解海德格尔的此有分析。海德格尔认为"此有"（Dasein, Being-there）中的"此"意指开显性（Erschlossenheit, disclosedness）（SZ177, BT171）。在字面上，这句话难以理解。不过，我们曾说，此有的存有特征是它理解存有（§4），并且"此有"是指"在此的存有"。那么，它就是"在此理解着存有"，"此"就是理解的意义，而理解就是开显，故此有的"此"是指开显性，而"此有"便是指"开显着存有"。因此，此有的基本性格是开显性。

然而，海德格尔也说过，此有的本性是存在。在一般的理解中，存在似乎是指人的行为，尤其当海德格尔分析此有的日常生活时，更似乎是分析它的行为。所以，我们通常不认为存在是开显性。那么，这两句话不是自相矛盾吗？其实，它们是一致的，只是海德格尔在定义存在一词时，有时似乎强调它指人的行为，有时却说它是人的开显性。在§4，他说：

"此有的一种存有（作者注：即延续下去的方式），在这种存

有上，它能以和总是以某种行为往着它自己，我们称之为存在。"(SZ16, BT32)

这是海德格尔对存在的第一个定义，但它似乎强调存在是此有的行为。但在第二个定义，海德格尔却作了修改。他说：

"此有是一个存有者，它的存有是在理解中，往着它自己的存有。当这样说时，是要我们注意存在的形式概念（formale Begriff, formal concept）。"(SZ71, BT78)

这个定义指出，存在是指此有的存有理解着它自己的存有。对于这两个看似不同的定义，我们可称前者为"存在的行为义"，后者是"存在的理解义"。其实两个定义是一致的，因为行为就是完成理解，而理解必须在行为中。

在海德格尔，人的存有不是手前性实体，因此他不是心灵，也不是具有认知功能的实体。但他如何才能理解存有或其他事物呢？那是因为他是存在的。我们的确可以说，人的存在是指人的行为，但这种理解是肤浅的。因为人之所以能行为，是由于他有理解。没有由理解所指导的行为，不是人的行为。再者，行为不是仅指人的身体动作，换言之，行为不纯粹是身体的、与理解无关的。相反地，行为让理解变得更为清楚。正如我们谈论此有在使用用具时，它的使用由环视所指导，且在使用中，它的环视得以理解周遭世界中之物。从实践方面看，使用是一种行为，但从此有的理解方面看，使用则是一种理解方式。海德格尔曾说：

"'实践的'行为不是'非理论的'，这是说，它不是'一无所见'的。"(SZ93, BT99)

基本上，实践与理解不是两个区隔的领域，它们是合一的。若我们再根据海德格尔本书的目的——具体完成存有意义的探索，则我们便会明白，海德格尔是要提出一种理解存有意义的方式，而不是教导我们去作本真的存在。他强调本真存在，是由于这种存在方式能理解存有的真义。所以，虽然存在的行为义和理解义并不相互排斥，但海德格尔却是强调存在的理解义，而我们阅读此书时，也要根据这个观点。

于是，本书以前所说的各种存在性征，从实践的观点而言，它们的确是人的存在行为的存有学结构，但这种看法是不适当的，因为海德格尔强调它们是人的理解中的存有学结构。世界性是指人在理解世界时的存有学结构，由于世界性根据它的结构给出意义，所以此有理解的世界是用具世界。当人关切世界中之物时，他的关切让他得以理解世界中之物。当人删除他与世界中之物的距离时，他理解了他与它们之间的距离。当人给与方向时，他理解了事物的方向。当人与别人共存时，共存让他理解别人。当"人人"支配人的存在时，他当时对一切的理解，都是"人人"所理解的，也是非本真的理解。所以，在海德格尔，他虽然声称在分析此有的存在，但他却是在分析此有的理解，亦即分析它的开显性的各种结构。

海德格尔在此节中，以另一种方式去说明此有的"此"是开显性。他指出，此有是在世存有，这是说，它在世界中。那么，当他在"此"时，他总是往着一个"那边"（dort, yonder），而"那边"是指那边的用具；反过来，他在"这边"（hier, here），而"这边"是指一个在除距、给与方向和关切的存有。现在，我们可以问，此有如何才能有"那边"和"这边"呢？海德格尔认为，那是由于此有的"此"是开显性，这是说，由于此有是开显性，它才能发现"那边"和"这边"，这样，世界才能成为在。并且，只有因为如此，此有才能发现它是"此"，否则它对自己一无所知，而此有也不成为此有了。

由于此有是开显性，则它总是明亮的 (erleuchtet, illuminated)，但这不是说，它被别的东西照亮，而是它就是照亮 (die Lichtung, the clearing)，或它本身就是光线和被光线所照亮。它总是能清除黑暗，明白自己。不过，它之所以是明亮的，不是由于它具有一个照亮自己的东西，因为此有不是一个"东西"。它是存在，就在它存在时，存在本身照亮了它。海德格尔说，此有是它的开显性。这句话中的"是"，指的是它的存有，这是说，此有的存有是开显性。

海德格尔在这部分的工作，是要分析此有的在存有。我们曾指出，此有的"在"是指"往前到达世界中之物去"，因此，这部分是要分析此有的"往前到达世界中之物去"中的"往前"。再者，我们已指出，此有的"此"是开显性，因此我们是要分析，在此有的这个"往前"中，它的开显性结构是如何的。海德格尔认为，它由三个存在性征构成：际遇性 (Befindlichkeit, state-of-mind)、理解 (Verstehen, understanding) 和言谈 (Rede, discourse)。

一、际遇性 (§29－30)

际遇性的德文是 Befindlichkeit，根据英译者的说明，它的文字意义是：人当时的状态 (BT172, note2)。在海德格尔，人总是感受着自己当时的状态。在中文里，这种状态或许可称为人的际遇。那么，人总是感受着他的际遇。人不可能完全没有际遇，这是由于他的存有学结构是际遇性。反过来说，由于人的存有是际遇性，故人总是有际遇的，不同的际遇让他有不同的感受。即使在最冷静的时刻，人依然感受到他当时的际遇，只是他的感受非常微弱而已。由于际遇性是人的存在的基本结构，因此它是人的存在性征。

中文里的"心弦"一词，正好用以表示人的际遇性。"心弦"是指，人的心好像乐器，受到震动时，会发出不同的音调，而不同的音调，说出了不同的感受。在日常生活中，人的心好像没有被震动，但其实，这只是他没有察觉而已，因为当时的人早已在"人人"的支配下，亦即他是在"在意差距，屈从别人，要求平均和压平自己"的际遇中，且他感受着这个际遇。

在海德格尔，感受不是心理学的情绪，或某种心情上的起伏，而是人的开显性。这是说，感受让人得到理解——他的感受让他理解他的际遇。人的际遇是由感受而得，不是由认知而得，因为根据海德格尔，由感受才能得到原初的理解，而认知的能力无法到达这个原初的领域。无论人的认知能力多么锐利，他也无法理解他的存有拥有属我性、是属于我自己的，且人又往往逃避自己的存有。但是，人却有一些感受，让他理解这个原初的领域。

海德格尔指出，在一个平淡静寂的感受中，我们往往会感到自己的存有充塞和压迫着我们。这正如当面对"悠悠苍天，茫茫人海"时，我们的感受或许完全没有激动，仅是平淡静寂的，但这时却强烈感到，在这"悠悠苍天，茫茫人海"中，我们要何去何从呢？这个"何去何从"充塞和压迫着我们，这即是说，我们当时承担起自己的存有了。亦即是说，当时的感受开显了我们的存有。只有我们的存有才有"何去何从"的问题，因为它的本性是存在和属于我的。可是，无论我们如何认知，都无法开显这点。由感受所开显的，比认知所开显的更为原初。①

由感受所开显的是此有当时的际遇，这亦即是说，感受开显了当时已经委付给此有的存有的一切，让它开显它的存有就是如此、且要如此地继续存在下去。这时，对此有而言，它的存有是一种负担。然而，有些感受会减轻存有的负担，例如兴奋、快乐或轻松，但它们依然开显存有的负担，因为就在它们放下或逃离存有的负担时，正好开显了存有是一种负担。反过来说，此有若没有开显存有的负担，就不用放下和逃离它了。感受无法完全不开显存有的负担，它只能不正视或逃避它而已。这也正好指出，即使在日常生活中，此有往往逃避由感受开显出来的存有压力，但它的逃避不表示它完全摆脱感受，相反地，这证实了无论此有如何逃避，它的感受依然开显它的存有——开显它的存有"就是如此、且要如此地继续存在下去"。此有的一生就是在这个压力下继续存在，虽然它总是逃避它。

（一）由际遇性开显出此有的存有学性格

际遇性既然是此有的开显性的结构之一，而且属于它的在存

---

① 孟子的"恻隐之心"可以清楚说明这个论点。恻隐之心是一种感受。根据孟子，这是我们看到孺子将入于井时引申的感受。就在这个感受中，我们理解人之所是人的本性，因此理解自己的性善。但这不是说，人有恻隐之情，另外还有认知心，它反省恻隐之情，才理解人的性善。这是不可能的，因为纯粹的认知心不可能理解道德意义的善。若根据海德格尔，则正是在恻隐的感受中，恻隐开显了人的本善，理解人的本性是道德的。为什么认知心无法理解人的性善？那是因为认知心能开显的范围，不能到达更原初的领域。

有，则它必然开显出此有的"在"的一些存有学性格。这是说，此有的感受必然能开显它在这里时，它"就是如此地、且要如此地继续存在下去"时拥有的性格。简言之，感受开显此有的存有已经就是如此的性格。关于这点，可以分三点说明。

1. 事实性

际遇性开显此有当时的状态，这是说，此有当时就是如此的种种性格。此有只能在感受中开显它们，而它们就是如此地呈现在它这里，但对于它们的来处和去处，此有却一无所知。①根据海德格尔对现象学的定义——让那显示自己者正如由自己显示般地被看见，现在的课题既然是此有，则现象学只能看见此有的自我显示，一旦超过这个范围，现象学就无法看见，亦即无法讨论。它成为不可知，或不可讨论的范围。因此，从现象学的观点，当它设置它的讨论范围是此有时，就无法讨论此有的来处和去处，因为来处和去处超出此有自我显示的范围。②

这些不知来处和去处，但又自始委付给此有的存有之种种性格，海德格尔称为此有的"被丢掷性"（Geworfenheit, thrownness），因为这似乎是未经此有的同意，就丢掷给它，成为就是如此、且永远无法摆脱的性格。而这些被丢掷性，海德格尔又称为"事实

---

① 若用中国哲学的概念，此有的事实性可说是人的"命"。命是指人存在时必须接受和无法摆脱的限制。由于它无法摆脱，所以庄子要"安之若命"。不过，对于"命"的来处，中国哲学认为是"天"，故有时称为"天命"；但海德格尔却认为，我们无法得知事实性的来处和去处。

② 在《存有与时间》，海德格尔设置了他的讨论范围是此有，因此他无法超出它，或许由此导致他无法具体说明存有的意义。在他的后期哲学里，他改从存有与此有的关系出发，如此他就能说明存有的意义了。

性"(Faktizität, facticity)，因为这是此有被丢掷到这里时，不得不接受的事实。

至于其他存有者，它们的存有也有其"就是如此"的性格。如物质事物本来就是广延的（extended)，用具本来就是及手性。然而，它们的本来"就是如此"的性格不同于此有的事实性，海德格尔称前者为"实物性"(Tatsächlichkeit, factuality)，因为其他存有者的存有没有开显性，不能理解它的实物性，更不能负起它继续存在。对它们而言，实物性只是一些手前的、冷漠的性格。但是，事实性却往往触动此有，使之在其存在中承担它们——虽然在日常生活里，此有总是想逃离它的压力。

于是，当此有的感受开显它的事实性时，此有可以有两种方式应付它：正视和逃避。正视它则此有可以正确开显自己，成为本真存在，得到本真的理解；逃避它则此有立刻遗忘自己，导致无法正确开显自己，造成误解。这样，它不再根据自己的存有去开显自己和其他存有者，而是改以"人人"的方式去理解一切，因而误解它们，成为非本真存在。这是日常生活的此有面对它的事实性时所采取的方式。

然而，当日常生活的此有逃避它的感受开显出来的事实性时，它不是逃避到一个没有感受的状态中，而只是以一种较缓和的感受来代替它而已。此有不能完全没有感受，它只能更换感受。然而，无论那种感受，都或多或少开显此有的事实性。这正如一个人在逃避心中的阴影时，无论他如何逃避或麻木自己，那个阴影总在后头追赶着他。

2. 在世存有的整体性

在日常生活中，此有的感受是平静无波的，这时，它根本不会发觉自己的感受，也不理解它的事实性。因为"人人"已经提供一切生活原则给它，它无须担心和忧虑，只要"人云亦云"，按照"人人"的安排，就可以完成它的工作。然而，就当它沉迷在工作中，处理世界中之物而不自反时，却往往正是感受突击它的大好时机，也就是说，就在这个时刻，感受才会强烈触动此有。然而，当感受袭击时，它是从何而来的？海德格尔认为，感受既不从外而来，也不从内而至，它是出自此有的"在"——"往前到达世界中之物"时的"往前而到达"，这也就是海德格尔所说的在存有。这时，感受强烈触动此有，开显它当时的状态——它是一个往前到达世界中之物的存有。换言之，此有不是手前性的实体，而是在世存有——一个早已理解世界、且与世界统一的整体。感受开显此有就是一个如此的整体。由于它就是如此，它才得以往前到达世界中之物去。

3. 世界与此有密切相关

海德格尔指出，由于此有的存有能感受，它才会发现世界，且发现世界与它密切相关。若此有没有感受，则即使世界存在，它们也是毫不相关的。

我们以前说过，此有是在环视中遭逢世界的。但环视不是单纯的观察或凝视，而是在触动中的关切。只要我们根据世界性的结构，就可以明白，世界中之物是被此有使用的，且是为了让它获得一件满足它的成品。于是，此有在开显世界时，它当然相当在意世界中之物，因为这关系到它能否获得满足。因此，此有才会发现有些用具是合用的，有些是不合用的；有些可以操控，有些不可以。换言之，此有才能理解世界与它的密切相关性。然而，此有之所以能有这种理解，是由于它的存有是可以被触动的，亦即有感受的。若此有不为任何事物所动，则一切与它毫不相干，这样，它不会发现事物，世界也成为隐而不现了。

在海德格尔，人能发现世界中之物，不是由于他有感官，因为即使他有感官，但若他的存有没有感受，则无论有多大的压力，他也不会被触动而感到压力。人能看到、摸到、闻到、尝到和感到，不是奠基在他的感官，而是奠基在他的存有的结构是际遇性。只有这样，他才能感受到他当时的际遇。因此，际遇性让此有开显和接纳它的世界，与之密切相关。

海德格尔认为，感受开显的范围比认知的范围更为原初，这对于西方的重理性的传统，是严重的打击。在海德格尔，根本不可能有纯粹的理性，因为无论理性如何纯粹，那只是感受被压抑到非常微弱而已。若纯粹的、没有感受的理性是可能的，则即使理性发现事物，但对人来说，那也仅是毫不相干的鬼魅而已，因为他根本没有感受到它。所以，若理性能理解事物，感受早已在其中了。

（二）此有的非本真感受：惊慌 （§30）

海德格尔认为，惊慌（Furcht, fear）是非本真感受，这是说，这种感受无法正确开显存有。他分析这个现象，不是只为了让我们理解它，而是为了要对比下文说的另一个本真感受——怖栗（Angst, anxiety），怖栗让我们得到本真存在，理解我们的存有。海德格尔的分析相当简略，不过，这是很好的现象学分析示范。他指出，我们可以从三方面分析惊慌。

1. 惊慌所面对者

首先，在惊慌中，必有让我们惊慌的东西，换言之，惊慌所面对的，一定是某个东西。这个东西可能是别人，也可能是事物，但无论如何，惊慌一定有对象，它威胁或侵犯我们。可是，怖栗是没有对象的，我们是在虚无之前，不寒而栗。

海德格尔指出，让我们惊慌的东西一定在指向性（Bewandtnis, involvement）上与别物关连起来，且呈现出侵犯性。在海德格尔，任何东西必须与别物关连，构成一个整体，否则它是不可知的。任何可被理解之物，必须借着它的整体才能被理解。这正如用具之所以是用具，必须在用具整体中，同理，一个能侵犯我们的东西，也必须在整体中才能显出它的侵犯性。并且，虽然这个具侵犯性的东西正在迫近它的目标，我们对它却相当陌生；因为若是熟悉的，则我们懂得如何处理它，就不用惊慌了。再者，它正在逐渐靠近它要侵犯的目标，但尚未能直接侵犯它。正由于它逐渐靠近，故它愈发可怕。不过，它可能到达其目标，也可能不会到达。就在它愈来愈靠近时，这种"可能又不可能到达"更为增强，惊慌也加剧了。

2. 惊慌本身

在惊慌中，它显示一个可怕的东西正在接近、侵犯我们。这时，我们不是先要确定它是可怕的，也不是我们的惊慌注意到一个有侵犯性之物正在靠近，才产生惊慌；而是，我们的惊慌早已理解此物会侵犯我们，而在遭逢它时，惊慌将它的侵犯性更清楚开显出来，因此我们惊慌了。这正如在理解用具时，我们早已理解一个指向性整体，再根据它来遭逢周遭世界中之物，才将它们理解为不同的用具。在海德格尔，人不是从绝对的没有知识，然后成为拥有知识，因为从绝对的无知，无法引申出知识。人是从晦暗的知识到达清晰的知识。同理，我们不能从对一物毫无所知，然后发觉它具侵犯性，才产生惊慌。而是，我们早已晦暗地理解它是可怕的、使人惊慌的，然后在遭逢它时，惊慌让我们更清晰理解它的侵犯性，于是我们惊慌了。

再者，一张桌子是不会惊慌的，因为它的存有没有际遇性，因此没有感受。且即使人的存有结构有际遇性，若他的际遇性缺乏惊慌这种感受，则他也不会惊慌。因此，只有当一存有者，它的存有是有惊慌的，它才会惊慌。惊慌似乎沉睡在人的存有中，它早已理解它的世界，藉着这个世界，它才会发现可怕之物逐渐靠近，令它苏醒。

3. 所惊慌者

在惊慌中，我们真正惊慌的是什么？是那个可怕和侵犯我们的东西吗？或是我们自己呢？海德格尔认为，我们是惊慌我们自己。只有那些能关心自己存有的存有者，才会惊慌。桌子的存有无法关心自己，故它无法惊慌，但人的存有总是关心自己，所以才会惊慌。惊慌让人开显他是孤立无助和被侵犯的，而这样的自己就是他所惊慌的。惊慌或多或少让人开显自己，可是，这却是缺乏的开显方式，因为惊慌让人不知所措和乱昏了头，无法清楚理解自己的存有，因而将存有的本真意义遮蔽了。所以，惊慌是非本真感受。

最后海德格尔指出，根据对象出现的方式和我们是否与它熟悉，可以将惊慌区分为几种不同的模态。首先，若对象突然出现，但却是我们熟悉的，则这时的惊慌是惊吓（Erschrecken，alarm）；若对象非常陌生，则惊慌成为可怕（Grauen，dread）；若对象是可怕的，且又突然出现，则是恐怖（Entsetzen，terror）。当然，惊慌也有不同的程度，例如害羞、胆怯、疑惧、害怕等等。然而，这些都不单纯是人的心理状态，而是他的开显性方式。

二、理解与解释（§31－33）

际遇性让人开显他的存有当时的状态，所以感受是有理解的。且因为人不能完全没有感受，所以即使人在理解时，他也是在感受中。际遇性与理解不是各自独立，而是互相统一，构成人的开显性。于是，海德格尔认为它们是同等原初的。这即是说，正如际遇性是人的存在性征，理解也是人的存在性征。

（一）理解意指人的存有是可能性

一般人以为，理解一物是指得到它的概念。①海德格尔反对这种主张，因为在日常生活中，我们不是停留在事物的概念上，而是要处理事物。理解一物是指在处理它时，我们会使用、操控、胜任或能够配合它。在中文里，当我们说"我懂得（理解）游泳"，其实是指我能够游泳；"我懂得（理解）开车"，是指我能够开车。人理解某物，是指他能够做与此物相关的事情。所以，理解的意义是指"能够"。在这个观点下，人的存有不是手前实体，而是能

---

① 柏拉图指出，理解桌子就是得到桌子的概念。古典经验主义更明白指出，认识事物就是心灵得到它的观念（idea），因此，得到事物的知识，就是清晰理解它的观念。

够做各种事情的。并且，由于他的存有能够做各种事情，所以他总是一个做着事情的人。对于这样的存有，海德格尔特别创造一个新词，称为"能够存有"（Sein-können, potentiality-for-Being）。

能够存有的德文是 Sein-können。Können 是英文的 can，意指能够。英文将它译作 potentiality-for-Being 是不大妥当的，因为在哲学上，potentiality（潜能）往往相对于 actuality（现实）而言。但在海德格尔，potentiality 一词没有潜能的意义。我的翻译是按照它的文字直译，它的意义是指：人的存在方式就是能够做这样或那样的。换言之，人的存有不是单纯具有某种内容的实体，而是能这样做或能那样做的，海德格尔又称之为"可能性存有"（Möglichsein, Being-possible）。基本上，它与能够存有是同义的，而海德格尔也常混合使用它们。

人是可能性存有，这是指，在存在时，人可能成为本真存在，也可能成为非本真存在；可能积极地照顾别人，也可能消极地对他冷淡；可能使用世界中之物，也可能去观察它们；再具体一点说，他可能往这边走，也可能往那边去。因此，"可能性存有"中的"可能性"，不在传统形上学"可能的—现实的"概念范围内，因为这种可能性是指它尚未成为现实，仅是潜能。然而，人不是潜能，因为他早已存在于世界中；他也不是现实，因为他还要继续存在，实现自己。这即是说，传统形上学"可能的—现实的"概念，不适用于说明人的存有。

再者，人的可能性也不在传统形上学"可能性—必然性"的概念范围内，因为这里的可能性是指偶然性。在这个概念下，人是偶然的，只有上帝才是必然的。但是，"偶然—必然"只适用于手前存有的东西，因为根据这个概念，上帝的必然性是指上帝是必然的实体，而人的偶然性是指他是偶然的实体。但在海德格尔，人不是实体，故这个概念不适用于他。

最后，人的可能性存有也不是指人有无穷的可能性，因为我们有时认为，由于人是自由的，因此他总是还有无穷的可能性。但海德格尔认为，人没有无穷的可能性，因为他是被丢掷到某种限制里。当人在这里时，他被世界限制，他没有摆脱他的世界的可能性。他也不能摆脱他的存在性征，这是说，他没有不关切世界的可能性，没有不照顾别人的可能性，没有不除距的可能性，也没有不给予方向的可能性。总之，他被丢掷到事实性里，被它限制。并且，这种限制也不是逻辑的或理论上的限制，而是在他的存在中，深刻感受到的限制。的确，人仍然有很多可能性，但这些不是冷漠的、逻辑的可能性，也不是无穷的，而是被丢掷来的，在存在的感受中，限制着人的可能性。

人理解他的存有，于是，他也理解他的存有能够做什么。这种理解不是由于他反省自己，而是在他反省之前，他已经理解了。人总是理解他可能成为自己，也可能逃避自己，所以他才能在日常生活中迷失自己；而在迷失自己时，又能再次找回自己。在日常生活中，人也早已理解他能够做什么，所以他才可以进行他的工作。①

---

① 根据海德格尔这个主张，可以说明孟子的"万物皆备于我"。人理解他的存有，因此他理解他的存有明白什么是善，什么是恶；也明白什么是善的行为，什么是恶的行为；也明白什么是善的事物，什么是恶的事物；也明白什么是天理，什么是合乎天理和违背天理。对于人和事物的一切道理，人早已理解了，这就是"万物皆备于我"。人的工作是要进而说明它，和根据他早已理解的道理而行。

（二）理解的结构：设计而投出

我们曾说，此有总是或多或少地理解世界和自己。这是由此有的理解把握的。由于此有理解自己，它也理解它的存有是可能性，但这蕴涵了：此有可能以及手性的方式去理解其他存有者，也可能以手前性的方式去理解它们；此有可能以世界性的结构去理解世界，让它得到一个周遭世界，但也可能不以世界性去理解世界，而视之为由广延的物体所构成的集合体。即使此有将其他存有者理解为及手性的用具，它也可能将它们理解为适用的、不适用的、妨碍性的或侵犯性的等等。这是说，不仅此有自己是可能性，其他存有者也总是呈现出它们的可能性。因此，我们可以追问：为什么同一个事物，它可能是用具，也可能是物体，也可能是具有价值意涵的东西呢？这亦即是在追问：为什么此有所理解的，都是可能性？

我们要注意，根据海德格尔哲学，事物没有固定的、在其自身的本质或意义。在分析用具时，我们曾说，用具必须在用具整体中。严格而言，根本没有所谓"一个"用具。同理，任何事物都必须在它的整体内，否则它是不可理解的。一个槌子可能是用具，也可能是物体，这由当时槌子所在的整体所决定。即使是同一个用具，它当时的整体也决定它的意义。一只高跟鞋被用来打钉子时，它不是鞋子，而是槌子；当它被穿在脚上，踏在地下行走，它才是高跟鞋。所以，在理解事物时，我们总是理解它的可能意义，而不是它的客观或本质意义。然而，为何理解总是把握可能性？海德格尔认为，这是由于理解有一个特殊的结构：设计而投出（Entwurf, projection）。

我们用一个简单的例子来说明。在讨论世界性时，我们指出，此有存在时，总是理解它的存有的两个基本结构："缘于它的周遭世界能满足它"和"以一物指向到另一物去"。此有基于它们，往前到达世界中之物去，因此它理解世界是由用具构成的周遭世界。这亦即是说，在此有理解世界时，它早已设计了"它的周遭世界能满足它"和它能"以一物指向到另一物去"。若它仅有这个设计，则它尚未完成对世界的理解。它必须根据它的设计，往前投出到世界中之物去，才能完成理解世界的意义。换言之，完成对事物的理解，必须根据设计而投出。

在§13讨论认识时，我们也指出，认识是由于人停止使用世界中之物，而改以观察它。不过，他之所以能观察，是由于他采取另一个观点：事物从及手性的东西，改变为是手前性的东西。其实，这亦即是说，由于他设计事物的存有是手前性，根据这个设计而投出，所以他认识了事物。海德格尔认为，无论在何种方式上理解事物，都是在设计而投出的结构上。

"设计而投出"的德语是 Entwurf, 它的英译是 projection。在意义上，它们十分相近。Projection 来自 project, project 可以是名词或动词，名词是指设计、草案或蓝图；动词则指设计草案、投出、往前丢等。Entwurf 也是指设计，而它来自动词 entwerfen, 意指设计草案或投出等。当海德格尔以 Entwurf 来说明理解的结构时，他同时采纳此字的名词和动词意义，故我把两者都翻译进去，称为"设计而投出"。

其实当海德格尔说，人被丢掷到他的事实性里，这已指出人是被丢掷到种种设计中，而他只能根据它们去理解一切。人是被丢掷到他的在世存有和种种存在性征中，他只能基于它们，往前投出到世界去，由此理解它。同理，人被丢掷到一个特殊的理解结构中，他没有别的方式，而只能以设计而投出去理解东西。但设计而投出不是指人自觉地设计种种计划，再按照计划投出，以完成计划，而是指在他能设计种种计划之前，他早已被丢掷到种种设计中，他甚至被丢掷到设计而投出中。所以，当人是人时，他就是设计而投出的。

由于此有是设计而投出，则它的存有总是多于它已经获得的内容，因为它仍在投出中，正要获得更多内容。但是，这又不是说它是多于自己的，因为它本来就是投出的。这仅是对此有的存有之现象学描述，其中没有所谓多于或少于的问题。再者，当我们说此有的存有是可能性时，这没有意指它的存有是不足的，这仅是说，它的存有是要继续存在、总是尚未完成的。换言之，它无论如何都仍在设计而投出中，继续理解其他存有者。

人的理解不是源于心灵，而是由于他的存有结构是设计而投出。在人根据设计而投出到世界去时，他得到理解。并且，由于理解是他的存在性征，因此他的存在总是在设计中投出。那么，他不是别的，而是可能性。人总是理解他的存有，所以，他早已理解他的设计，根据它而投出，也因此，他亦理解他不是别的，而是可能性。虽然他对自己的理解仅是模糊和不自觉的，有时他更会误解自己，然而不管他如何误解，在根本上，他总是或多或少理解了自己。因为正由于他理解自己的可能性，而又不愿承担它，才会逃避它，更以"人人"的方式去误解他。但是，他的逃避正好证明他的存有依然隐约呈现。

人总是隐约理解他的种种设计，而当他在设计的限制下投出时，他得以更清楚理解他的设计，也理解在投出中遭逢的一切——他的世界、在世界中之物、别人和自己。这正如当世界性是他的设计时，就在他的投出中，他清楚理解到，他遭逢的世界是周遭世界，世界中之物是用具，别人是另一个可以使用这些用具之此有，而自己是在世存有。他的设计而投出让他完成他的开显性。但这不表示，他所开显出来的，全部都是正确的，因为他可以根据他的本真存在所理解的种种设计，投出而得到本真的理解；但他也可以根据"人人"所提供的消息，由此设计而投出，如此他得到的便全是误解。

既然在设计而投出中，人得以理解他所遭逢的一切，则人的种种"视线"（Sicht, sight）就全部统一在设计而投出中。这是指，人理解周遭世界时的"视线"——环视（Umsicht, circum-spection）；理解别人时的"视线"——体贴（Rücksicht, con-siderateness）和宽容（Nachsicht, forbearance）；并且，人在设计而投出中也理解了自己，对于这种理解自己存在的"视线"，海德格尔称为"透视"（Durchsichtigkeit, transparency）。这三种不同方向的"视线"，全部统一在设计而投出中，并因此得以完成它们自己。①

---

① 人在设计而投出中具有种种视线以理解世界、别人和自己，这个主张相当近似当代中国哲学工作者强调的:人是"通体透明"的。但海德格尔不是说，人的视线可以完全彻底理解一切，以致没有遗漏。这不是由于人的理解有限，所以无法得到彻底的理解，而是由于存有虽然解蔽自己，但它总还有遮蔽。无论它如何解蔽，让人得到理解，但它仍是遮蔽，故还有隐藏。《中庸》说:"及其至也，虽圣人亦有所不知焉。"这是说，就其极致而言，存有仍有遮蔽，故圣人对万物不可能有完全彻底的知识。

（三）理解的自我发展：解释 （§32）

人被丢掷到他的事实性中，已经理解的种种设计，他由此投出，更清楚理解他遭逢的一切，因此，当理解的结构是设计而投出时，这即蕴涵了理解必在不断地投出中，让它从模糊的理解得到更清楚的理解，换言之，它必然不断发展自己，进一步完成自己。但无论理解如何发展自己，它都不能获得外在于它当时的设计范围的消息，因为设计是理解的先在限制，除非理解更换设计，否则它无法超出当时的设计。所以，理解发展自己，只是指将它模糊理解的，更清楚显示出来而已。理解的这种从模糊到清楚的自我发展，海德格尔称为"解释"。

解释的德文是 Auslegung，它的字根是 aus，亦即英文的 out，意指出来；Legung 来自 legen，意指放置或拿。合起来是指放出来或拿出来。由于一物被放了出来，因此它再不隐藏，反而无遮蔽地显示自己，让人清楚理解它。中文的"解释"在字面上也是这个意思，它意指解开和释放，当一物从纠缠不清中被解开和释放出来，便得以显示自己，让人理解它。由是，解释一物便是让它从隐蔽中显示出来，让人得到清楚的理解。

1. 解释是理解"某物作为某物"（Etwas als Etwas, something as something)

解释是理解的自我发展，但是，理解要发展到哪个阶段，才可称为解释呢？这亦即是说，在理解事物时，直至理解把握到事物的什么，才可称为解释呢？我们以日常生活中的环视为例，在日常生活中，即使在使用用具以前，我们早已在环视中理解周遭世界。例如在建造房子时，我们早已理解一个由槌子、钉子和木板等物构成的周遭世界，但在尚未开始工作时，我们仍不能肯定这些东西就是槌子、钉子和木板。所以，当时的理解是模糊不清的。换言之，当时只有理解，但尚未达至解释。在这种模糊的理解下，我们开始工作，尝试使用槌子，将钉子打到木板去。就在使用中，我们发现拿在手中的东西是"为了"（um-zu, in order to）槌打的，另一个东西是"为了"钉紧的，再另一个东西是"为了"制作墙壁的。由于各有不同的"为了"的功能，因此它们作为不同的用具。这是说，一旦我们注意到各物的"为了"，就是清楚理解它们作为何物。

以刚才的例子而言，一旦在使用中，我们注意到手上的东西是"为了"槌打的，则它当时是作为槌子；同理，当另一物是"为了"钉紧的，则它作为钉子。这样，我们清楚理解它们是什么了，也即是我们首度解释了它们。而当我们从模糊的理解，直至理解它作为某个特定之物时，就是解释它了。海德格尔指出，那个被清楚理解之物，有一个"某物作为（Als, as）某物"的结构（SZ198, BT189）。

上述的主张其实非常平凡，只是由于它太平凡了，反而使我们忽略它。我们常常会碰到某个陌生的东西，当时不明白它是什么。于是，我们尝试用各种方式去理解它，直至突然发现，原来它是某个东西，这样，它被我们首度解释出来了。例如我们当时或许会突然说："啊！原来是一张古代地图！"或"啊！原来是一只猫！"这样，它作为某个特定之物，则我们解释了它。

通常我们以为，解释一物是将它本身的意义说明出来。正如在解释一个东西时，是要说明它本身是什么，而不是指出它被我们当作某物。不过，这种主张建立在一个实在论的默认上，这是说，它早已假定每一事物具有一客观的意义。只是海德格尔反对这个默认，因为他认为事物的意义不在它本身，而是在它当时的整体里。完全独立于整体外的东西是不可理解的。正如一个用具，若它永远不与别的用具相关连，则我们永远不能理解它的功能，也就不能理解它是什么了。相同的用具在不同的整体中，可能是不同的用具。一个东西，用来穿的时候是高跟鞋，用来打钉子时则是槌子。它没有客观的意义。因此，解释一物不是说明它本身的意义，而是说明它当时作为何物。

再者，在海德格尔，完成一物的解释，不一定要以语言去说明它，[①]因为即使在使用世界中之物时，环视已经解释它了，但一切皆在沉默中完成。并且，解释一物不表示我们正确理解它。解释往往是误解的，而要明白我们的解释是误解，则是由于我们得到另一个更清楚的解释。无论如何，绝对正确的理解是不可能的。人只能不断以更清楚的解释来修正自己的理解。

2. 解释的前结构

解释是由模糊的理解到达清楚的理解，这是说，我们必须预先模糊理解一些东西，才能进行解释。但是，我们必须预先理解哪些东西呢？这些预先理解的东西，海德格尔称为解释的"前结构"（Vor-Strukturen, fore-structures）。他指出，解释有三个前结构。在此，海德格尔只作了非常简略的说明，甚至是简略到难以

---

① "解释不一定要用语言。"这是海德格尔早期的主张，这时他对语言还没有深入的理解。后期海德格尔重视语言，认为事物是在语言中呈现，没有语言就没有事物。

明白。我们只能根据文字上的意义，作简单的说明。

（1）前所有

既然事物必须在整体中才能被理解，那么，在解释时，就必须预先理解一个整体，再以它去解释事物。这个预先"拥有"（haben, have）的整体，海德格尔称为"前所有"（Vor-habe, fore-having）。不过，预先拥有它并不表示清楚理解它，相反地，在通常情况下，整体并没有凸显出来，它似乎只作为背景，但基于它，事物才能被解释出来。事物才是解释的课题。

（2）前观点

只有整体尚不足以使事物清楚凸显出来。在解释时，要预先在一个观点的指引下去理解对象，才能将它从整体中解放出来。所以，解释必须预先"看到"（sehen, see）一个观点，才能将整体切开，让其中的事物呈现出来。这个预先"看到"的观点，海德格尔称为"前观点"（Vor-sicht, fore-sight）。

（3）前概念

前观点使事物从它的整体中呈现出来，但事物还必须在一个概念模式下，才能清楚显示出来。这亦即是说，在解释某物作为某物时，尚需"掌握（greifen, grasp）一个概念模式"，在它的限制下去解释事物。这个预先"掌握一个概念模式"，海德格尔称为"前概念"（Vor-griff, fore-conception）。

在说明这三个前结构时，我们要注意，"前所有""前观点"和"前概念"都是海德格尔自创的词汇。"前所有"是根据"预先'拥有'的整体"，"前观点"是根据"预先'看到'的观点"，而"前概念"则是根据"预先'掌握的概念模式'(Begrifflichkeit)"。①
所以，它们的基本意义是指，解释须在一些先在条件下才能进
行，它们分别是：被解释事物所在的整体，解释者当时采取的观
点，和他根据的概念模型。我们以一个简单的例子来说明。

当要获得一个房子时，由于我们早已熟悉我们的世界，因
此，环视可能开放出一个由槌子、钉子和木板等物构成的周遭世
界。然而，这种理解依然是模糊的，这是说，当时我们依稀有一
个这样的周遭世界，但尚未清楚肯定其中的用具。在这种情况
下，我们拥有一个用具整体，但却没有任何用具被解释出来。换
言之，我们当时只拥有前所有。要让当时的理解能进一步自我发
展为解释，我们必须先行理解其中一物。但如何才能让它从整体
中呈现出来呢？海德格尔说，必须设置一个观点。例如，我们决
定亲自去造这个房子，这个观点马上让整体中的槌子凸显出
来，因为观点指引我们要以槌子指向到钉子去。又如果我们不是
亲自去造房子，而是决定去买房子，则由于环视早已熟悉我们的
世界，它亦早已开放出买房子的用具整体，而我们根据当时买房
子的方式为观点，便会让整体中的某些用具凸显出来。所以，前
观点总是从整体中，把其中的事物凸显出来。不过，即使事物凸
显出来，我们要在何种方式下去理解它呢？例如一个槌子，当要
去造房子时，我们会以它的"为了"的用具功能去理解它，而不
会以实体—属性的概念去理解它，因为后者只能让我们理解它的

① 我把 Begrifflichkeit 译作"掌握的概念模式"，是由于德语的 Begriff 意
指概念，但它的字根是 greifen，它意指抓住或掌握。所以在德语，"概念"是
指它是被掌握到的。于是，Begrifflichkeit 便是意指被掌握到的，而且又是
概念性的东西。

属性，无法让我们使用它。我们也不会以因果概念去理解它，因为这只会理解它的前因后果。

不过，无论如何，要解释某物作为某物，必须预先有一个概念模式。这就是海德格尔所说的前概念。

我们可以看出，这三个结构必须在适当的关系上，互相配合，才能完成解释的工作。例如整体必须与观点配合，若整体完全不能满足观点的要求，则解释无法进行，因为它们互不相干。同理，观点与概念模式也要配合，否则由概念模式所理解的事物，便完全与观点脱节了，这也无法完成解释。不过，海德格尔没有触及这些问题。他只是告诉我们，要清楚理解一物，必须在这三个前结构的限制下进行。

没有前结构，则解释无法进行，人亦不能获得知识。但传统哲学往往认为，要得到正确的知识，必须删除自己的成见，客观理解事物。海德格尔反对这种主张，他认为解释永不是在没有默认中客观理解在其自身的事物，而是必须在三个前结构的限制下进行。根据人的存有学结构，他不可能有客观的知识。但这不是说，他不能拥有事物本身的知识，因为现象学的定义是要回到事物本身的，这亦即是说，它不是要得到由自己独断认定的知识，而是来自于事物的知识。

但是，既然解释被前结构限制，而前结构是在理解者中的，则这表示，理解者的前结构限制了事物的意义，那么，解释出来的意义，岂不是来自理解者本身，而不是来自事物本身的？那怎能如现象学所说，回到事物本身呢？由解释而得的知识，不就是我们早已限定的知识吗？那怎能是事物本身的知识呢？再者，这种理论指出，解释只是开放出前结构中早已限定的意义而已，这亦即是说，解释只是解释出解释早已默认的意义，那不是在循环中吗？

　　海德格尔承认他的现象学方法是在循环中进行，但否认它无法回到事物本身，得到它本身的知识。的确，如果前结构由人任意默认，则我们无法保证它与事物的意义一致，所以，前结构一定不能来自任意的想象或流行的观念。并且，要保证解释的正确性，最关键的因素是，前结构是属于事物本身的，因为若前结构的意义是事物本身的，则基于它而解释出来的，当然就是事物本身的意义了。因此，在解释时，必须让事物本身的意义显示自己，接纳它作为解释时的前结构。在整个解释的过程中，要常反省前结构，检讨它们是否与事物一致，不断作出修正，以至它们是来自事物本身的。当解释发生困难时，我们不是固执自己的默认，而是反求诸己，调整自己的前结构，以求能将事物的意义一致地解释出来。如此，若解释是根据事物来调整前结构的过程，而不是自我固执于已有的前结构，则它开显出来的，就不是理解者默认的意义，而是事物本身的意义。它回到事物本身了。因此，即使解释的过程是循环的，亦无须逃避它，因为一方面这是理解的存有学结构——我们必须在循环中理解事物，这是无法逃避的；另一方面，在解释时，只要让前结构来自事物本身，则我们便能得到事物的知识。

　　以上的说明会引起质疑：如果解释要在默认中进行，而默认要来自事物本身，或与事物的意义一致，则解释是难以进行的。因为在解释时，当然尚未清楚理解事物的意义，那怎能确定当时的默认是否来自事物本身，或与事物本身的意义一致呢？假若当时无法确定默认是否来自事物，也就无法确定解释是否正确，那又何必进行无法保证得到正确知识的解释呢？难道解释只能靠运气吗？

这个质疑不能成立，因为解释不是直线的、单向的，而是循环的、双向的。假若解释是直线的，则它是单向地从默认到事物，而默认决定事物的意义。这样，只有正确的默认才能正确解释事物。不过，假若解释是循环的，则即使默认是错误的，当它到达事物得到事物的意义时，事物意义可以循环回到默认，让理解者检讨和修正他的默认。理解者根据修正后的默认，再次循环到事物去解释它的意义，然后又循环回去检讨他的默认。解释是在循环中不断修正默认的过程，使默认完全摆脱个人的独断，以至它的意义是来自事物本身。这个循环的过程甚至可以无穷，让理解者继续修正默认，让它能全面和深入事物本身，得以更全面和深入地解释事物的意义，直至无穷。

我们以解释一首古诗为例。在解释前，我们不清楚它的意义。但若要解释它，至少要默认它是谈爱情的，或友情的，或自怜的，或关于家仇国恨的等等。完全没有默认，则无法进行解释。但若要解释，无须也无法先确定哪个才是正确的默认。我们既然知道它是一首诗，至少不会默认它是关于数学、物理学的。然而，即使我们非常独断，硬以数学、物理学的方式去解释它，但我们无法得到意义，导致解释失败。这时，我们明白这个默认与事物意义不一致了。假若仍要进行解释，便要循环回到默认去，修正它。假若我们默认它是谈爱情的，据此解释它的第一个语词，如果我们得到意义，这即表示默认与它一致，无须修正。这时，我们继续循环到它的第二个语词，如果仍能得到意义，而且与第一个语词的意义一致融贯，则表示默认与第一和第二个语词一致。不过，假若在解释第三个语词时，无法得到意义，又或得到与第一和第二个语词不融贯的意义，则便要循环回到默认，检讨它和作出修正，务求它在解释时能得到三个语词互相融贯的意义。这个循环不断解释事物的意义，也不断修正默认的意义，直到预设能解释这首诗的全部语词，得到它的整体意义。这时，默认的意义与诗的意义完全融贯一致，没有区隔，它们合而为一。因此默认是来自事物本身。检查默认是否来自事物本身，不是在解释之前，因为这是不可能的。它是在解释的过程里，而且在解释的完成时，得以确定。

3. 海德格尔的意义理论

当我们在前结构的设计下投出，理解某物作为某物时，便是解释的初步完成，这时我们发现此物具有意义。但这不是说，我们发现在它之中的一个意义，而是我们理解了它是什么，亦即它的存有。人是在世存有，他遭逢和理解的，是在世界中的存有者，不是存有者之外的意义。正如刚才说的，当理解某物作为槌子时，我们理解它是用具，也理解它的存有（延续下去）是及手性，但不是理解槌子外的另一个意义。于是，一物的意义是基于前结构，在人的存在中整理出来的，并且，一旦整理出来后，人就在这个意义下理解它。在海德格尔，人的存在不是指人可以做各种行为，而是指它总是整理意义的。因此，海德格尔认为，意义是人的存在性征，这是说，他总是在前结构的限制下，往前投出到存有者去，整理意义，理解存有者及存有。

当人在存在中遭逢存有者时，他的前结构会整理出意义，而他理解它了。这时，他不是整理出一个独立于存有者以外的意义，然后借着它去理解存有者。我们甚至可以说，他是整理出存有者，因为严格而言，他不是理解意义，而是理解存有者。我们要明白，存有者没有其自身的意义，它的意义来自解释时的前结构。在理论上，在解释前，不能说有存有者的，因为当时尚未有意义，一切尚是不可理解的；一旦意义被整理出来，则存有者显示自己为这个意义。存有者不是别的，它就是这个意义。人理解意义，也就是理解存有者，意义与存有者不是两个不同的东西。再者，正如存有者不是独立的，意义也不是独立的，它奠基于解释时的前结构。

于是，意义不是依附在存有者上，或隐藏在其后，或飘浮在它与人之间的一些性质，它是人的存在性征——人在存在时，在前结构的限制下整理出来的可理解性（Verständlichkeit, intelligibility）。并且，只有人才拥有意义，一旦他遭逢存有者，他会在前结构下整理出意义。由此，他会理解，哪些是有意义的（sinnvoll, meaningful），哪些是没意义的（sinnlos, meaningless），亦即无法理解的。其他存有者的存有没有前结构，故不能拥有意义，海德格尔称为"意义空虚"（unsinnig, unmeaning）。然而，意义空虚不表示价值意义，这是说，意义空虚的东西不表示它是负面价值，因为海德格尔的工作是描述事物的存有，不是对它作价值判断。并且，海德格尔进一步指出，唯有意义空虚的东西，才能违背意义（widersinnig, absurd），这是说，当人认为它是手前存有者时，它可以违背人整理出来的意义，反过来攻击人；自然事件也可以违背它的意义，反过来成为自然灾祸，这是说，它本来的意义是自然的，却可以成为对人有害的东西。

（四）解释的引出模式：断言（§33）

我们在§13 曾指出，认识是人的一种存在方式，但却是引出模式（fundiertes Modus, founded mode），这是说，人与世界间的原初存在方式，是使用世界中之物。在使用时，人理解的是事物的用具功能，对于事物在知识论上的性质，则尚未发现。可是，当人一旦停止使用用具，改采取手前性的观点去理解它时，则他开始知觉事物，认识它的各种性质，而得以认识它。那么，由于认识奠基在人停止使用事物，所以它是从使用的存在方式引申出来，因此是一种引出的存在模式。现在，海德格尔要说明，原初的解释是在使用中理解世界中之物，当时没有对它作出断言，而只有当人离开这种原初的解释，以语言解释它的性质时，才会说出断言，所以断言（Aussage, assertion）是解释的引出模式。在这节，我们只简略说明海德格尔的主张。

首先，海德格尔以现象学分析断言的意义，这是说，他要指出在我们作出断言时，当时的断言到底是什么。他认为，当时的断言有三种意义，它们虽不同，但却是统一的。

首先，断言一物就是要指出此物，因此断言的意义是"指出"（Aufzeigen, pointing out）。当我们断言说："那个槌子很重。"这即指出那个槌子，也指出"很重"。第二，断言意指"给出宾词"（Prädikation, predication），这是说，断言关于主词，而断言它就是以宾词去限定它的性格。如在"那个槌子很重"这个断言中，"槌子"是主词，"很重"是宾词，而断言是以"很重"去限定槌子的性格。海德格尔指出，由于断言的第一个意义是指出，才引出断言的第二个意义——给出宾词，因为断言要指出，才以宾词去限定主词的性格。可是，能以宾词限定主词，我们先要看到主词所指的那个东西，也要看到宾词所限定的那个性格，和看到它们是综合在一起的，这种"看"基本上是逻辑的，海德格尔称为"逻辑综合的"（apophantisch, apophantical）(SZ206, BT197)。①

最后，断言意指"沟通"（Mitteilung, communication），将之说出来。在德语，断言是 Aussage，意指说出。中文的"断言"也有语言的意义，因此，断言一物就是说出此物。说出一物，就是要说出断言所指出的那个事物，并以宾词来限制它的性格。因此，断言的第三个意义与其他两个意义相关，且以语言说出它。但是，说出一物不单是用语言说它，而是要与别人沟通，让别人也能理解它。

统一以上的三个意义，则断言是一种指出，在指出中限定一物的性格，且要与人沟通（SZ208, BT199）。从断言指出一物的性格，和将之告诉别人而言，它当然是一种解释，因为它让人更清楚理解该事物的性格。而若它是解释，则它便有前结构。我们只要考察它的前结构，就可以理解它是一种引出模式。

在使用用具时，环视也有前所有——用具当时的整体。它亦有前观点——使用它以获得一个成品。它的前概念则是用具的"为了"。在这三个前结构里，环视解释了它遭逢的存有者。但是，在这样的解释中，环视没有指出事物的性格，更没有将之说

---

① Apophantisch是一个难以翻译的名词，在海德格尔的用法里，它是指一个理论性的认识。这种认识将其得到的知识综合起来，构成更复杂的知识。请参考海德格尔讨论综合作用时所提到的 apophantische Bedeutung (apothantical signification) (SZ44, BT56)。

出、让别人理解。它不用说出一字，就完成解释了。在环视的解释中，某物作为某物，这是说，它遭逢的存有者作为用具。由此得到的"作为"，海德格尔称为"存在—诠释学的'作为'"(existenzial-hermeneutisches "Als", existential-hermeneutical "as")(SZ210, BT201)。

但断言是指出一物的性格，在这个情况下，该物不可能是被我们使用的用具，而是被断言的对象。这是说，只有当用具改变成对象时，我们才能对它作出断言，那么，原来在环视中的及手存有者——用具，必须改变成手前存有者——对象。这即表示，前观点已经从原先的及手性改变成手前性。换言之，在断言中，前观点是手前存有，而前所有是由手前存有者——对象——所构成的整体。再者，断言是要以宾词限定主词的性格，且将之说出、让别人理解，因此，它的前概念是"主词—宾词"的逻辑模式。在这三个结构下解释出来的存有者，它也是"作为"某物，但它已不是环视理解的那个"作为"。在环视中的"作为"必须被压抑下去，然后再在逻辑的主宾方式下去解释它。这样，存有者"作为"在"主词—宾词"概念下的对象。对于这个"作为"，海德格尔称为"逻辑综合的'作为'"(apophantisches "Als", *apophantical* "as")。

由于环视中的前观点由及手性改变为手前性，前所有由用具整体改变为对象整体，前概念由用具功能的"为了"改变为逻辑的主宾模式，所以我们才能作出断言。那么，断言的解释奠基于环视的解释，故断言是解释的引出模式。

三、语言的存有学基础：言谈（§34）

到目前为止，我们指出此有的开显性有两个存在性征：际遇性和理解。此有的际遇性在感受中开显它早已拥有的事实性，并且，它理解它的事实性，以之为设计，投出到世界中之物去，因此解释了存有者。但是，从设计、投出以至解释存有者的过程中，此有必须不断整理它当时理解的一切，才能解释出意义。这是说，在此有的投出中，它必须通过一个整理的过程，才能将存有者解释出来。因此，要完成此有的开显性，除了际遇性和理解外，尚需另一个存在性征，它在开显的过程中，不断整理由际遇性和理解所提供的东西，直至解释出存有者的意义。这个存在性征，海德格尔称为"言谈"，它与际遇性和理解是同等原初。

通常，言谈是指以语言来交换意见，但海德格尔给了它一个特别的定义：整理出可理解性（Artikulation der Verständlichkeit, articulation of intelligibility）（SZ214, BT203－204）。由于言谈整理出可理解性，人才能理解意义，这时，他才有话可说，因此，言谈是语言的存有学基础。

（一）语言奠基于言谈

言谈是此有的存在性征，它整理出可理解性，则此有在它的存在中，总是整理出各种可理解的东西。这些被整理出来的可理解性，海德格尔称为"意义"。但是，言谈整理出意义，不表示它会说出语言，因此海德格尔要说明，言谈如何说出语言。海德格尔在这里的论证相当粗糙，也与他后期的语言哲学完全不同。本书仅陈述他的论证，不加评论。

海德格尔认为，言谈是此有的开显性结构，而开显性是在在世存有中，这是说，开显性总是开显世界的。于是，海德格尔进一步认为，言谈也要有它独特的世界。因此，言谈将它整理出来的意义，在言谈中以文字表达出来。这样，语言就出现了，所以语言的产生奠基于言谈。并且，文字基于意义而来，而不是先有文字，然后再给它意义。

语言来自言谈要以文字表达自己。由言谈表达出来的所有文字，就是语言。当语言被表达出来后，语言就是言谈的世界，而文字就是这个世界中之物。于是，语言似乎是用具，让此有使用它来表达自己。但是我们也可以停止使用语言，而视之为研究的对象，这样，语言就成为手前存有者。

（二）言谈的几种模式

根据海德格尔，言谈是指整理出可理解性。基本上，可理解的东西就是意义，言谈可以整理出各种意义，以文字将它说出来，让人理解，于是，言谈的第一种模式便是"沟通"（Mitteilung, communication）。另外，在言谈中，人不是光说话，他也要听对方的语言，由此整理出意义，因此，言谈的另一个模式是"听"（Hören, hearing）。最后，人也可以在沉默中整理出意义，因此，言谈也可以是"沉默"（Schweigen, keeping silent）的，这是言谈的第三种模式。

1. 沟通

人的存有是共存存有（Mitsein, Being-with），这是说，人际间总是互相理解和互相沟通的,于是言谈在说出文字时,常是对别人说的。人际间的互相沟通,是以言谈的方式。在实际的言谈中,言谈者说话,这是说,他以语言向别人说出事物,所以言谈至少有三个要素:(1) 它向着言谈者,(2) 说出来的语言,和 (3) 语言所说的事物。海德格尔认为,在言谈中互相沟通时,说话者不是把自己的内在经验说出来,而对方听到语言后,从他的内在跳出,到达说话者的内在中,理解其内在经验,因而得以互相沟通。在言谈中,语言是要说出事物,而对方听到语言时,他理解的是语言中的事物。借着语言中的事物,人与人沟通了。

由于人是在世存有,他不自封于内在,而是早已外在到世界去,而世界是与别人分享的共存世界(Mitwelt, with-world)(参考§26)。所以,他说出来的,不是内在的、独我的经验,而是别人可以分享的事物。即使他说的是自己,但这个自己也不是自封于内的独我,而是与别人共存(mit, with)、与别人互相理解的存有者。于是,言谈所说出来的,是在他的感受和理解中掌握的事物,而别人在聆听时,只要他有共同的感受和共同的理解,他们便互相沟通了。在这样的沟通中,人同时清楚理解,他们的存有是共存的、互相沟通的。即使在难以沟通时,他们也理解,其实他们的存有是共存的、沟通的,只是当时无法充分共存和沟通而已。若人的存有没有共存和沟通的结构,则人根本没有所谓的"充分沟通"和"难以沟通"了。

2. 听

听可以分两种:听人的语言和听其他声音。在听人的语言方面,又可以分为听自己和听别人。在海德格尔,听自己的原初方式是听自己存有的呼唤，这就是以后讨论的良知（Gewissen, conscience）。即使人沉沦在日常生活中，他似乎仍带着一位深藏于他里面、时常给予忠告的朋友。这位朋友有时会提醒他，要求他不要沉迷于追逐世界中的存有者，要回头看看自己的存有。由于人能理解这个忠告，所以这是言谈的一种方式。人也可以听别人的语言，而且他通常总是听从别人的语言的，这是说，"人人"总是说出各种指导，让人理解它，被它支配。

对于听其他声音，海德格尔称为"倾听"（Horchen, hearkening）。在倾听时，听到的不是由感官而来的单纯声音，而是事物。我们要明白，在海德格尔，言谈是开显性，是整理出可理解性，因此由言谈而得的，不是意义空虚的感觉与料（sensedata）。并且，在倾听时，人不是要听声音，而是要理解其中的事物。我们甚至可以说，他没有听到声音，而仅是理解事物。正如我们听到放鞭炮，而不是鞭炮的声音；听到啄木鸟，而不是它的声音；听到摩托车，而不是车的声音。基本上，人是在世存有，这是说，他是在世界中，遭逢世界中之物；而不是"在感觉与料中"，知觉意义空虚的声音，再以它们为跳板，跳到事物去。海德格尔认为，人要听到单纯的声音，需要非常复杂和矫情的思索。这是说，要预设很多自然科学的理论，而且拒绝原初的存在模式，才能得到单纯的知觉。在原初的情况下，人直接听到事物，把握它的意义。即使听到一些他不懂的外语，但他也不是听到单纯的声音，而是没有意义的文字。换言之，他听到的依然是意义，只是它的意义是尚未明白的。

3. 沉默

　　在定义上，言谈指整理出可理解性。无论人有没有说话，只要他整理出可理解性，都是言谈。若人在沉默中整理出可理解性，则沉默也是言谈的一种模式。沉默不是如哑巴般不发出声音，因为哑巴依然有说话的倾向，只是他说不出来而已。所以，对于一个没有说话的哑巴，无法证明他因此就在沉默中。

　　通常我们以为，人之所以沉默不语，是由于他不理解事物，没有它的知识。但在海德格尔，沉默是得到知识的，没有得到知识的不是真正的沉默。相反地，不停地说只表示他的理解是肤浅的。沉默是"默而识之"，这是说，在沉默中得到理解。而且，在沉默中的理解是深入的，因为它摒弃了"人人"的吵杂，避免它的支配，而以自己的本真存在去理解事物。只有在真正的言谈中，才有真正的沉默。人能真正沉默，才能得到广博和深入的知识。这样，他才有丰富的语言，说之不尽。

　　在海德格尔，此有的开显性由际遇性、理解和言谈三个存在性征构成。际遇性中的各种感受，开显出此有当时的事实性。理解以这些事实性为设计，投出到世界去。在这个过程里，此有在言谈中整理出各种意义，由此解释它遭逢的一切。于是，开显性完成它的工作，换言之，这三个存在性征完整说明了此有的开显性。

　　然而，在日常生活中，此有接受由"人人"提供的种种解释，再在它们的限制下去理解存有者。换言之，在"人人"的支配下，此有的开显性会以独特的方式去理解存有者。海德格尔接着要讨论，在日常生活中，此有的开显性表现出来的各种方式。

第七章　此有在日常生活中的存在方式及沉沦（§35–38）

当此有在日常生活中被"人人"支配时，它开显性中的言谈成为道听途说的"闲聊"(Gerede, idle talk)，理解成为肤浅的"好奇"(Neugier, curiousity)。在这两个方式下，此有所理解的每个事物，皆有多种飘忽不定的意义。在各种不确定意义下的存在方式，海德格尔称为"歧义"(Zweideutigkeit, ambiguity)。由于对此有而言，各事物有多种飘忽不定的意义，故它继续以闲聊和好奇去进一步理解它们。这样，此有不再正视自己的存有，只不断追逐世界中之物。这似乎是此有从自己的存有，沉沦到世界中之物去，这称为"沉沦"(Verfallen, falling)。

我们要注意，闲聊、好奇、歧义和沉沦都与价值无关，这是说，它们只是此有日常生活的存在方式，或此有日常生活开显存有者的方式。它们没有蕴涵这是不好的，或负面价值的。海德格尔非常警觉，他的工作是现象学描述——现象如何显示自己，他就如何描述。描述不涉及价值判断。他的工作仅是描述此有的存在方式，至于它的价值如何，这不是他关心的。

一、闲聊（§35）

通常，言谈是说出语言，让对方理解语言所指的事物，所以，在说出语言时，基本上是要说出当时说话者所理解的事物，而对方听到语言时，是要去理解那个事物。若他能理解它，则他们彼此理解和沟通了。于是，在真正的言谈中，彼此虽然说着语言，但却不是停留在语言上，而是要去理解当时言谈的事物。语言本身不是当时的课题，而是事物。在言谈中，彼此交换的，不是语言本身，而是对事物的理解。

可是，当言谈者听到语言时，由于日常生活中的语言早已有它的意义（这是说，语言总有它一般的、"人人"理解的意义），因此聆听者无须考虑事物本身，而是只要停留在语言上，一样可以理解语言，继续言谈。正如当人们一旦听到各种流行的内幕消息时，他无须深入考虑各种证据，也不用亲自观察事实，就立即以为他所听到的就是事实。于是，他继续说着相同的话语，传播出去。这样，语言的一般意义代替了事物本身，大家甚至懒得理会事实，而只注意"人人"在传播的语言。

闲言闲语和继续传播成为此有在日常生活中理解事物的方式，这称为"闲聊"。闲聊不仅以闲言闲语中的一般意义代替事物本身，它更切断此有与事物的原初关系，让此有封闭在闲聊中。这是说，此有不再需要在本真存在中理解事物，而只在闲聊的语言去理解一切。在日常生活中，闲聊不断扩大它的范围，增强它的支配力，阻止此有以自己的存在去理解事物。于是，由闲聊而来的理解，都不是根于事物本身——虽然它谈论事物。它是毫无根据的。海德格尔认为，在不断的传播中，闲聊成为完全的无根(Bodenlosigkeit, complete groundlessness)(SZ224, BT212)。它虽是无根，但却支配此有在日常生活的理解。

闲聊不一定要以说话进行，肤浅阅读和随便乱写都是闲聊的方式。它提供事物的消息，但却全是误解。由于它提供消息，故此有自以为它得到真正的理解，不再追求更深入的理解了。它开显事物，但开显出来的，却是虚假的，因此，它的开显其实是遮蔽——遮蔽事物本身。于是，闲聊遮蔽了事物本身，它支配此有，让它停留在遮蔽中。闲聊虽支配此有，但此有却难以自觉其支配力。它愈是不自觉，闲聊的支配力愈强；一旦此有能自觉它，闲聊便开始崩溃。

当此有（Dasein）在这里（Da）时，它早已在闲聊所提供的各种消息中。闲聊统治了它，使它难以超拔。在存有学而言，此有无法完全摆脱闲聊的影响力，它只能在其中，反抗闲聊的支配，重回自己的存在，与存有者在原初的关系中开显它们。但在日常生活中，"人人"的闲聊早已限制了此有的感受和理解，使它无法在自己的感受和理解中本真开显存有者。它的开显性停留在"人人"的语言里，不是根据事物本身，而且更被闲聊继续引离事物。这种存在方式，海德格尔称为"离根"(Entwurzelung, uprooting)——从根据抽离出来、逐渐离开，这是指，此有与世界、自己和别人接触时，从原初的关系中抽离出来和逐渐离开，再难以原初理解它们了。

二、好奇（§36）

理解是此有的存在性征，这是说，此有的存在就是要去得到理解。正如现代哲学说，人是自然之光（*lumen naturale*），他似乎是一道光线，照亮各事物，看见和理解它们。在这个观点而言，人总是要看事物，以求得到理解。然而，这里的"看"，当然不单指知觉的看，而是泛指各种理解的方式。那么，这是说，人总是以各种可能的理解方式，去遭逢各存有者。在日常生活中，人也是要看事物，以求理解它们。日常生活中的看，海德格尔称为"好奇"。

我们以前曾说，此有在工作时，它的环视理解周遭世界中之物，而整个工作的过程也是理解它们的过程。在这样的环视中，此有能较深入理解事物，因为它可以理解当时事物的存有是及手性。虽然此有有时会停止工作，但这时它仍然要关切世界中之物，换言之，环视仍然看到世界中的存有者，只是当时的环视已从工作中释放出来，它不再坚持要指导此有的工作。这即是说，世界中的存有者再不是切近的用具，而是在另一个疏远的世界中。于是，环视在另一种方式下去理解世界中之物，它光是看看它们的"样子"。环视在除距中拉近它们，然而，它却不是拉近它们的用具功能，而是拉近它们的"样子"。各存有者以它们的"样子"呈现出来。

可是，环视可以进一步释放自己，让它不专注于任何事物的"样子"上，这是说，它只是看看事物的"样子"，并且，它是为了看而去看。它的看不是为了深入理解它们，而仅是为了让它能不断去看世界中之物而已。这种为了看而去看，海德格尔称为"好奇"。

好奇有以下三个性格：（1）从不停靠（Unverweilen, not tarrying）。好奇地看不是为了理解事物，因此它不会停靠在事物之上，仔细观察它。它全是为了追求新鲜和刺激，所以它永不安于一物，而是不停转换对象，追逐更多新奇的东西。在追逐中，此有把自己投入世界中之物，不再自反自己的存有。(2) 分散 (Zerstreuung, distraction)。好奇追求新奇，但它不是为了理解它，所以对于新奇的东西，它不会感到惊讶，更不会由惊讶引起研究的兴趣。它追求新奇，只是为了能看到别的新奇，这是说，它不是为了要到达一物而去看此物，而是为了能继续跳到别物去。当它到达一物时，它已经往着别物了。于是，好奇总是不断把自己分散在各事物上。(3) 居无定所 (Aufenthaltslosigkeit, never dwelling anywhere)。由于好奇永不停靠于一物，又把自己分散到各物去，那么，它似乎到过所有地方，但也似乎从未到过任何地方。从它似乎到过所有地方而言，它无所不知，对任何事物都有意见；从它似乎从未到过任何地方而言，它对任何事物其实都一无所知。在与别人共存时，好奇在闲聊中是无所不知的，但也是一无所知。它所理解的，全都是误解。

闲聊与好奇互相牵引。闲聊向好奇提供很多题材，指引好奇去看它们；好奇又是居无定所，无所不知的。于是，好奇加强闲聊的乐趣，让此有继续闲聊下去。它们互补、互相加强，使此有的日常生活看似更加充实，但也更为离根——更远离此有与事物的原初关系。

三、歧义（§37）

此有在与别人共存时，它在闲聊和好奇中获得很多消息。即使一个相同的事物，也有杂多的消息。每个消息都似乎是真的，又似乎是假的。别人有时谈论这个消息，有时谈论别的，使得此有无法决定哪个才是真的。杂多而又无法确定的意义充塞在此有之中，但它又要在这许许多多的意义下继续存在。这种存在方式，海德格尔称为"歧义"。歧义影响了此有对世界、别人与自己的理解。

在与别人共存时，借着闲聊和好奇，各人对事物都拥有各种不同的意义，因此，大家都似乎早已理解他们在谈论的事物，也明白该如何做。可是，在闲聊时，彼此只说着事物的某个意义，但尚有许许多多的意义还未谈论，因此各人都在猜测别人跟着要说什么，追踪别人的心思。然而，各人依然是在闲聊和好奇的消息下猜测和追踪，因此，无论此有如何猜测和追踪，都仍在"人人"的闲聊和好奇的意见中。

由猜测和追踪而来的消息，依然是各种无法确定的歧义。基本上，此有希望永远停留在由闲聊和好奇而来的歧义中，这是说，即使它所猜测的事情真的成为事实，它也会拒绝接受，不愿意承认事实真的就是如此。它希望事实立即消失，好让它继续闲聊和好奇下去，因为事实一旦出现和接受它，闲聊和好奇便无法继续。

再者，即使此有猜测和追踪到它要去做某个行为，它也不会真的去做，因为慎重去做一个行为剥夺了闲聊和好奇的机会。而且，即使有人真的去做，此有也会认为这已为时太晚，因为它早已知道是要这样做的。这样，此有无视于事实，逃避事实，也不容许自己以行动去接触事实、根据自己的存在去理解它。它对一切存有者的理解，不再是正视着自己的存在，往前遭逢存有者，开显它们的意义；而仅止于在"人人"的意见下，在闲聊和好奇中，猜测与追踪它们的歧义。

当此有在歧义中与别人共存时，此有会发现，别人似乎是这样的，又似乎是那样的。"人人"都似乎是这样说他，也似乎是那样说他，更无法确定他到底是怎么样的。于是，在闲聊中，各人总在暗中偷窥别人、掩饰自己。各人号称要谅解别人，但实际上却是拒绝本真理解别人。

由此，歧义不仅让此有无法在本真存在中理解自己，也无法理解世界和别人。闲聊、好奇和歧义互相交错牵引，使人离开他自己的存有，也离开本真存在，而只以"人人"的意见去理解一切，导致对它们产生误解。

四、沉沦（§38）

闲聊、好奇和歧义这三种日常生活的存在方式，构成此有的沉沦。通常，"沉沦"在中文有强烈的负面价值意涵，因为这似乎是指，从崇高沦落到卑贱去。但在海德格尔，他的工作只是描述，不是评价，所以"沉沦"是一个价值中立的描述词汇，它是此有在日常生活的存在方式。至于沉沦是好是坏，不是海德格尔所关心的。

（一）沉沦的意义

沉沦的德语是 Verfallen，其字面意义与英文的 falling 相同，是指掉落或掉下来。但在闲聊、好奇和歧义中，此有如何掉下来？从何处掉落？又掉落在哪里？在闲聊中，此有以"人人"说的语言去理解事物，它不是让事物显示自己，且正如事物从自己显示自己般地去看它、理解它和描述它。"人人"所说的，就是事物本身。此有听从"人人"所说的，而又说着"人人"所说的，则它理解一切了，这亦即是说，此有不是在自己的存在中，正视自己的存在，往前到达世界中之物去，以完成它的理解。这样，此有遗忘了自己本真的存在。它不能理解自己的本性是存在，也不理解它的存在是在世存有——它与世界是统一的，更无法理解它的存在性征。换言之，忙碌于闲聊中的此有，对自己的存有一无所知。

再者，好奇带领此有不断追求新奇的东西，它不自反于自己的存在，而只一味向外追逐世界中之物，从一物跳到另一物。它不断跳离、永不停靠，把自己分散于各物上。它遍布于万物，但也不止于任何物，以致它无止境地游荡，居无定所。这样的此有，对自己的存有一无所知，沉迷于世界中之物，难以自拔。

歧义给此有各种不确定的意义，迫使它在"人人"的闲聊和好奇中，猜测和追踪各种意义，更阻止此有以实际的行动去理解事物。一旦此有只停留在这样的猜测和追踪里，而不诉诸实际行动时，那它就无法回到和正视自己的存在了。换言之，歧义剥夺了此有理解它的本真存在的可能性。

此有的本性是存在，而它的存在总是开显着世界。由于它的本性是存在，则引申出它的存有是在世存有。因此，此有必须回到和正视自己的存在，才能本真理解自己、世界和世界中之物，而且，由于它能本真理解自己，它才能本真理解别人的存有。但是，闲聊、好奇和歧义却使此有在"人人"的指导下，无止境地追逐和沉迷在世界中之物，让它难以回来正视自己的存有。此有于是遗忘自己的存有，无法理解自己本真的存在，因此无法本真理解自己、世界、世界中之物和别人了。从此有遗忘自己的存有而言，它似乎是离开它真正的自己；从它追逐和沉迷在世界中之物而言，它似乎是离开自己而掉落到世界中之物去。因此，"沉沦"是指，此有从自己的存有掉落，并且，它掉落到世界中之物去，因而误解自己和其他的一切。但它如何掉落呢？它是在闲聊、好奇和歧义中掉落。于是，沉沦造成此有的非本真存在，让它得到非本真的理解。

"非本真存在"不表示此有当时的存在是不真实或虚幻的，更不表示此有当时不存在，因为此有的存在愈是非本真，它的存在反而愈是"真实"，这是说，它当时更为忙碌，也似乎更为充实。此有感到它的存在非常充实和真实，而且，这正是日常生活的存在方式。"非本真存在"是指，在这样的存在中，此有不能理解那些属于它的存在本身的性格。"非本真"的德语是 uneigentlich，意指不是自己或不属于自己，英译是 not its own。它没有不真实或虚假的意义。反过来说，"本真的存在"是指，在这样的存在中，此有能理解属于它的存在本身的性格。因此，本真与非本真，都没有所谓真实与虚幻的意义，而只是指对自己的理解是正确或错误的。

在海德格尔，此有是被丢掷到沉沦中，这是说，沉沦不是此有后来才得到的，而是当此有是此有时，它已经在沉沦中了。沉沦限制它的存在。这是它无法逃避的事实性。正如在讨论"人人"时，海德格尔认为这是此有的存在性征，换言之，此有总是在"人人"的诱惑下，这是它无可逃避的事实性。抗拒它，不是要摆脱它，而是要理解它。一旦能理解它，此有就是回到自己的存有去，也抗拒了"人人"的支配。然而，无论如何，"人人"依然是此有的存在性征，它依然不断诱惑此有，而此有要无止境地抗拒它。同理，"人人"总是诱惑此有去闲聊、好奇，以及在歧义中猜测和追踪，它迫使此有沉沦，所以此有早已被丢掷到沉沦中。要避免沉沦，此有就必须理解它是沉沦的。而在它理解这点时，它便从沉沦中超拔，回到本真的存在去。[①]

（二）沉沦的历程

此有被丢掷到沉沦中。在它的日常生活里，表现出一个逐渐往下沉沦的历程：诱惑（versucherisch, tempting）、平和（beruhigend, tranquillizing）、加剧下坠（steigert, aggravating）、疏离（entfremdend, alienating），以及纠缠不清（verfängt, entangled）。我们只作简短说明。

1. 诱惑

在日常生活中，此有与别人共存，这时它所理解的，已经是被"人人"解释过的世界。"人人"提供了各种行为准则和价值标准，它们不是仅放在此有眼前，供它抉择。而是，它们吸引此有，诱惑它离开自己的存有，毫不反省地接纳它们，臣服于它们。只要此有一旦来到世界里，它已经在"人人"的诱惑中。

---

① 海德格尔虽是分析日常生活的存在，但他的重点不是指出人有这种存在方式，且它是非本真的。他更不是规劝我们要离开这种存在方式，返回本真存在去。海德格尔的重点是指出非本真存在无法得到本真理解，让我们远离自己、世界和别人的真理。闲聊、好奇、歧义和沉沦是人的开显方式，但却是非本真的。只有回到本真存在，才能得到本真的理解，这才是本真的开显性。

2. 平和

在与别人的闲聊、好奇和充满歧义里，此有以为它正如"人人"一样，早已理解一切存有者，也理解价值的高低和行为的准则。于是，无论在哪个处境，它都相当肯定自己的意见，充实地活着，因为这是"人人"所肯定的。它无所不知，也无所不通，所以它无须疑惑，一切都在它的掌握中。在它接受"人人"的诱惑时，它感到相当平和。它不再对自己的存有、世界和别人感到惊讶，更不会因为惊讶而引起疑惑。

3. 加剧下坠

此有虽感到平和，但不表示它是悠闲和松懈的，相反地，它在不自觉中完全接受"人人"的支配，在"人人"的催促下忙着追逐世界中之物。它愈是平和，则愈是忙碌；愈是忙碌，则愈是难以自反。它加速沉沦，但又更为平和了。于是，它更加远离自己的存有，加剧下坠到世界中之物去。

4. 疏离

当此有在平和中加剧下坠到世界中之物去时，它当然与自己的本真存在更为疏远了。但这不是说，此有与它真实的自己决裂，成为虚幻的自我。其实，无论此有如何沉沦，它依然是真实的此有——真实地在日常生活中的此有。本真存在与非本真存在一样，都是同样真实，只是前者误解一切，后者有正确的理解而已。它们与真实或不真实无关。同理，此有与自己疏远，仅表示它远离自己，无法理解自己的本真性格。所以，疏离是指此有的自我遮蔽。

5. 纠缠不清

疏远导致误解，但"人人"却对一切存有者提供各种解释，使此有以误解为理解。于是，在此有的开显性中，一切皆是纠缠不清，似是而实非，似非而实是。

沉沦的整个历程，海德格尔又称为"下沉"（Absturz, downward plunge）。但这不是说，此有从自己下沉到另一个领域去，也不是下沉到它从未接触过的存有者去，它是从自己下沉到自己去。这是说，此有是在世存有，它从自己的在世存有中的在存有（In-sein, Being-in），下沉到在世存有中的世界去。无论如何下沉，它依然是在世存有。然而，下沉却让它沉沦到无根的误解中。由于下沉搅乱了此有的理解，因此海德格尔认为，沉沦的过程是纷乱（Wirbel, turbulence）。

至此，海德格尔完成他对在世存有的初步分析，即在世存有的世界、它的"谁"和它的在存有三个部分。这个分析仅指出此有的存在性征而已，但海德格尔此书的初步目的原就不是要分析这些杂多的存在性征，而是要解释此有的存有。因此，他接着的工作是希望在此有的存在中，找到一个基本结构，足以统一所有的存在性征。这个基本结构就是此有的存有了。

第八章　此有的存有：关念（§39－42）

　　此有是在世存有，而在世存有是统一的现象，这是说，我们虽然可以分析它的部分，但各部分依然互相整合为一个整体。在分析它的部分时，我们指出此有具有杂多的存在性征，但既然它是整体，则在世存有必有一个统一它们的基本结构，而且，若这个结构统一整个在世存有，则它就是此有的存有了。但我们不能根据各存在性征，找出它们的共同点来统一它们，因为这仅是一个手前性的共相，而不是在此有的存在中，统一它们的存有学结构。再者，我们也不能自行建构一个结构来统一它们，因为我们的方法是现象学，而现象学是描述的，不是建构的。那么，我们必须找到一条适当的进路，让我们能在现象学方法下，看到这个统一的结构——此有的存有。

　　根据定义，此有总是理解存有的，因此它总是理解自己的存有，我们无须外求，只要在此有中，就可以理解它的存有了。再者，理解与际遇性是同等原初的，这是说，理解必定在感受中，而感受中亦有理解。所以，要理解此有的存有，我们只要找出此有的一种感受，而它又正是理解此有的存有的。首先，根据以前所说，在与"人人"共存的平和中，此有无法理解它本真的存有。而且，只有不臣服在"人人"的解释下，才能回到此有的本真存在，理解自己的存有。在海德格尔，当人能抗拒"人人"的解释，独自回到自己的存有时，当时的感受是怖栗（Angst, anxiety）。[①]在怖栗中，此有面对自己的存有。于是，只要我们分析怖栗，便可以说明呈现在此有中的存有。由此，海德格尔接着分析怖栗，最后发现，人的存有是关念（Sorge, care）。

一、怖栗的现象学分析（§40）

在日常生活中，此有在"人人"的统治下，沉迷于追逐世界中之物，遗忘了自己。在海德格尔，此有沉迷于世界中之物，不是单纯、完全地投入到世界去，因为此有的沉迷表示它正在逃避自己的存有。这是说，由于它的存有显示自己，才导致此有逃避它，接受"人人"的指导，沉迷于追逐世界中之物。所以，沉迷之所以可能，是由于此有逃避；逃避之所以可能，是由于此有早已面对一个在其后的追踪者——它就是此有的存有。无论在本真或非本真存在里，此有仍总是或多或少理解它的存有，只是前者坚持正视它和理解它，后者是面对它但逃避它，沉沦到世界中之物去，失去理解它的机会。但这不表示此有完全没有开显它，而

---

① 本书第六章曾说明惊慌（Furcht, fear）。由于惊慌让人惊惶失措，乱昏了头，无法得到理解，所以惊慌是非本真感受；相对而言，怖栗是面对此有的存有时的感受，它让人得以理解存有，因此它是本真感受。怖栗是人从熟悉的日常生活中，首次面对自己陌生的存有和陌生的世界。这时，他似乎面对空无，不知如何处理，但他又无可逃避。这种感受似乎略带恐怖，也有点令人不寒而栗，所以我把 Angst 译作怖栗。

是这仅是一种有缺失的开显性而已。

在实际存在和实际存有上 (existenziell-ontisch, existentiell-ontical)，此有逃避自己，但当时它没有因此完全遮蔽自己。它在逃避中，依然有对自己的开显性。因此，从存在的存有学 (existenzial-ontologisch, existential-ontological) 上看，它的逃避开显了自己的存有，因为它早已看到存有在后面追赶它。并且，在日常生活中，当此有正要逃避自己时，正是它的存有最为明亮的时刻。我们甚至可以说，当时存有的光辉夺目地显示自己，令此有产生怖栗，因而它要逃避。因此，我们只要分析此有正要逃避时那瞬间的怖栗，就可以看出它在当时所理解的存有。

（一）怖栗与惊慌

不止怖栗令此有逃避和退缩，惊慌其实也会令此有逃避和退缩。在后者，令此有逃避和退缩的，是一个在世界中，且又具侵犯性的存有者；但在前者，怖栗所逃避和退缩的，不是在世界中之物，而是此有自己。此有面对自己的那种感受，不是惊慌，而是怖栗。再者，正如我们刚才说的，此有是由于逃避自己的存有，才沉沦到在世界中之物去，而且，当它沉沦到世界中之物时，它才能发现事物具有侵犯性，由此产生惊慌。这亦即是说，只有当此有开显自己的存有而导致怖栗时，它才会逃避自己，沉沦到世界中；也因为这样，它才有惊慌的可能。所以在理论上，怖栗先于惊慌。就开显的功能而言，怖栗开显此有的存有，故它有本真的开显性，而惊慌却沉迷在世界中之物,遮蔽自己的存有,故它是非本真的开显性；同理，就此有的感受而言，怖栗是本真感受，惊慌是非本真感受。

（二）怖栗所面对者

在日常生活中，此有在"人人"的统治下，它感到平和。若能从平和中惊醒而怖栗，则当时的此有一定已经不在"人人"的统治下；换言之，"人人"的指导或解释已经完全退隐，不再具有丝毫的支配力。因此，在怖栗中，此有面对的世界似乎突然失去它以前熟悉的意义。但这不是说，此有当时无法理解世界的意义，或无法理解到底是哪个存有者引起怖栗；而是说，它所面对的，是已经完全失去意义的世界，这亦指出，怖栗跟世界中的存有者完全无关。在怖栗中，以前熟悉的世界突然消失，一个完全陌生的世界降临。它的完全陌生，让此有不寒而栗。

由于怖栗中的世界完全失去意义，它似乎"不在任何地方"（nirgends, nowhere），这是说，怖栗无法认识它的世界，也找不到它的世界之所在。的确，这时的世界是空洞的，但它不是绝对的空无，也不能因此否定世界的存在，因为它非常"真实"地在那里，它是如此迫近，以致压抑此有、使它窒息。于是，怖栗所面对者（das Wovor der Angst, that in the face of which one has anxiety），是一个"不在任何地方"和空洞的世界，海德格尔称为"世界一般"（die Welt als solche, the world as such）。这一方面表示，怖栗与世界中之物无关；另一方面，这是尚未具有实际意义的世界，换言之，此有的世界性（给出意义性）尚未给出意义。但此有当时理解，它必须在它的存在中给出意义，这是无法逃避的，也是自己必须承担的重责。这时，压迫此有的，就是由这个空洞的世界生起的种种可能的意义——一切尚未确定，但又必须由自己去确定。因此，此有为之怖栗。这个尚未生起意义，但又正要生起意义的世界，就是"世界一般"或"世界自己"(die Welt selbst, the world itself)。

　　一旦此有从怖栗中逃避回到它的日常生活，它会再次恢复平和，回到以前熟悉的世界去，使用"人人"所理解的用具，遵循"人人"的法则。这时它会说，刚才的东西是空洞的和虚无的，也因此将之忽略了。然而，虽然怖栗面对的东西的确不是用具，也不是个别的存有者，但这不表示它是一片绝对的虚无，因为它是世界——一个比用具更为原初的世界。怖栗开显出此有面对一个原初的世界，它不是独立外在的，它迫近和压抑此有，是与此有密切相关的、互相统一的世界。怖栗开显了此有是在世存有，而我们也可以说，它所面对的，是它的在世存有——一个要继续往前到达原初的陌生世界的存有。

（三）怖栗所怖栗者

　　具有意义的世界其实不会让此有感到怖栗。海德格尔认为，此有所怖栗的，是自己的可能性。较简单地说，此有面对一个完全陌生的世界，不知自己要何去何从，所以它怖栗了。

　　在日常生活中，"人人"给此有提供各种行为准则，也解释了此有的世界或处境，所以它可以轻而易举地抉择它的可能性。在怖栗中，"人人"退出了。世界是陌生的，而别人也消失，此有毫无依靠。它无法把自己的存在交付给别人，必须承担自己的可能性。这样，它开显出它的存有是自己的可能性。它要在陌生的世界中，由自己承担自己的可能性，继续往前到达世界去，因此它怖栗了。所以，此有所怖栗的，是当时自己的可能性。然而，此有也理解，它的可能性是在世存有的可能性，因此我们也可以说，此有所怖栗的，是自己的在世存有——一个在自己的可能性中，继续往前到达世界去的存有。

在怖栗中，"人人"退出，只剩下此有自己，所以，海德格尔认为，怖栗让此有得以个人化（vereinzelt, individualized）。此有被个人化，不表示它在事实上是完全脱离人群的独我，也不表示它完全没有开显别人的存在，这仅表示此有不再接纳"人人"的支配，回到自己的可能性去，并因此理解自己本真的存有。作为个人，此有理解它的存有是自己的，它是在世界中的存有，也是可以抉择成为自己，或放弃成为自己的存有。此有的被个人化，让它首次得到一条适当的进路，本真理解自己的存有。

总结本小节与上小节，怖栗所面对者是此有的在世存有（但强调它的世界），怖栗所怖栗者（Angst um, anxiety about）也是此有的在世存有（但强调它的"在存有"，亦即自己的可能性）。因此海德格尔认为，两者皆表示，怖栗开显了此有的在世存有。并且，怖栗本身是此有的存在方式，亦即此有的在世存有的一种可能性。开显者是在世存有，被开显者也是在世存有，两者是相同的。然而，它开显了此有的原初的世界，和原初的此有——被丢掷到它个人的，属于自己的可能性存有里。由此，此有得以理解自己原初的，亦即本真的存有。

（四）此有的无家感

海德格尔指出，在日常语言中，我们常以德语的 unheimlich

来形容怖栗时的感受。Unheimlich 一般是指毛骨悚然的、阴森可怕的感觉，但它的字根由否定意义的字首 un 和 heimlich（在家里的）两部分构成，合而成为"不在家里的感受"。英文译作 uncanny，它在意义上虽与 unheimlich 类似，但却失去字根的意义。海德格尔认为，怖栗的 unheimlich，正好就是"不在家里的感受"。在日常生活里，此有在熟悉的世界中，它晓得各种行为准则，明白价值的标准。它无须忧虑和不安，似乎在自己的家中，受到"人人"的妥善照料。然而，怖栗使此有个人化，而个人化就是"人人"的退缩和此有自己的凸显。它似乎失去熟悉的家，感到毛骨悚然、阴森可怕。这时，此有往往会逃避，但它所要逃避的，不是任何的存有者，而是怖栗中的陌生世界和自己。再者，它是逃避到世界中的存有者去，这是说，它重回"人人"的指导，享受家里的温暖，再次恢复平和的感受。不过，无论此有如何逃避和安于家里，怖栗的那种无家的感受，却永远穷追着它，让它不能摆脱自己本真的存有。于是，从存有学的次序而言，无家的感受优先于在家里的感受，因为由于前者，此有才会逃避到由"人人"提供的家里。

二、此有的存有及其相关含意（§41）

怖栗抗拒"人人"的解释，让此有成为个人，回到自己本真的存有去，因此，它本真理解自己。这时，(1) 它明白怖栗是它的在世存有的一种存在方式。这是说，此有不是手前性的存有，它的本性是存在。再者，(2) 怖栗所面对的，是此有的在世存有中的世界，并且，这是被丢掷来的世界，因为当此有来到这里时，就已经发现它和在它之中了。最后，（3）怖栗所怖栗者，是此有的在世存有的可能性，因为它当时不知何去何从，并且，此有明白它必须继续往前到达世界中的存有者去。所以，上述的（1）表示此有的存在性（Existenzialität, existentiality），（2）是此有的事实性（Faktizität, facticity），而（3）则是此有的沉沦性（Verfallensein, Being-fallen）（SZ254, BT235）。当海德格尔说此有的沉沦性时，他不是说此有实际上一定是沉沦的，他只是说此有的存有学结构具有沉沦的性格。有此性格不表示此有无法不实际沉沦，因为只要此有在存在时，清楚理解自己具有沉沦的性格，则它当时就不再沉沦，而是在本真存在中。海德格尔根据以上三点分析此有的存有。

（一）存在性

怖栗开显了此有的本性是存在，并且，在它的存在中，它的存有总是关心自己的存有——它总是关心自己要成为自己或放弃成为自己。此有可能正视由怖栗开显出来的自己，也可能立即逃避到"人人"的指导去。但无论此有如何决定，它总是要继续往前存在的。于是，我们可以说，此有的存有具有一个结构："到了自己之前"（ihm selbst...vorweg, ahead of itself）。这个结构的意思不是说，此有已经往前到达世界中之存有者，而是说，此有总是在其存在中超出自己，且在这个超出中开显自己是存在的，也因此关心自己的存有。这个结构，海德格尔称为"到了自己之前的存有"（Sich-vorweg-sein, Being-ahead-of-itself）。

（二）事实性

当此有到了自己之前，开显自己是存在的，和关心自己的存有时，它同时开显出它已经在一个世界中。正如分析怖栗时，怖栗所面对的，就是世界——丢掷给此有的世界，这是此有的事实性；到了自己之前的存有也同时是早已在世界中的存有，两者是一个整体。换言之，此有的存在性是被事实性限制的。在海德格尔，人永不是飘浮在空中的主体，不是毫无限制的理性，也没有绝对的、任意的自由，他的存有是有限的。这是说，人总是被事实性限制。

当海德格尔说，此有是早已在世界中的存有时，他不是指此有一定已经在特定的周遭世界中，更不是说它在手前性的对象世界里，而是说，此有的存有总是开显世界。它有世界性的结构，借着世界性的给出意义性，可以在它的存在中，为世界和世界中之物给出意义、开放它和理解它。

（三）沉沦性

此有的存在性与事实性表示它是在世界中，往前到了自己之前，关心自己的存有，这时，此有开显出它可能成为自己，也可能放弃成为自己，这亦即是说，它已是在"人人"的诱惑中，迫使它沉沦到世界中之物去。即使在它面对自己的存有而感到怖栗时，"人人"的诱惑早已潜存于它的存有中，"人人"所解释的世界正在向它招手，而它亦隐约遭逢到世界中之存有者了。从这点看，此有的存有早已沉沦到世界中之物去。所以，当此有的存在性被事实性限制的时，也同时开显出它的沉沦性。它们不是各自独立，而是互相统一，构成此有的存有之基本结构，使之成为整合性的整体。

此有的存有由存在性、事实性和沉沦性三者整合结构而成，海德格尔用一个冗长而难以理解的词汇来描述它。他说："此有的存有意指，到了自己之前的存有——早已在（世界中），且作为靠存有（Sein-bei, Being-alongside）（它遭逢世界中的存有者）。"（SZ256, BT237）①这个词汇基本上仅是重述此有的存在性、事实性和沉沦性而已。我们先要明白，此有的存有中的"存有"一词，不是指在此有中的手前性性质或东西，而是指此有"延续下去"的方式，所以探索此有的存有，就是探索：当此有延续下去时，它最基本或最原初的方式是如何的。海德格尔现在的答案是：此有不是摆在手前的东西，它总是往前存在的。在它往前时，它开显自己的存有（到了自己之前的存有），因此，它理解它的存有已经在世界中（早已在[世界中]）。同时，在此有的"延续下去"中，它到达世界中的存有者（靠存有）。这个复杂而统一的结构，海德格尔称为"关念"（Sorge, care）。

海德格尔的 Sorge，英译的 care，和中译的"关念"，都不能以一般的意义去理解，它们仅是指上述中此有的存有之复杂而统一的结构而已。它用以描述此有的存有学结构，完全不涉及忧虑、在意、担心、怀念、关注等心理学意义。当然，人基于这个存有学结构，可以产生忧虑、在意、担心、怀念、关注等心理学现象，但它们仅是奠基于关念而引申出来的。海德格尔用 Sorge 这个

---

① 关于"靠存有"概念，参考§12 的分析。

字，是为了指出，此有能关切（Besorgen, concern）世界中之物和关怀（Fürsorge, solicitude）别人，是基于此有的存有是关念。在德文，Besorgen、Fürsorge 和 Sorge 都属于同一字根，但英译的 concern、solicitude 和 care 无法表示它们在字根上的相关性。本书的中译为了保持它们的字根，才译作关切、关怀和关念，这是不得已的翻译。在理解它们时，必须根据海德格尔哲学的脉络，若采取其一般性的意义，必导致误解。

由于关念，所以人能够关切世界和关怀别人，但人对自己，是否也可以由关念引出另一种存在方式呢？正如本书常说的，此有总是关心自己的存有，这种对自己的关心（Selbst-sorge, care for oneself），是否也是基于关念而来呢？海德格尔认为这是不必要的，因为关念已经蕴涵了此有对自己的存在方式。关念中已经有"到了自己之前的存有"的结构，亦即此有的存在性。根据存在性的定义，此有的存在总是关心自己的存有的，所以无须另立一种此有对自己的存在方式。

（四）关念的相关意涵

首先，说此有的存有是关念，并没有强调此有存在时，实践优先于理论。我们常会认为，人的存有是关念，则表示他总是关心和挂念各种事情，那么，人的基本存在方式就是以实际行为去解决这些事情了。但在海德格尔，人的存在方式不能截然区分为实践与理论，因为即使在日常生活使用用具的实践中，环视也让我们得到理解。另一方面，即使抽象的思考也是人的存有的存在方式，但各种存在方式都是实践的。把人的活动区分为实践与理论，是出于对人的存有的误解。

关念也不是指人心中的活动，因为人的存有不是心灵。再者，我们通常认为，人具有不同的活动，如意欲（Wollen, willing）、期望（Wünschen, wishing）、渴望（Nachhängen, hankering）和沉溺（Hang, addiction）等。

但若人的存有是关念，而关念又是指存在性、事实性和沉沦性三个结构，则人如何才会有以上的各种活动呢？海德格尔于是根据关念来说明它们。

人的存有是关念，较简单地说，这是指人总是理解它的世界（事实性），往前（存在性）到达世界中之物去（沉沦性），所以，此有自始即与世界中之物相关。若人总是理解世界，而又在他的往前中理解自己的存有，则他已理解世界性是他的存在性征。他根据世界性的结构，就可以理解世界是为了满足他的，所以他可以意欲世界中的一物。于是，只有当人的存有是关念时，他才能有意欲。海德格尔认为，意欲之所以可能，必须有以下三个条件：首先，人在他的存在性中理解自己的存有，亦即他理解世界性，由此明白世界中之物是为了满足他的（这是人的存在性）。其次，他要理解他已在世界中（这是人的事实性）。最后，他的存有必须能到达世界中之物去（这是人的沉沦性）。若人不能遭逢世界中的存有者，则他不能意欲任何东西。以上三个条件，其实就是关念的三个结构。

然而，当人意欲一物时，他往往根据"人人"的指导。因此在意欲中，他专注在事物上，逃避自己的存有。他变得平和，被"人人"支配，开始追逐世界中之物，这就成为"期望"。当人期望一物而继续往前到达世界中之物时，他虽然是往前存在的，但在他的存在性中,他只看到世界中之物,却忽略了自己的存有。他变得与自己更为疏离,因而成为"渴望"。渴望把人的存有更为遮蔽,而只看到实际的世界。这时,渴望驱使人全力追逐,完全投入和分散在事物中,他于是难以自拔而成为"沉溺"。沉溺压迫人,要他更为活跃和忙碌。他的生活似乎非常充实,但这种充实的感受更让他满足于当前的存在。他不惜任何代价,都要坚持自己的工作。于是,即使他的沉溺奠基在他的关念上,但他却不再"关念"自己的存有了。

以上的说明指出,关念是人的存有之原初结构或基本结构,奠基于它,人的其他存在方式,和由此开显出来的各个不同的世界,才得以引申出来。那么,我们也可以由此引证,海德格尔自称对此有的分析,是要建立基础存有学,因为关念就是引申一切可能的存有者之基础。

接着在下一节§42,海德格尔说了一个古希腊的神话,借以支持他的主张——人的存有是关念。他引用神话,是由于神话是人在原初状况下,对世界和人的一个反省,它较能显出人的原初性格。这节相当有趣,但却没有说出新的概念,所以我不作分析。

第九章 对传统哲学的实有概念和真理概念之批判 (§43－44)

一、对传统哲学实有概念的批判 (§43)

海德格尔指出，传统哲学认为存有的意义是实有 (Realität, reality)。他的意思是说，传统哲学在讨论一切存有者时，无论是自觉或不自觉地，都默认它们的基本意义是实有。所谓实有是指，它们是手前性实体。所以，即使在讨论人的时候，传统哲学仍是要探讨人是一个怎样的实体。古希腊的柏拉图认为人的基本意义是灵魂，原子论者认为人是原子的组合，现代哲学认为人是心灵,德国唯心论认为人是理性或精神,唯物论认为人是物质。一旦将人视作实体时，则其他的存有者当然也从这个观点理解了。所以，这些主张皆默认：存有一般 (Sein überhaupt, Being in general) 的意义是实有。但根据海德格尔，人与其他存有者，其存有的意义都不是实有，因为人的本性是存在，他是可能性存有，而其他存有者是在世界中的存有者。再者，世界也不是手前性实有，而是由在世存有根据世界性开显出来的、与它统一的世界。所以在海德格尔，传统哲学奠基在错误的预设上。

当存有的意义是实有，而实有又蕴涵手前性、独立和"在其自身"的意义，世界便是独立于人以外的领域。这样，传统哲学就要讨论独立的世界是否存在的问题。然而，海德格尔认为，这些讨论是不必要的，因为它们尚未理解实有概念的存有学意义，只要一旦理解它，这个问题根本不存在。换言之，这是假问题。

首先，若存有的意义是实有，而实有意指独立的和"在其自身的"，则理解实有的方式就是认识（Erkennen, knowing），但在海德格尔，认识仅是在世存有的一种存在方式，而且是引出模式（fundiertes Modus, founded mode）（参考§13）。这是说，认识不是如传统哲学所说，是从主体跳到另一个独立的客体去；而是说，认识是一个早已在世界中的此有，以一种引出模式去遭逢它的世界中之存有者而已，这其中没有主体与客体之别，更没有从主体到客体的跳跃。即使在认识中，也不是指此有把握了独立的客体，而仅是把握了一个与认识者早已统一的世界中的存有者而已。因此，若我们以为实有概念蕴涵了独立性和"在其自身"的性格，那就误解了实有的存有学意义。实有是源于在世存有的一种引出的存在模式。

再者，由于实有意涵了独立性和"在其自身"的性格，则世界属于外在的领域。但通常我们认为，最自明的是人自己本身的存在，[①]而既然世界是外在的，也不是自明的，则传统哲学便希

---

① 这是由笛卡儿哲学第一个无可置疑的命题"我思故我在"（*Cogito, ergo sum*）而来的。笛卡儿认为，"我"的存在是无可置疑的。而"我"是指"我思"，它是心灵实体。因此，心灵的存在是无可置疑的。相反地，外在世界的存在仍是可疑的，因为它可能是梦境中的世界。"我"的存在比外物的存在更为自明。

望能证明世界的存在。但海德格尔认为，这是"哲学的耻辱"，这不是由于哲学至今尚未能提出合理的论证，而是由于哲学一次又一次尝试和企图提出这样的论证。传统哲学要这样做，是由于它尚未真正理解世界的存有学意义。

在海德格尔，人是在世存有，这是说，他与世界是一个整体，而且他已或多或少理解这点，这是他的事实性，因为人是被丢掷在世界里的。既然他早已在世界中，且又或多或少理解世界，则根本无须证明世界的存在。只有由于人逃避他的在世存有，沉沦到世界中之物，才会误解事物为实有，由此才会要求证明世界的存在。但是，在他要求证明世界存在前，他已经在世界中，且又理解他的世界了。较简单地说，世界根本上是人的"一部分"，但人往往遗忘他拥有这个部分，而误以为世界是外在的，所以才有证明世界存在的问题。但这个问题建立在错误的默认上，故是不能成立的。它是假问题。

于是，无论传统哲学对这个问题提出何种答案，全都是错误的。无论我们正确地或错误地信仰外在世界的实有性，完备地或不完备地证明它的实有性，清楚地或模糊地默认它，种种方式皆表示我们没有清楚理解世界的存有学意义，而又同时以为自己是没有世界的主体，才会采取以上的态度去面对世界存在的问题。然而，在采取这些态度之前，世界其实已经呈现在我们的在世存有中了。

我们要明白，海德格尔不是说世界是不证自明的，或它的存在是不能讨论的。他主要的论点是，在要求证明世界存在之前，世界早已呈现在我们的在世存有中，它的呈现表示它是存在的。这样，根本没有要求证明世界存在的问题，也即没有所谓的不证自明了。反过来说，若世界不呈现，则无法提出有关世界存在的问题；但若世界呈现了，则它已经存在，而我们又在它已经存在后，要求证明它的存在，这是徒劳的、多此一举的。总之，世界先于我们的证明而存在，任何证明都是白费的。

但是，对于以上的论点，我们仍可以提出质疑：世界虽然呈现，但呈现的东西却不一定是存在的，这正如飞马也是呈现的，但它不存在。所以，我们不能仅根据世界的呈现，就认为它是存在的。我们必须证明世界的存在。

我想，海德格尔的回答会是：从世界的呈现，到确定世界的存在，不是由证明而得，而要由我们作进一步的解释。这是解释的工作，不是证明的工作。我们难以否认，世界早已呈现在我们的存有中，否则我们不会使用用具，也不会以其他方式通达到世界中之物去。再者，当我们基于世界的呈现往前使用用具时，其实那时早已默认世界是存在的，否则我们不会往前去使用世界中之物。所以，世界的呈现已默认了它的存在。但是，如何才能确定这个默认是真的？那就是我们立即往前拿起在世界中之物、使用它。若能拿到它，那就解释了世界的存在；若还可以继续使用它，则就更清楚地解释了世界的存在了。我们也可由其他的方式去遭逢存有者，若我们都能因此关切它们，那也是解释了世界的存在。其实，无论我们一举手、一投足，在任何存在方式上，都是在解释世界的存在。所以，确定世界的存在，是在世界的呈现时，先设计它是存在的，然后再根据设计而投出，让世界更清楚地被理解，亦即，它的存在被解释了。

可是，若默认飞马是存在的，我们在这个设计下投出时，却无法摸到它或骑到它等等，那我们也无法进一步解释它了，这时就会发现，原先的设计是错误的，必须加以修正。

再者，若我们不是解释世界的存在，而是要证明它，则我们无法仅基于世界的呈现，推论出世界的存在，因为在证明之前，我们不能先默认世界是存在的，否则便犯了循环论证的谬误。可是在有效的论证中，结论的内涵不能超出前提。因此，前提若不蕴涵世界的存在，则无论如何推演，都不能推论出世界的存在。由此可知，以推论的方式证明世界的存在是不可能的。不过，海德格尔的解释是在诠释学循环中进行的（参考§32）。前提是我们早已看到的默认（参考§2，循环论证一节），它蕴涵结论。并且，只要解释能顺利进行，则结论会更清楚呈现出来，它因此反过来证明前提。基本上，哲学是在自圆其说的方式下进行。

最后，海德格尔说明实有与人的存有的关系。根据我们所说，实有是基于人的存在的一种引出模式，这是说，当人停止使用世界中之物，而改以手前存有的观点去遭逢它们时，它们就成为实有——独立的、"在其自身"的存有者。那么，实有是基于人的存有——关念，因为由于关念，人才能关切他的世界，也才能从及手性存有改以手前存有的观点去遭逢它。然而，若实有是基于人的存有，这似乎蕴涵了：当所有人消失时，实有便随之消失。对于这个结论，我们通常难以接受，因为我们明白，在没有人类之前，世界已经存在。并且，我们也相信，即使人类全部消失，世界依然存在。

海德格尔也不承认，人的消失会使世界消失。实有的确是基于人的存有，但这仅是说，由于人的存有在关念中理解存有，因此他才能理解实有的概念，基于这个概念往前而到达世界中之物时，它们被理解为实有，也因此理解它们是独立的、"在其自身"的。但当人消失时，则没有理解活动，也就没有所谓的被理解和不被理解了。这样，我们不能说有东西或没有东西。一切归于绝对的静寂，只有漆黑一片，无法作出断言。因此，这不是人的消失导致世界的消失，而是由于没有理解活动，则没有东西可说。这时，没有东西被发现，也没有东西在隐蔽中。然而，一旦人出现了，由于他能理解，所以他可以理解人类以前的事情，也可以理解尚未出现的将来。这些东西都成为"存有"，而且还可以继续保持"存有"。

二、对传统哲学真理概念的批判（§44）

海德格尔在这节的工作相当繁重，而且对他的整个哲学发展而言，是相当重要的。我们或许可以说，由于他修正前期的真理概念，才发展出他的后期哲学。在这里，他首先说明传统哲学的真理概念，指出它的困难，和厘清它的存有学基础。然后说明他所主张的真理概念，及它与此有的关系。

（一）传统哲学的真理概念

传统哲学基本上认为，真理的意义是符合（übereinstimmung，agreement）。①这个主张，其实有多种不同说法，但大体上都是相同的意义。亚里士多德认为这是判断符合对象，托马斯（Thomas

---

① 传统哲学尚有多种真理概念，如融贯论（coherence theory）和实效论（pragmatism）的真理概念。但海德格尔只讨论符应论（theory of correspondence），故本书以符应论代表传统哲学的真理观。

Aquinas）却说是理智与事实的符合，康德认为它是知识与对象的符合，甚至是罗素（Bertrand Russell）的信念与事实的符合，皆是指知识与事物的符合关系。既然符合是一种关系——它与知识与事物相关连，海德格尔于是追问：在这个关系整体中，还要默认什么？他是指，在什么条件下，才能称它们两者符合呢？也是说，在什么存有学基础上，它们才能符合？要解答这个问题，海德格尔首先分析符合的意义。

符合是一种关系，但关系不一定是符合。例如一个符号指示一个东西，指示是一种关系，但这种关系不是符合。又如我们通常认为，"6"与"16－10"互相符合，但在字面上，"6"不是"16－10"。它们之所以符合，是在某个观点下说的。这是说，根据数量的观点，它们相等，故而互相符合。因此，两个项目互相符合，就必须根据一个观点。然而，在知识与事物的关系里，到底应该根据哪个观点去说它们互相符合呢？我们当然不能说它们在数量上相等，但假若不是数量的相等造成它们的互相符合，那又是什么呢？海德格尔认为，所谓真的知识，是指它能"正好"给出事物本身。这个"正好"（So-Wie, just as）就是它们的符合关系。那么，在什么存有学基础上，才能得到这个"正好"呢？

传统知识论总认为知识在主体的心灵或意识中，而知识的对象是外在的真实事物。并且，由于知识在心灵中，故它是理念的（ideal）。但在这个情况下，一个理念的知识如何才能"正好"给出真实的事物呢？如果我们依然在传统知识论的限制下，以为无论知识或事物，都是手前性存有，就更难说明它们的关系了，因为一个手前性的知识，无论如何都难以"正好"给出另一个手前性的事物。然而，如果我们认为知识是可能的，则又必须承认这个"正好"的关系。这个关系到底是如何呢？海德格尔认为，我们由现象学来分析这个现象，就可以理解知识如何"正好"给出事物了。这亦即是在追问：当我们有知识时，在什么条件下，它才"正好"给出事物，让它成为真理？换言之，我们要分析真理的现象是如何的。

（二）真理的现象学分析

现在，海德格尔的工作是分析当我们得到真理时，到底是根据什么，才说它是真的。让我们以一个实例来作说明。假若一个人背着墙壁说："墙壁上的画挂歪了。"那么，在什么条件下，他会发现这句话是真的，亦即它"正好"给出"墙壁上的画挂歪了"这个事实呢？海德格尔认为这非常简单，即是当他转过头来看到这个事实时。此时，他证实他的话为真。可是，他是如何证实的？他是否先看到他的知识，然后发现它"正好"符合事实呢？海德格尔的答案是：对错皆可，因为这决定在所谓的"他的知识"是指什么。假若"他的知识"是指他心中的一个表象（Vorstellung, representation），亦即那幅画在他心中的另一个代表，那答案就是错。因为在他转头看那幅画和证实他的知识为真时，他不是发现他心中有一个表象，然后把它关连到那幅真实的画去，再观察它们是否符合。这是说，假若"他的知识"不是指那幅真实的画，而是指它的代表，则无论这个代表是什么，答案依然是错。但假若"他的知识"是指那幅画，亦即当他说那句话时，他当时的开显性是往着那幅画，而不是画的代表，则当他转头看到那幅画挂歪了，那时的知识当然是"正好"符合事实了。因为既然"他的知识"是指那幅画，他转头又看到相同的一幅画，那两者当然"正好"符合。所以，答案是对。

对于以上的解说，我们往往难以明白，因为传统哲学告诉我们，知识是在心灵中，它是内在的，而事实是外在的，故而当有知识时，不表示我们当时往着事实，而仅是把握内心的表象。[①]但海德格尔反对这个主张，因为他认为人是在世存有，他总是往前到达世界中之物去，他不是往前到达内心的表象去。人没有心灵，也没有内在，它是"从内而外"的，而它的"外"是指世界中之物。所以，人所遭逢的，不是内心，而是世界中的存有者。即使人尚未直接看到事物，但若他理解它，它依然是"外在的"事物，而不是心中的意念或事物的代表。[②]换言之，在他的理解中，他是往着世界中之物的。

即使人在想象一匹飞马，他不是往着他内心中的飞马，而是往着在想像世界中的那匹飞马，是那匹人人都可以想象的飞马。同理，假若人没有直接看到后面的墙壁，但若他知道"后面墙壁上的画挂歪了"，他当时所知道的，是那幅在墙壁上的画，而不是内心中的表象。所以，他当时是往着那幅真正的画。于是，在

---

① 这个主张通常称为"表象主义"（representationalism），它受到当代西方哲学的大力抨击。假若人认识的都是心灵的表象，且只能通过表象理解外在事物，则人永远无法确定表象与事物有符合的关系，也无法得到事物的知识，因为人无法直接理解事物，又怎能确定表象与事实符合呢？

② 即使当我说："两千多年前的孔子是万世师表。"当时我的存有是往着两千多年前的孔子，不是往着我心中的表象。更简单地说，当时我指的是那个在两千多年前的孔子，不是指我心中的孔子表象。我是往着孔子，不是往着他的表象。

证实前，人往着一个事实；在证实时，他往着相同的事实，且它清楚呈现出来，则它们"正好"符合。反过来说，若知识是理念性的表象，而事实是物理性的对象，则两者是不同的东西，就没有符合的可能了。

于是，海德格尔可以说，当人转头看到墙壁上的画时，他证实了他的知识："墙壁上的画挂歪了"，就在他转头看时，他没有看到别的，而是他所知的那个相同的事实。证实真理不是建立在内在知识与外在对象的符合，而是建立在相同的事物上，这是说，证实前的事物"正好"就是证实时的那个事物。我们可以从两方面来看当时的现象。从存有者方面而言，这是存有者显示自己为这样的存有者；从人这方面而言，这是他发现存有者就是这样的存有者。在这个现象里，我们得到真理。从海德格尔现象学的定义而言，这是那显示自己者正如它显示自己般被看见。

根据以上所述，我们可以进一步说，一个断言（Aussage, assertion）之所以被证实为真，是由于存有者正好是它所指的那样呈现自己；并且，由于人发现它，因此这个断言是真的。于是，从存有学的次序而言，一个断言的真，奠基在人的发现上。较简单地说，人发现它，则它为真的；人发现不到它，则不能说它是真的。用海德格尔的话说："断言的真要被理解为发现存有（ent-deckend-sein, Being-uncovering）。"（SZ218, BT261）这里的"发现存有"中的"存有"是指此有的存有。整句话是指，断言所以是真的，是由于此有发现它。真理的符合概念不能成立，因为当肯定一断言为真时，我们从没有肯定一个断言与它所指的事物是在符合的关系上，其实，我们仅是发现断言中的事物而已。再进一步地说，此有之所以能发现它，是由于此有是在世存有。这是说，由于它与世界是统一的，所以它才能发现世界中之物。因此断言的真，奠基在此有上。换言之，此有是断言的真理之存有学基础。

（三）此有与真理的关系

1. 真理的原初意义

由于此有的存有能发现存有者，才能证实断言是真的。再者，由于此有是在世存有，才能发现存有者。从存有学层次而言，断言和存有者的真，奠基在此有的在世存有上。那么，"真理"的原初意义是指此有。这是说，此有的在世存有能发现断言和存有者，让它们成为真的。此有是发现者，它让那些被发现者成为真的，所以它是原初的"真理"。其次，"真理"的第二层次意义是指断言和存有者，因为它们是被发现者。再者，它们的真不是奠基在符合，而是奠基在被发现——被发现者发现出来。

海德格尔在这里说的真理，不是知识论中的真理，因为后者往往是指命题的或逻辑的真理，这种真理通常意指确定的或不会错误的知识；海德格尔所说的真理是指存有学的真理，这是说，它是命题或逻辑的真理之所以可能的存有学基础。当海德格尔说此有是原初的真理时，他不是指此有是最确定的、最不可能错误的知识（如笛卡儿说的"我思"是确定无误的知识那样），而断言和存有者的知识没有那么确定和较易错误。他要指出此有是其他真理的存有学基础，这即是说，奠基于此有的在世存有是一个发现存有，知识论的真理才成为可能，因为它们都是被发现者。

海德格尔在§7讨论"现象学"一词中"学"的意义时，曾提到真理概念。当时他反对真理的意义是符合，而根据古希腊哲学的主张，认为真理的意义是解蔽性（*aletheia*）。现在，我们可以明白，当此有在"学"事物时，学它就是解蔽它（解除它的隐蔽，让它开放出来），解蔽它就能获得它的真理。于是，解蔽让事物的真理成为可能，所以解蔽性是真理的原初意义。可是，根据《存有与时间》，只有此有才能解蔽事物，因为只有它的存有才拥有开显性。更严格地说，不是它的存有拥有开显性，而是它的存有就是开显性，这是说，它的存有就是各种视线（Sicht, sight）——理解周遭世界时的视线是"环视"（Umsicht, circumspection），理解别人时的视线是"体贴"（Rücksicht, considerateness）和宽容（Nachsicht, forbearance），而理解自己时的视线则是"透视"（Durchsichtigkeit, transparency）（参考§31）。于是，此有本身就是解蔽性，也是原初的真理。

2. 此有是在真理中，也是在反真理（Unwahrheit, untruth）里

我们也可以从关念概念来说明此有与真理的关系。关念是此有的存有，关念是指："到了自己之前的存有（Sich-vorweg-sein, Being-ahead-of-itself）——早已在（世界中）（schon-in-[der-Welt], already-in-[the-world]），且作为靠存有（Sein-bei, Being-alongside）（它遭逢世界中的存有者）"的三个部分。在以前的说明中，"到了自己之前的存有"是指此有的存在性，这是说，此有不是摆在手前的东西，它总是往前超出自己，且在这个超出中，它理解自己的存有，这亦即是说，关念的第一部分就是它对自己的开显。第二个部分是说，此有早已拥有世界，这亦即它早已理解世界，所以，这是指此有对世界的开显，最后的部分是指此有的沉沦性，这是说，它遭逢世界中的存有者，但遭逢它们就是开显或发现它

们，因此，这三个部分都指出此有本身就是开显性。那么，由于此有的存有是开显性，而开显性让它发现各存有者，因此它是真理的原初意义，故海德格尔说："此有是在真理中。"（SZ221，BT263）这句话不是指，此有在实际存在中，已经得到所有或一部分的真理。它是关于此有的存有的，这是说，此有的存有是原初的真理——开显性。

可是，此有的开显性却是有限的，这是说，由于关念具有沉沦性，此有总是沉沦到世界中的存有者去，因此遮蔽或遗忘自己的存有，也误解其他的存有者。于是，此有的开显性一方面由于关念的存在性，它开显自己本真的存有，以致也能本真地开显其他存有者；可是在另一方面，由于关念具有沉沦性，故它的开显性在遭逢世界中之物时，会遮蔽或遗忘自己的存有。这样，它仿佛从自己掉落到（verfallen, falling）世界中之物去，让它的开显性无法本真开显各存有者。从关念的沉沦性而言，它的开显性同时具有遮蔽性，而遮蔽性违反真理的原初意义——解蔽性，因此海德格尔说："此有是在反真理（Unwahrheit, untruth）里。"这句话不是说，此有实际开显出来的，全部都不是真的。这是从存有学的结构立论。这是说，此有的存有虽然是自我开显的，但同时也是自我遮蔽的。从此有的自我开显而言，它是真理；从它的自我遮蔽而言，它是反真理。

"此有是在真理中"和"此有是在反真理里"是同等原初的。这是说，它们不在先后次序上，而是同时并存于相同的位阶上。较简单地说，人的本性具有使他得到理解的结构，也具有使他获致误解的结构。他的存在性使他理解，但他的沉沦性使他误解。两者并存于人的存有中，同为关念的两个构成部分。

人自始被丢掷在"人人"的世界中，因此他早已误解了自己和其他存有者。他必须抗拒"人人"的解释，才能有发现，得到真理。人必须掀开存有者的隐蔽，才能解蔽它。解蔽存有者的真理，正如抢夺。这是说，把它从"人人"的保护中，抢夺过来。然后，还要不断地抗拒"人人"对它的主权，抢夺过来，希望完全将它据为己有。海德格尔指出，这就是希腊语的真理（*aletheia*）一词有否定意义的字首 a（类似英文字首的 un, dis 或 anti）的理由。

3. 真理的原初意义与真理的符合意义的关系

传统哲学认为真理的意义是符合，但海德格尔认为真理的意义是解蔽性。若海德格尔要证实他的主张，他必须指出，解蔽性是真理的原初意义，而符合概念奠基于解蔽性上，换言之，真理的符合概念引申自真理的解蔽性概念，前者是后者的引出模式。那么，海德格尔接着要说明，如何从解蔽性概念引出符合概念。

海德格尔说明他的主张时，使用的文字非常难懂，但他的论点依然是他在此书的一贯立场：人在本真存在中，得到的是原初的理解，亦即原初的概念，但人逃避自己的存有，沉沦到世界之物去，发展出另一种引出的存在方式，由此得到引出的概念，但他更以引出的概念替代了原初的概念，因此造成误解。同理，人若正视自己的存在性（关念的第一个结构），则他理解他的存有是开显性，且奠基于开显性，其他存有者才能被发现为真的。他因此理解，相对于存有者的真理而言，开显性是原初的真理，而真理的原初意义是解蔽性。

　　但是，若人逃避自己的存在性，沉沦到世界中去，则他发现其他存有者都是摆在手前的东西。它们处于外在的世界中，因此他会以为，他的知识是内在的。知识与事物各在不同的领域里。若他的知识是真的，则表示他的知识与事物有相应的关系，而这种关系也是手前性的。对于这个关系，则称为符合。所以，由于人从本真存在逃避到非本真存在去，才引出符合概念，故它是真理意义的引出模式。

　　我们现在根据海德格尔的文字作简略说明。海德格尔认为，人是在世存有，他总是关切世界中的存有者，并因此发现它们。同时，言谈是他的存在性征，因此他会以语言说出他理解的存有者。然而，在原初的方式上，无论说话者和听话者，其存有都不是往着和停留在语言本身，而是借着语言，以它为用具，往着存有者、并理解它们。只有在这种方式上，人才能理解：当他断言一物时，他的存有是往着存有者，而且，当他发现此物时，他证实他的断言为真，而它的真奠基在他的存有的开显性上。由此他明白，他的开显性是原初的真理。

　　可是，在与"人人"的闲聊里，当人听到语言时，由于语言本身早已具有"人人"所提供的意义，因此，人的存有无须往着和到达存有者，只要往着和到达语言，就可以理解语言的意义（参考§35，海德格尔论"闲聊"）。这时，虽然他没有到达存有者，但他只要根据语言的意义，就认为他理解存有者了。可是，他也知道，语言的意义是关于或说明存有者的。则他就要探问，在什么关系上，语言的意义才是真的说明存有者呢？当他这样探问时，他已经视它们的关系为手前性的，这是说，它外在而独立于语言与存有者之间。然而，这指出，他已经改采手前性的观点了。在这个观点下，他同时将语言与存有者都视为手前性的东西。这样，人遗忘了自己的存有，沉沦到世界中之物去。这时他发现，语言似乎是在手前的这一边，而存有者是在手前的另一边。这样，只有当语言与存有者是在互相对应的关系上，语言才得以被证实为真。对于这个互相对应的关系，就是符合。符合成为真理的意义。

根据海德格尔，当人正视自己的存有时，他会理解语言奠基于他的存在性征——言谈。言谈为了表达存有者的意义，才说出语言（参考§34)，而语言是用具，用以在言谈中表达存有者的意义。再者，用具在本性上是退隐的（参考§15)，故它不凸显出来成为手前之物。在这种存在方式里，没有语言与存有者的相对关系，更没有它们是否符合的问题。可是，人一旦逃避自己的存有，沉沦到世界中时，则引出手前性的观点，由此改变了语言与存有者的存有学意义，才引出符合的概念。因此，符合是真理的引出模式。

（四）此有与存有者的真理

此有是开显性，也是原初意义的真理。由于此有的开显性能发现存有者，因此才有存有者的真理。那么，只有此有存在时，才能发现存有者，且才有存有者的真理。在此有尚未存在前，或在它存在以后，根本没有真理，因为既然没有开显者，则当然没有被开显出来的真理了。这时，我们不能肯定地说有、也不能肯定地说没有真理或存有者，而只是空无一片——无话可说。同理，牛顿的运动定律和其他逻辑定律，也是由于此有存在，才成为真的。在此有存在以前，这些定律不是真的。但这不是说，它们是假的；也不是说，在没有开显者以前，它们是假的，而一旦被开显了，则立即成为真的；也不是说，它们是不真不假，其真假值无法决定。这里的意思是指，由于牛顿发现了运动定律，因此它们成为真的，而且，存有者亦因此成为这些定律下的存有者。这时我们发现，即使在牛顿以前或以后的存有者，都是在这些定律下的存有者。但假若没有牛顿的发现，则没有牛顿运动定律下的存有者。

我们不能说有永恒的真理，因为若不能证明此有的永恒性，就不能保证真理的永恒性。由于只有此有才能开显真理，因此海德格尔认为，所有真理是相对于此有的。但这不是说，此有可以任意独断决定真理。我们只是说，此有可以发现真理，但发现不表示任意独断。我们必须明白，海德格尔的哲学方法是现象学，而现象学的定义是：让那显示自己者正如它显示自己般地被看见。在这个定义里，海德格尔强调显示者的自我显示，而人是根据它的自我显示去看它和理解它，因此，此有的现象学的看，不是任意独断的，而是根据存有者的自我显示。所以，此有的开显性剥夺了自己的任意独断性，让它回到事物本身——虽然事物本身要相对着此有的开显性才能呈现出来。

海德格尔又认为，我们一定要默认真理。首先，"我们"是指什么？通常，我们总认为，先有我们，然后才有真理，但在海德格尔，情况刚好相反，由于奠基于真理（指开显性），才有我们。"此有是在真理中"这句话已经指出，是由于"在真理中"，所以才有此有，亦即才有我们；而不是说，先有此有，然后此有将自己放到真理中。在存有学的次序而言，真理（开显性）先于此有或我们。

由于我们早已在真理（开显性）中，因此我们一定"默认"真理，我们要记得，海德格尔说的"默认"有特别的意义。它不是指逻辑上的默认，而是指预先的、而且是模糊的理解（参考§2讨论循环论证的一节），再根据它去得到更清楚的理解。现在，由于我们早已在真理中，早已模糊理解真理了，因此，我们一定默认真理，再根据它为基础，在设计而投出中得到更清楚的理解。从此有的关念概念看，关念中的存在性，亦即到了自己之前的存有，就已得到最原初的默认，因为此有在超出自己时，已模糊理解自己的存有——理解自己为开显性及它的事实性。此有若没有这种超出，则它完全不可能有任何理解或开显性。因此，由于此有的存有是关念，则它总是默认真理的。

最后，我们"一定"默认真理。这不是说，我们来到世界后，我们的意志一定要默认真理，而是说，我们一定就是此有——早已默认真理的存有。我们没有自由去决定是否要成为此有，因为当在这里时，我们不能是别的，一定是此有。这不是我们的抉择，而是我们的事实性。当被丢掷来这里作为此有时，我们一定已开显自己的存有，亦一定早已模糊理解自己是开显性（真理），所以我们"一定"默认真理。海德格尔说的"一定"，是根据我们的存有的事实性立论，不是指人的意志被决定为"一定"要预设真理。

海德格尔认为他以上的主张更能反对怀疑主义。一般反对怀疑主义的论点是：若我们作出任何判断，则早已预设真理了。当怀疑主义者作出判断："真理是不可能的。"则他早已默认真理是可能的，因为他要承认这个断言本身是真的。海德格尔认为，这个论证尚不够彻底，因为它说的真理，是指判断或断言，不是指开显性。因此，它尚未彻底触及原初的真理，也不理解开显性与断言的关系。并且，它也没有注意，即使人不作判断，他依然默认真理，因为人是此有。

在海德格尔，真理不是由逻辑证明而来，而是根据现象学方法看出来，或由此有解释出来的。因此，我们不能以逻辑的证明方式去证明真理，再由此反驳怀疑主义。他认为只要有怀疑主义者，他自己就已经反驳他的主张，因为他早已理解自己的存有和默认真理了。

海德格尔最后指出，此有是开显性，而开显性是真理，并且，此有的开显性总是开显存有的，因此有真理，则有存有，故真理与存有同等原初。

这样，海德格尔完成此有的存有的初步分析，亦即由此有的切近而通常的日常生活开始，直至指出它的存有是关念。并且，他也据此检讨传统哲学的实有概念和真理概念。但是，他至今说的关念是否已经完整说明此有呢？显然没有，因为上文只讨论此有的日常生活，而日常生活是它的非本真存在，但此有尚有本真的存在。所以，要完整理解此有的存有，尚需讨论它的本真存在。

第十章　此有与死亡（§45－53）

我们早已指出，《存有与时间》的工作是要说明存有的意义。海德格尔认为，此有的存有早已理解存有的意义，换言之，存有的意义在此有中。只要分析此有的存有，就可以得到存有的意义。于是，对此有的分析不能错误，否则会误解存有的意义。这亦即是说，在分析此有时，必须是原初地、彻底地理解它。我们要检讨到目前为止的分析，是否满足以上的要求。

其实，分析此有亦即解释此有。在§32，我们指出解释不能没有预设，它必须在三个前结构下进行。它们分别是：前所有、前观点和前概念。前所有是指解释时默认的整体；前观点是指解释时默认的观点，我们根据它来"切开"整体，让其中一部分凸显出来；前概念是指解释时所预设，用以掌握对象的概念。在解释时，首先而最重要的是，这三个结构不能来自想象或"人人"的指导，而是要来自事物本身，因为这样才能保证我们的解释能本真地回到事物本身。

不过，即使默认皆来自事物本身，若我们的解释是原初而彻底的，则还要确定，默认的前所有不是片面的，而是"真正的整体"。这是说，解释时默认的整体没有遗漏任何部分，而是将相关的部分全部纳入其中，因为这样才能保证我们的解释没有以偏概全，因而误解对象。同理，前观点也不能是片面的。这是说，若解释时默认的观点限制了我们的"视线"，只能看到对象的某些部分，忽略了其他部分，则这样的解释当然也是误解了。所以，前观点必须能让我们看到对象的所有部分，而且更能让各部分互相统一，构成整体。

现在，我们可以检讨至今对此有的解释了。首先，我们的前观点是什么？我们曾说，此有的本性是存在（参考§9)，我们是根据此有的存在来理解它。存在是指此有总是往前超出自己，并在其中理解它的存有是自己的，亦即此有具有属我性（Jemeinig-keit, in each case mineness）。但正由于此有具有属我性，因此导致此有可能正视它的存有而成为本真存在，也可能逃避它的存有而成为非本真存在。然而，目前对此有的解释只是分析它的日常生活，而日常生活基本上属于非本真存在的。这样，我们的前观点仅是非本真存在，所以我们仅分析了导致此有的非本真存在的存在性征，但对导致它的本真存在的存在性征，却依然尚未谈及。因此，目前的解释尚是片面的，因为它遗漏了此有的一些重要部分。

再者，我们分析此有的日常生活，但日常生活是此有真正的整体吗？此有是存在的，换言之，它总是继续生存或生活下去。它的"整体"是指它的由始至终，或从生到死。但日常生活只是介于生死之间，故我们尚未将此有的"从生至死"完全纳入其中，因此它不是此有的整体。

可是，既然此有的本性是存在，而存在意指它总是往前超出自己，则它总是尚未完成自己，以成为完整。较简单地说，人总是往前向着他的目的而存在，即使他完成一个目的，但他依然有其他的目的。从人的存有而言，这是永不终止的，因为一旦他完全不再继续往前向着他的目的存在，就是他的存有的终结，亦即他不再是人了。这样，根据此有的本性，它似乎不可能得到它的整体，因为一旦当它成为完整的，它就不再是此有了。

然而，无论此有能否得到它的整体，我们仍可肯定，由于以前解释此有时，它的前所有是片面的，尚未得到它从生至死的全部；且当时的前观点仅是非本真存在，只能理解它的非本真存在部分，遗漏了本真存在。因此，以前的解释是不够原初和彻底的。这样，我们就必须修正解释时的前结构，一方面默认前所有是此有的整体，另方面默认前观点是本真存在，以求能更原初和彻底解释此有。

但是，此有的整体是指它的存有到达它的尽头（Ende, end），而尽头是它的死亡，因此，要讨论此有的整体，就要讨论它的死亡。此有的死亡给此有带来它的整体，让它得以原初而彻底理解自己，故而它得到本真存在。然而，此有要经由良知的呼唤，才能唤起它去面对自己的存有，加上此有在面对自己的存有时，更需要决断（Entschlossenheit, resoluteness）才能持续和更深入地完成对自己存有的理解。于是，海德格尔在讨论死亡后，便继续讨论良知和决断，以完成对此有的本真存在的分析。在理解此有的本真存在和非本真存在后，便完成对此有的存有——关念——的整体解释了。

但海德格尔还要追问："关念的意义是什么？"这是说，要基于哪个基础，才能彻底理解关念？他认为这个基础是时间性（Zeitlichkeit, temporality），换言之，要以时间性为视域，才能真

正掌握关念的意义，及由此更理解此有的存有。因此，海德格尔
在讨论死亡后，接着要说明时间性，再由时间性说明此有的存
有。这是海德格尔在此书中这部分的工作，他将它命名为"此有
与时间性"。

在本章，我们由两方面讨论此有的死亡概念。首先要说明，何
种方式才能正确理解此有的死亡概念；然后再说明，死亡概念的
本真意义及此有在日常生活中如何误解死亡。换言之，本章是要
说明对死亡的本真理解和非本真理解。

一、死亡概念的理解方式（§46－49）

（一）此有的存有似乎难以达致它的整体（§46－47）

此有的存有是关念，而关念的第一个结构是存在性，亦即"到
了自己之前"。这是说，此有总是往前超出自己，继续去完成自
己。但这亦即表示，它总是尚未完成自己的。即使此有陷于全然
的绝望中，似乎已经山穷水尽、前面完全没有去路了，但其实它
依然是往前超出到它的可能性去，只是它发现没有一个可能性是
它可以接受的而已。因此，从此有的存有学结构而言，它的存有
总是尚未完成（noch-nicht, not-yet）、有欠缺的（aussteht, out-
standing）。

然而，当此有的存有不再欠缺、全部完成的时候，却是此有
的存有之毁灭，这是说，它不再是此有了——它不能开显自己的
存有，也无法开显它是"这里的存有"（Da-sein, Being-there）。这
时，它死亡了。所以，当此有依然存在时，它似乎无法达致它的

整体；此有若无法达致它的整体，则我们对此有的整体便一无所知，在解释此有的存有时，也就无法默认此有的整体了。这样，我们岂不是无法原初解释此有的存有吗？

可是，此有虽不能在自己的死亡中理解自己存有的整体，但或许可以观察别的此有，理解它们的死亡，则不是一样可以理解由死亡而导致的整体吗？而且我们早已说过，此有的存有是共存存有（Mitsein, Being-with）（参考§26），它可以与别的此有互相理解。那么，此有似乎可以理解别的此有的死亡。因此，当此有无法理解自己的死亡时，或许可以经由理解别人的死亡来得到对死亡的理解，由此得到它的整体。但海德格尔指出，无论我们如何观察，都不能理解别人的死亡。

首先，当看到别人死亡时，到底我们看到什么？在一个相当极端的方式下，我们认为别人的死亡是他的存有的改变。这是说，他的存有从在世存有改变成手前存有的事物——有形体的物质。死亡就是从一种存有变成另一种存有而已。此有的结束是它成为手前存有的开始。

海德格尔反对以上的主张，他认为这歪曲了当时的现象。当别人死亡后，遗留下来的，其实不是单纯的手前性事物——如同一堆物质那样。即使是一个解剖学的学生，当他从科学立场去处理尸体时，他也不是视之为单纯的事物，而是视之为一个曾经拥有生命，但现在已经失去生命的东西。这是说，他是从生命的观点来理解的。无论活着或死去的人，都不是单纯的手前性事物，因为他有他独特的存有——与生命有关的存有。既然这种主张歪曲了别人的死亡，则它当然不能正确理解此有的死亡了。

在看别人的死亡时，当时真正的现象到底是如何的？海德格尔认为，在看别人离开我们时，当时遗留下来的，不是单纯手前性的尸体，而是死者（der Verstorbene, the deceased）。他似乎是我们必须处理的对象，因为我们要举办各种仪式来悼念他。他不是我们要处理的用具，在各种仪式中，我们似乎依旧与他共存（mit, with），我们尊敬他和怀念他。我们与死者的关系不是关切（Besorgen, concern），而是关怀（Fürsorge, solicitude）。他虽然离开我们的世界，但我们仍在我们的世界中与他共存，所以我们会祭祀和纪念他。

　　当经验别人死亡时，我们似乎经验他成为死者，而当时仍与他共存。但当时的共存没有让我们理解他的死亡——他的存有到达尽头时的那个经验。当时只有我们失去他时的经验，但没有他失去他自己的存有时的经验。

　　再者，即使在与死者的共存中，我们能理解他死亡时的心理，但这也无补于事，因为我们不是要理解他死亡时的心理现象（他内心或许恐惧，也或许非常安详），而是要理解死亡对他的存有的意义，亦即死亡在他的存有中所形成的整体是什么。因此，心理学对死亡的说明，对我们的工作毫无助益。

　　其实，当发现我们无法理解自己存有的整体，便改而企图由理解别人死亡时的整体，以求借此理解自己存有的整体时，我们已经在一个错误的默认上了，即我们默认：此有与其他此有是可以任意互相替代的。例如，当我无法完成某工作时，但别人能完成它，于是，别人可以替代我去完成它；而且，就在别人替代我时，别人的工作似乎就是我的工作。同理，当我无法完成死亡时，但别人能完成它，于是我便认为，别人也可以替代我去完成它；而且，就在别人替代我时，别人的死亡似乎就是我的死亡了——尤其别人和我都同样是此有。海德格尔认为，在某些情况下，此有间的确可以互相替代，但却不是任意的，因为此有的死亡是无可替代的。

在此有的存在里，有很多情况是可以替代的。例如我没时间去做一件工作，我的朋友可以替代我去做它，这样，我被他替代了；而且，就在他替代我时，他的工作似乎就是我的工作。但是，这种替代仅是他的工作替代了我的工作，而不是他替代了我，更不是他的存有替代了我的存有。我们之所以认为他替代了我，是由于在日常生活中，我们理解别人时，总是理解他的所作所为，以为他的所作所为就是他（参考§27）。在这个观点下，由于工作是可以互相替代的，则人与人之间当然是可以互相替代了。但是，这种工作上的替代，并不是各人的存有互相替代。

在人的死亡上，这种人与人之间的互相替代完全失效，因为我明白，死亡是自己的死亡，别人无法把我的死亡拿掉，让我不用死亡。或许有人愿意替代我或为我而死，但这依然是他的死亡，他为我牺牲了他的生命；而且，我不会因他代我而死后，我就失去死亡。正如其他事实性那样，当我被丢掷到这里时，我理解我的存有必然死亡，这是逃不掉、拿不走的。当我理解我的存有是必须死亡，我也会理解，死亡是属于自己的、无可替代的，并且，它是一个非常独特的可能性——死亡使我的存有消失，使我不再存在。然而，无论如何，我仍要承担我的死亡、继续存在。

当我们看到别人"死亡"时，当时所指的"死亡"是一个事件，是发生出来的事实。可是，当我在上段文字中说"我仍要承担我的死亡、继续存在"时，当时所指的死亡不可能意指事件，因为若它是事件，则我已死亡了。这句话中的"死亡"，是指我的存有拥有死亡这个可能性，而且它深深影响或触动我的存在。当海德格尔讨论此有的死亡时，他不是指死亡事件（Begebenheit des Todes, event of death），而是指此有死亡的可能性。但当我们说"死亡是可能性"时，这不是指"凡此有，终有一天可能死亡"，因为这样的死亡依然是事件——死亡终究会发生在此有中的事件；而是指"此有已经在死亡中"。这是说，当此有被丢掷到这里时，它已经被丢掷在死亡的可能性里，且要永远承担着它、继续存在。以一般的话说，就是：当人活着时，他也是死着（sterben, dying）。在中文，我们通常只说"活着"，很少说"死着"，但其实每个人都是"死着"。一旦我们发现自己是"死着"，当时的"死着"便紧紧压迫我们的存在，让我们深切感到它是属于自己的。只是在一般情况下，我们往往没有注意它而已。在德语，海德格尔常使用 das Sterben 一词，英文翻译为 dying（死着）。这个词汇较适当地说明了此有的死亡，因为"死着"强调它是此有存在的一个可能性，它将死亡的事件意义删除。故我也采用"死着"来作说明。我们要由存在的进路去理解此有的死亡，因此，死亡基本上不是一个事件概念，而是存在概念。

在海德格尔，此有的死亡是非常独特的可能性，因为面对它，此有不仅理解它的存有整体，同时也理解它的存有是无可替代的、属于自己的、拥有属我性的，而且它的存有是可能性，不是手前事物，因此它得以开显自己的本真存在。

（二）此有的死亡及整体的意义（§48）

在海德格尔，死亡的原初意义不是指事件，而是此有的可能性。当此有开显这个可能性时，它达致它的整体。但是，此有的整体是什么？海德格尔接着分析整体的多种意义。

首先，根据此有的存有，它总是尚未完成（noch-nicht, not-yet），因为它总是继续往前，完成自己，这亦即是说，它尚是有欠缺的（aussteht, outstanding）。海德格尔不否认此有是有欠缺的，但对于"有欠缺的"一词，必须作适当的理解。通常，当我们说"一物是有欠缺的"时，这是指此物失去一个本来属于它的部分。例如，一笔完整的账目，当它尚有欠缺时，这表示有一笔本来属于它的金钱尚未进来，一旦它进来，则此账目再次回复它的整体，亦即它的所有部分都齐全了。在这个例子里，一物是有欠缺的，是指其所"欠缺的"部分，仍是"尚未到手"或"尚未及手"（Unzuhandenheit, un-readiness-to-hand）。当欠缺的部分再次到手（或及手）时，它的整体也跟着到手（或及手）了。因此，在存有学而言，这个物是及手存有，而它的整体是各及手性部分的总和。

可是，此有不是这样的整体。一方面，此有不是及手性存有的东西；另一方面，它的"尚未完成"或"欠缺"不是指本来属于它的，但却尚未到手的部分，而一旦它们再次到手，此有便回复它原来各部分的总和。基本上，此有不是由部分组成。即使当它完成它的生命旅途，它也不是把本来属于它的部分全部拿到手。所以，以上的"有欠缺的"意义不适用于此有，而由此引申出来的整体意义——所有部分的总和——亦不适用于此有。

再者，其实此有所谓的"欠缺"，根本不是指它失去那些原本属于它的部分，因为它从未失去任何部分，它自己本来就是欠缺的。换言之，当它是欠缺时，它依然是自己。海德格尔发现，除了此有以外，还有一些东西，当它是欠缺时，它依然是自己。例如，在月圆前，阴影的部分是月亮的欠缺，然而，即使月亮是欠缺的、尚未完成自己，但它依然是自己。在这里，所谓的"欠缺"或"尚未完成"，其实不是指月亮本身，而是指我们的知觉。这是说，我们尚未知觉它的整体而已。月亮本身其实没有欠缺，它已是自己的整体了。这个例子中月亮的欠缺，不是此有在存有学上的欠缺。

此有的欠缺不是指它尚欠某些东西，而一旦那些东西归还给它，它就一无所欠了；而是说，它尚未完成，或它的存有就是要往前、继续去完成那些尚未完成者。那么，在这个观点下，此有的欠缺似乎要在变化的过程中去理解。

一个尚未成熟的水果，它是尚未完成的，但它的尚未成熟不是它的一个部分，且无论加入多少部分，都无法使水果变成熟。在它的生长过程中，它是由尚未完成迈向完成，因此，它的尚未完成是它的存有的结构。

此有似乎也是一样，它的存有本身就是尚未完成的，而它的尚未完成不是它的存有之中或以外的一个部分，且无论加入多少部分，依然无法使它的存有变成完成的。此有总是由尚未完成迈向它的完成，而它的尚未完成是它的存有结构。

虽然一个尚未成熟的水果与此有的尚未完成相当类似，但它们的分野也是无法弥补的。对于水果而言，它的成熟是它的完成，这时，它到达它的尽头，达致它的整体；但在此有，它的尽头是它的死亡，但它的死亡却往往不是它的完成。虽然死亡是此有生命旅途的完成，但这种完成却不是此有的种种可能性的完成。即使尚未完成其可能性的此有，只要死期已至，也不得不死亡，但在很多情况下，此有尚未完成自己，甚至尚未成熟，它就要死亡了；也或许，此有在死亡前，早已成熟了。因此，水果的存有之尚未成熟，不同于此有的尚未完成。

最后，我们也会说："此有的死亡是它的尽头（Ende, end）。"所以，我们有必要说明"尽头"的意义。

尽头有"停止"的意思。例如，"下雨到了尽头"是指雨停了，或"路已到了尽头"是指路已停止扩展。前者指雨已经消失，或在手前的东西现在已不在手前了；后者却没有说路已经消失，而只是说它到此结束，这是说，一个手前的东西已到达尽头了。总而言之，当尽头是指停止时，它只适用于手前存有的东西（虽然亦可能适用于及手存有的东西）。所以，尽头的这些意义也不适用于此有。

海德格尔以上的分析，主要是指出，既然此有的存有不是手前存有或及手存有，当我们说它是"尚未完成的""欠缺的"和"有尽头的"，又或它的存有的"整体"时，都不能以手前存有或及手存有的方式去理解它们，而必须根据此有的本性——存在——去理解。那么，对于此有的死亡概念，也必须在存在的进路去理解了。

因此，在原初的意义，此有的死亡不是手前性的事件。在手前性观点下，此有永远尚未死亡，一旦它死亡，就不再是此有了。但在存在的进路下，此有在它的存在中，即使它尚未完成，却已经在它的尽头上，或它已经在它的死亡中。此有一旦被丢掷在这里活着时，它同时也是死着。此有的"尽头"不是事件，而是它存在时的可能性——它已经在尽头上，正如它在死着一样。

海德格尔指出，此有的存有不是到尽头存有（Zu-Ende-sein,

Being-at-an-end），而是往尽头存有（Sein zum Ende, Being-to-wards-the-end）。前者把尽头看作事件，或发生在世界中的事实；后者指此有在往前超出自己时，这个往前本身就是在尽头上，或它就是死着。从这个观点看，死亡是此有的存在方式。当此有来到这里时，它已经被丢掷到死亡中，这是它必须接受的事实性。当它理解它是死着时，它到达它存有的尽头，得到其整体。

（三）此有的死亡与其他存有者之死亡（§49）

此有的本性是存在、是可能性存有，至于其他东西，其存有都不具有存在性格，亦不是可能性存有，所以此有的死亡不同于别的死亡。凡是有生命之物，当结束其生命时，海德格尔称为"消失"（Verenden, perishing）。当然，此有的生命也会消失，但由于它的存有不同，故它没有单纯地消失。这是说，此有生命的结束总不同于一只蚂蚁或一条小鱼的消失。对于此有结束其生命，亦即死亡这个事件，海德格尔称为"逝世"（Ableben, demise）。但对于此有之往着它的死亡，海德格尔称为"死着"。

只有此有才有死着，因为死着是此有的存在方式；再者，在此有的逝世之前，此有早已死着。由于此有是死着的，所以它才能逝世。因此，当死亡被解释为死着时，其意义优先于逝世。死着是死亡的原初意义，而逝世是它的引出意义。

二、死亡概念的本真意义和非本真意义（§50－53）

（一）死亡概念的简略说明（§50）

此有的存有早已在死亡中，它是死着的。但是，此有的存有是关念，这是说，它总是在存在性、事实性和沉沦性这三个结构中，而且，此有的存有总是理解自己的存有。因此，此有在这三个结构中都理解自己的死亡。我们接着要分析，此有在关念的三个结构中所理解的死亡。

1. 由存在性开显出来的死亡意义

此有的存在性是指关念中的到了自己之前的存有（Sich-vorweg-sein, Being-ahead-of-itself），这是说，此有总是往前超出自己的。这时它理解，就在它的往前超出中，它本身是死着的。这对此有而言，是非常剧烈的震撼，也是强大的压力。死亡似乎就在它的当前压迫它，使它窒息。死亡显示自己的性格为"当前压迫性"（Bevorstand, impending）。①但这不是说，死亡的事件在此有的前面压迫它，因为若死亡是事件，则它尚未来临，其压力因此减弱。但是，此有的死着却已来临，且正在当前压迫它，由此，死亡才有更强烈的震撼力。

然而，还有很多东西也在当前震撼我们，例如一个风暴、突然而至的威胁，或甚至是不受欢迎的朋友，这些东西的存有可能

---

① Bevorstand是由 bevor（前面）和 Stand（站在）构成，但整个字的意义是压迫。海德格尔同时强调它的字根，故我把两方面的意义都翻译进去，称为"当前压迫性"。

是手前性、及手性或共存存有。但死亡不是这些性格，它是我们的存在方式，是自己的可能性。震撼者与被震撼者相同。

死亡震撼我们，是由于它是非常独特的可能性，它是可以将此有变成不再是此有的可能性，因为死亡一旦来临，此有的存有便随之结束。所以，死亡显示自己是此有最为自己（sein eigenste, its ownmost）的可能性。

并且，当此有开显它的死亡是自己的时，它发现这是别人无法替代的，且别人也不能减缓它的威胁，这是说，别人与自己的死亡完全拉不上关系。则在死亡中，此有将它与别人的关系全然斩断。死亡与别人毫不相关（unbezuglich, non-relational）的性格，称为"无相关性"。

最后，当此有开显它的死亡时，它也理解，直至它不再是此有之前，它必然仍在死亡中，这是永远无法删除的可能性——直到死亡摧毁此有为止。死亡显示它是此有的一个无法删除的可能性。总而言之，在此有的存在性中开显出来的死亡，具有当前压迫性、无相关性、不可删除性，它也是此有最为自己的可能性。

2. 由事实性开显出来的死亡意义

当此有在存在性中开显死亡的各种意义时，它同时理解，死亡不是它的存有的偶然性格，也不是它到这里后才得到的，相反地，它是被丢掷到死亡中的存有。在日常生活中，此有逃避死亡，不去面对它；但死亡却往往攻击此有，让它怖栗。在怖栗（Angst, anxiety）中，此有面对自己的存有，它会理解其存有是在死亡中，而死亡在当前压迫它，且是无法删除的、与别人毫不相关和它最为自己的可能性；死亡也是此有自己的事实性，它无可避免地要承担它的死亡，继续存在。在怖栗中的死亡，是此有的死着；但在惊慌（Furcht, fear）中的死亡，却是人的逝世，这不是人的死着，而是人的死亡事件。因此，惊慌无法本真开显死亡的本真意义。

3. 由沉沦性开显出来的死亡意义

死亡的震撼和压力，让日常生活中的此有不敢面对它的存有，而要逃避它。于是它从自己的可能性存有，掉落到世界中之物去。这样，由此有的存在性所开显出来的死亡意义，被日常生活中的此有遗忘了。大多数人都只知自己活着，却不知自己死着，但这不表示人只有活着，没有死着，这反而更能证实人是死着的，因为正由于他是死着，而死着给他太大的压力，他才逃避它和遗忘它。逃避和遗忘一物，不表示没有此物，反而更能证实此物。由于此有逃避自己的死亡，沉沦到世界中之物去，于是它把死亡视为世界中的事件，导致死亡的意义由此有的死着变成死亡事件。人只知自己会逝世，不知自己是死着。

死亡有以上三方面的意义，正表示死亡奠基于关念的三个结构，这是说，由于人的存有是关念，死亡才成为可能，否则人没有这样的死亡。

从关念的存在性去开显死亡，能理解死亡的本真或原初意义；从关念的沉沦性去开显死亡，只能理解死亡的引出意义——死亡事件。再者，若以引出意义来遮蔽它的原初意义，则是对死亡的误解。海德格尔接着先分析在沉沦中理解的死亡意义，再说明从存在的进路开显的死亡意义。

（二）死亡的非本真意义（§51）

当人逃避自己存有中的死着，沉沦到世界中之物去时，他就在"人人"的闲聊、好奇和歧义中理解死亡。在与"人人"共处时，我们总是看到或谈论死亡，但这些都是别人的死亡，不是自己的死亡。而且，这些死亡都不是我们存有中的可能性，而是发生在世界中的事件。它常常发生，以致我们非常熟悉，更不会触动我们。然而，无论我们如何熟悉它，"人人"总是在逃避它，即使"人人"都知道自己会死，但总是安慰自己说："人人总有一天会死，但目前它与我无关。"看似轻描淡写的一句话，却把死亡从自己的存有中，抛到遥不可及的地方了。

现在，我们只要分析"人人总有一天会死，但目前它与我无关"这句话中的前半部"人人总有一天会死"，就可以看出死亡的原初意义被遮蔽了。首先，这句话所说的死亡，是尚未来临的，甚至是远在天边的，因此它失去死亡原初意义中的当前压迫性。在这句话中，会死的总不是我，而是"人人"，但所谓的"人人"不是指某些特定的人，而是"没有人"（参考§27）。因此，它最后是指"没有人"会死。其次，在这样的解释下，死亡不再是此有的可能性，而是发生在世界里的事件。这样，死亡原是我的不能删除的可能性，现在却不仅从我自己中删除，甚至从某些特定的人中删除了。再者，死亡原本是我自己的、与别人毫不相关的，但现在却不是我的死亡，而是相关于"人人"的。最后，死亡也不再是最为自己的可能性，因为它一方面远离自己，另方面被转化为一个事件了。

在以前讨论此有的沉沦时，我们曾提到沉沦的历程（参考§38）。现在我们可以根据这个观点，说明此有面对自己死亡时的沉沦历程。在与"人人"闲聊时，大家常会谈到死亡，当时彼此说着相同的意见，也同意彼此的看法，这种互相同意不断加深"人人"的诱惑，遮蔽了死亡的原初意义。即使彼此谈论到即将死亡的人，大家都似乎避免肯定他的死，宁可相信他会复原，回到日常平和生活去。大家似乎都在说服自己，要求自己相信死亡永远不会来临。在安慰别人时，我们设法要他相信，他会继续生存，但这却遮蔽了他的死亡，让他不用面对它和反省它。通过"人人"不断地安慰，无论安慰者和被安慰者，似乎再不受死亡的威胁，也再不感到震撼，而在永恒的平和中。

在平和中，"人人"设法要完全摆脱死亡的怖栗。于是，"人人"使我们的社会承认：老是想到死亡是懦夫的行径，怕死的表现，不敢面对现实的逃避方式。"人人"大声疾呼："人要勇于面对生存，不要理会死亡。这种面对死亡的方式，才是正确的和值得尊敬的。"但是根本上，这仅表示，我们不敢面对由死亡而来的怖栗而已。"人人"为了逃避怖栗，于是将怖栗说成是害怕，再将害怕说成是懦弱，迫使我们由怖栗变成平和，要我们对死亡无动于衷、漠不关心。在这种平和的漠不关心中，死亡与我们更为疏离了。

在"人人"的诱惑中，我们开始逃避自己的死亡，从怖栗变成平和，在平和中更加剧与自己存有的疏离，沉沦到世界中之物去。死亡因此从此有的、属于自己的存在方式，改变成在世界中的事件，它甚至是一件不属于我，也不属于任何人的冷漠事件而已。然而，无论如何逃避死亡，本真的死亡仍然紧紧追踪着我们。

（三）死亡的本真意义（§52－53）

在§50，海德格尔已对死亡作了简略说明，他现在要更深入说明死亡的意义，指出它与此有本真存在的关系。

1. 死亡的确定性：原初的确定性与存有者的确定性

上节分析闲聊中的"人人总有一天会死，但目前它与我无关"这句话的前半部，现在由它的后半部，可以更深入揭露死亡的意义。当日常生活中的人说："但目前死亡与我无关。"他当时是确定死亡的。的确，无论是在本真或非本真的理解中，我们都不会怀疑人人会死。可是海德格尔认为，虽然这两种理解死亡的方式都同样确定死亡，但却是两种不同的确定性。

在日常生活中，"人人"都确定他会死亡，可是，他确定的是死亡事件。换言之，他确定的是一个目前尚未来临、但终会来临的事件。在这个确定中，他逃避了另一个在他的存有中确定的死亡——自己的死着。甚至，当他愈是确定死亡事件，他愈是逃避了自己存有的死着。

在讨论真理概念时（参考§44），我们曾指出，真理的原初意义是指此有的开显性，而真理的第二层次意义是指被此有发现的存有者，因为奠基于此有的开显性，其他存有者才会被发现为真的。在讨论死亡的确定性时，也有类似的情况。

当确定存有者时，我们确定它是真的。换言之，我们得到存有者的真理。可是，根据海德格尔的真理概念，存有者的真理奠基在我们的开显性上，而开显性是更原初的真理。所以，确定性概念奠基于真理概念，而真理概念又必然引出确定性概念。同理，当我们的开显性在确定存有者时，这个存有者的确定性也奠基在更原初的确定性上，那就是我们的开显性本身——原初的真理确定自己。我们或许可以这样理解，当确定存有者时，我们早已确定自己了，而且这是两种不同的确定性，前者之能成立，要奠基于后者的成立。所以，"确定性"一词正如"真理"，有原初的和第二层次的意义。原初的意义是指此有在自己确定自己，海德格尔称为"确定存有"（Gewisssein, Being-certain），这是指此有的存有，由自己确定自己。第二层次的意义是指此有对存有者的确定，这个确定是关于存有者的，不是关于此有自己的存有。①

再者，人在不同的开显方式上理解存有者时，会有不同的确定性。例如，我们可以根据肉眼的观察去理解阳光的颜色，因而对阳光的颜色有一种确定性；我们也可以由科学仪器去分析阳光，以理解它的颜色，因而对阳光的颜色有另一种确定性。另外，存有者在不同方式上显示自己时，也会导致不同的确定性。例如，存有者在黑夜或在白昼显示自己时，其确定性也有程度之别。我们现在要指出，人在日常生活中非本真地确定死亡，和在其存在中本真地确定死亡，其确定性也有不同的意义。

当人在日常生活中确定他会死亡时，他不仅确定他会死，也同时确定死亡是一个事件，并且，这个确定会反过来遮蔽他的死

---

① 假若我们不用海德格尔的词汇，而把存有改为意识，会较容易理解。根据现象学，凡意识必意识某物（存有者）。当它意识存有者时，它确定存有者。但它不仅意识存有者，它也意识自己，否则它不明白它在意识存有者，因此它也确定自己。并且，奠基于它能意识自己，它才能明白它意识存有者。简言之，意识在意识和确定存有者时，它也意识和确定自己。并且，由于自我确定，才能确定存有者，所以自我确定是更基础的。

着——在当前压迫它、与别人毫不相关、无法删除和最为自己的可能性。一方面，当他作出确定时，这显示了他自己是开显性，是原初的真理，也是"在真理中"；另方面，当他的确定同时遮蔽死亡的原初意义时，这显示了他的开显性也是遮蔽性，他是"在反真理中"。这印证了海德格尔以前说的：此有是在真理中，也是在反真理中（参考§44）。

由于日常生活对死亡的确定遮蔽了死亡的原初意义，因此它是不适当的确定。这不是说，这个确定尚是可疑的，或它仍未有绝对可靠的证据。而是说，在它的确定里，它所要确定的被遮蔽了，亦即，它本来要确定此有的死亡，但却因此遗忘了它，而以死亡的非本真意义替代了本真意义，导致对死亡的误解。所以，当"人人"高声确定死亡是不可避免时，它逃避了人的真正死亡——他的死着。

不过，我们可否认为，"人人"说的死亡确定性在逻辑上是不能成立的，所以它是不适当的确定性？因为"人人"说的确定性，其实是由经验观察诸多死亡的个案后得到的结论，但根据逻辑，由经验而来的结论都没有确定必然性，因此这样的确定性不是绝对无误的，最多只是非常可能而已，故而是不适当的。然而，在这种逻辑批判里，或许它是逻辑上有效的，但却无法让我们得以理解死亡的原初确定性，因为它依然默认死亡是事件，是人的逝世，而不是人的存在方式。这种对死亡事件的确定性仅属于存有者的确定性，它尚未真正确定人的死亡。只有在人自己的存在中，确定他的存在是死着的，才能得到死亡的原初确定性。

当海德格尔区分原初确定性和和存有者的确定性，认为后者奠基于前者时，他不是说前者的确定性是更确定——绝对无误——的，而后者比较没有那么确定或仍是可疑的。海德格尔不是讨论知识论，他是讨论存有学。他要讨论这两种确定性的存有学位阶，说明它们在理论上彼此依存的关系。

在日常生活中，此有愈是确定它会死亡，就愈是隐藏它的死着——死亡的原初意义。然而，即使日常生活对死亡的确定性隐藏了死亡的原初意义，但这不表示此有会完全失去死亡的原初意义，因为此有之所以沉沦在日常生活的确定性中，是由于它要逃避死亡的原初意义给它的压力，而逃避死亡正好表示死亡正在呈现出来——即使当时的呈现仅是晦暗的。这亦即是说，在逃避死亡的原初意义时，由于死亡的原初意义正在呈现，故此有依然确定了死亡的原初意义。换言之，即使在非本真确定死亡时，此有依然本真确定自己的死着。此有自己的死着，是此有不能不确定、不能完全摆脱的。从这个观点而言，此有的存有是确定存有(Gewisssein, Being-certain)。

2. 死亡的不可预料性

当"人人"说"但目前死亡与我无关"时，它确定了死亡，但也把死亡的来临延后，因为"它目前与我无关"。不过，在其原初确定性中，死亡是在当前压迫着我们的。在它的当前压迫性中，我们同时确定它的来临是随时可能的，而它的随时可能显示了它是不可预料的。它的不可预料使我们怖栗，为了逃避怖栗，"人人"于是给它一个可以预料的时刻——不在当前，而在以后。死亡的不可预料性（Unbestimmtheit, indefiniteness）被改变成可以预料的，这舒缓了死亡的压力，让人再次回到平和中，也把死亡从自己的存有推出，成为遥不可及的事件。

总结以上对死亡的本真意义的分析，我们指出，死亡不是将发生在此有身上的事件，它是指此有的存在方式，亦即，此有是死着的。死亡就在当前压迫此有，使它开显出这是一个最为自己的、与别人毫不相关的、确定的、不能删除的和不可预料的可能性。

当此有开显它是死着时，它同时理解死亡是让它成为不可能的可能性。这是说，在死亡之外，此有不再存在，也没有其他可能性。那似乎是一片空无。这时，此有在它的存有中到达尽头。较简单地说，死亡是此有的"最远的边界"——一个它永远不能超越的边界。所以，在它之内，就是此有的整体。那么，一旦此有开显死亡，也就是它达致它的存有整体了。

虽然此有的存有——关念——的其中一个结构是到了自己之前的存在（Sich-vorweg-sein, Being-ahead-of-itself），这是说，此有总是尚未完成、它要继续往前去完成自己，但这个"尚未完成"，并不妨碍此有达致它的整体。相反地，若它已经完成，则它不再是此有了——它逝世了，因此也无法达致它的整体；并且，正由于它尚未完成，故它要继续往前存在。就在它继续往前存在时，它理解它的继续往前本身就是死着，而死着是它的存有的尽头，因此它达致它的整体。

人面对死亡时，他可能逃避它而导致非本真存在，他也可能正视它而得到本真存在。要逃避死亡，人可以沉沦到"人人"的闲聊、好奇和歧义中，把它从自己的存有中推出，成为世界中的事件。但若人要正视死亡，以求得到本真存在，那他要如何做呢？在何种存在方式上，才能让他开显死亡的本真意义呢？

3. 开显死亡本真意义的方式：参与（§53）

　　我们已指出，死亡不是事件，而是此有的可能性，是它在存在中往着的一个可能性。但当我们说"此有往着一个可能性"时，其意思可能是指，它往着一个可能的东西。基本上，此有总是在存在中往着一些可能的东西，而且，它又会在存在中将它们的可能性转变为现实。例如，在日常生活中，我总是往着在世界中的存有者。假若我要使用槌子打钉子，当时我的环视看到一个可能是槌子和另一个可能是钉子的东西，而在我将槌子拿在手上使用时，我的使用将它从可能的槌子转变成现实的槌子，也将可能的钉子转变成现实的钉子。换句话说，当我往着一个可能性时，我总是把可能的东西之可能性消灭，将其转变成现实。

　　但显然地，当此有往着死亡这个可能性时，它不是往着一个"可能的东西"，因为一方面，这是将死亡当作事件，是对此有死亡的误解；另方面，这是指此有要将死亡实现出来，让自己死去。这显然是荒谬的。所以，"此有往着死亡这个可能性"，不是指它要将死亡实现出来，也不是指它关切着死亡，思考它的可能降临。总之，死亡不是此有关切的东西，而是此有的可能性。将死亡当作东西，便减弱了此有的可能性。

　　当此有关切一个可能的东西时，海德格尔称这种存在方式为"期待"（Erwarten, expecting）。这是说，此有当时注意的，是这个东西是否、如何、何时出现或成为现实。但深入地反省指出，期待根本不是始于一物的可能性，然后到达它的现实性。它是从现实性开始，经过可能性，再次回到现实性去。这是说，当我们期待一物时，是基于它的现实性才能有所期待，可是这时却发现它尚未现实，于是才认为它是可能的，然后，我们设法再将它从可能转变成现实，以完成我们的期待。所以海德格尔认为，期待在本性上是由现实出发，再回到现实去。在期待中，主要充塞着现实性，可能性仅是衍生于现实性的附加物。

从以上观点看出，此有若要真正理解死亡，它不能在期待的存在方式上，因为期待早已默认死亡是现实的东西，且要将它转变成现实，这样，死亡不再是此有的可能性了。但在何种存在方式上，才能让死亡作为可能性呢？

要开显死亡的本真意义，必须彻底将死亡当作可能性，不能参杂丝毫现实性的性格。要理解死亡为纯粹的可能性，培育它为可能性，忍受和承担死亡的可能性，此有必须在它的存在里，参与在死亡中。海德格尔认为，此有往着死亡这个可能性，就是"参与"（Vorlaufen, anticipation）在它之中。参与的德语是 Vorlaufen，它由 laufen（走）和 vor（前面）构成。在字根上，它意指走到前面。这个字是指，当此有往前走，走到前面超出自己时，它才能理解自己的存有是超出自己的，且自己正是死着。无论英文或中文的翻译，都难以表示它字根的意义。不过，根据中文翻译，我们也可以说，当此有参与在他的死着中，他才会开显他是死着的，才能理解死亡的本真意义。

当此有愈是参与在自己的死亡中，它愈是理解死亡不是事件，也没有任何现实的性格。死亡纯粹是可能性，也是让它成为不能继续存在的可能性。并且，此有理解，它根本不可能是现实，因为一旦成为现实，就是自己的灭亡，因此，此有自始至终，只要它仍是此有，就是可能性。相反地，此有一旦从参与的存在方式转变成期待，则死亡立即从可能性转变成现实性，从本真的意义转变成非本真的意义，而此有也从本真存在转变成非本真存在，从正确的理解转变成误解，从它的在世存有沉沦到世界中之物去，而一切皆从无遮蔽转变成隐蔽，真理转变成错误。参与可说是此有得到本真开显性的关键。

参与既然让此有得到本真开显性，那么，在理解死亡的意义时，我们要以参与为理解死亡时的设计，且据此投出，[①]才可以真正理解死亡的意义。于是，海德格尔根据"参与"概念，重新解释死亡的意义。在这个解释中，有很多与以前的分析重复，故我仅作简单的说明。

此有参与在死亡中，则此有理解它不是现实性，而是可能性存有。此有理解它是存在的，不是手前的或及手的。并且，正如死亡是最为自己的，则此有也理解它的存在是自己的。换言之，只有在此有自己的存在中，以及由它自己的存在，才能理解它的存有，和由它的存有所开显出来的世界与别的此有。于是，此有不再依赖"人人"，继续沉沦于日常生活中；相反地，它得以回到自己的存有，理解自己是在沉沦中，抗拒沉沦，得到本真存在。

再者，参与死亡让此有理解它的死亡是无可替代的，与别人毫不相关，且世界中之物不能帮助它逃离死亡。死亡必须由自己独自承担。"独自承担"中的"独自"立即将此有从沉沦于"人人"中超拔出来，个人化而成为自己（关于此有的个人化，参考§40）。"独自承担"中的"承担"让此有理解，死亡不是遥不可及和冷漠的。死亡是自始丢掷给他，迫使他成为个人的事实性。此

---

① 这里的设计和投出，是指理解的结构——设计而投出（Entwurf, projection）（参考§31）。

有与他物的瓜葛完全切断，只剩下自己，而这才是它真正的自己。但这不是说，此有在实际上与一切完全断绝，因为这是不可能的；而是说，传统的和流行的观念再不支配它，它要由自己的存在去理解一切。

　　参与死亡让此有理解死亡是不可删除的、无法逃避的。此有不仅必须面对它，也要勇敢接纳它。此有明白，死亡可以使其他可能性成为不可能，但其他可能性却不能使死亡成为不可能。换言之，此有不能变更或选择死亡这个可能性，却可以变更或选择其他可能性。于是此有理解，它无须固执或屈服于任何可能性，它也不会因为它太老，就无法取得胜利。它无须退缩，只要它未死，一切依然可能。并且，由于此有的其他可能性皆在死亡之前，而死亡以后就没有可能性了，此有因此理解它的整体限制在死亡之内。所以，当此有一旦参与死亡中，就得到它的整体。

　　一旦此有参与死亡中，它同时确定它的死亡，使死亡成为可能性。所以，要确定死亡，不是观察死亡事件，因为在观察时，正是此有失去自己的存有，沉沦到世界中之物去。所以，只有从期待死亡转变成参与死亡，此有才能确定它的死亡。海德格尔认为，这种在参与中的确定，虽然没有从观察而来的证据，也不是绝对无误，但它并不因此是较低层次的确定，因为它不是关于手前性东西的确定性，所以不在这种确定性的等级上。

　　此有确定它的死亡时，是由自己的存在确定它是死着的，它不是确定它所遭逢的世界中之物。相反地，世界中之物的确定性奠基在此有对自己的确定性上，这是说，由于此有之自我确定（或自我开显），世界中之物才得以被确定。因此，此有之自我确定是更原初的，而世界中之物之被确定则是第二层次的确定。同理，在原初的确定中，此有是在它的可能性中确定它是可能性。那么，假若此有确定它是手前性的"我"，则"我"已经是基于原初的可能性而被确定的。所以，把此有确定为"我"，是忽略了它在原初确定性下所开显的自己——可能性存有。

在参与中，此有理解死亡的时刻是不可预料的。这个不可预料性强烈震撼此有，迫使它感到怖栗。怖栗虽然是感受，但我们早已说过，感受与理解是同等原初的。由于怖栗抗拒了"人人"的解释，故此有得以个人化，回到自己的存有中，本真地理解它。我们在§40指出由怖栗开显出来的各种现象，也在此有参与死亡中得以揭露出来。

最后，总结对死亡的讨论，我们得知：在参与中，此有理解，它迷失在"人人"的指导下，故要重新独自承担自己的存有。然而，它的存有开显着死亡，而死亡强烈震撼它，使它挣脱"人人"的幻象，但又让自己陷入怖栗中，确定死亡，也明白死亡是它的事实性。

我们虽然可以在参与中理解死亡的本真意义，得到本真存在，但这并不保证实际上一定能够参与死亡中，因为上文仅指出，我们的存有拥有参与死亡的可能性，但我们是否一定能够实际上参与进去呢？那就无法保证了。以一个简单的例子来说明。若我们指出，我们的存有是有眼睛的，这仅表示我们的存有可以看见事物，但并不保证实际上一定看见事物。如果我们的眼睛永不张开，则虽有看见事物的可能性，但实际上却永远无法看见。因此，若要保证我们的眼睛能够实际上看见事物，则我们的存有还需有一个机制，它能实际上打开眼睛。同理，若我们要保证能实际上参与死亡中，以得到本真存在，则我们的存有还需有一个机制，驱使我们实际参与死亡中。这个机制，海德格尔称为"良知"（Gewissen, conscience）。

第十一章　此有的本真存在（§54－60）

一、良知与欠咎（§54－59）

当沉沦在"人人"的指导中，我们根本不知道自己是沉沦的，也不知道自己被"人人"所支配，我们还以为在这里的是"我"——一个自我主宰的"我"，因为"人人"是在隐藏和伪装中支配我们的。于是，假若我们能从"人人"的支配中超拔出来，恢复自己的本真存在，则在我们的存有中，必须能发出一个可能性，让沉沦中的"人人自我"（das Man-selbst, they-self）能体证到本真自我。这个使我们体证自己的可能性，海德格尔称为"良知"（Gewissen, conscience）。良知似乎来自我们存有之深处，触动我们，促使我们体证自己的存有。

良知既然从我们的存有而来，则在讨论良知时，要视之为此有的存在现象，且根据此有的存有结构来说明它，不能加入神学、心理学、生物学或其他形上学的观念。根据刚才所说，良知使我们体证自己的存有，从这个观点看，良知使我们本真理解自己，换言之，它是开显性。海德格尔是在开显性的观点下讨论良知的。以前我们指出，开显性有三个结构：际遇性、理解和言谈。那么，良知也要有以上三个面相。这是说，当良知出现时，此有是在感受中，且由言谈而得到理解。

海德格尔认为，良知要求此有抗拒"人人"的支配，让它被个人化，面对自己的存有，则当时的感受当然是怖栗了。再者，良知的言谈方式是一个呼唤（Ruf, call），呼唤一方面呼吁（Anruf, appeal）此有回到自己的存有去，另方面唤出（Aufruf, summon）它的存有。当它的存有显示出来，此有理解它是有限的或"有缺陷"的存有。此有这样的存有，海德格尔称为"欠咎存有"（Schuldigsein, Being-guilty）。在这节里，我们便是要分析此有的良知和它的欠咎。

（一）良知的现象学分析 （§55－57）

1. 良知的宁静之声与"人人"之吵杂声（§55）

良知所以要呼唤，是由于此有沉沦在"人人"的支配里，追逐世界中之物，遗忘自己的存有。但此有之所以会接受"人人"的支配，是由于它与别人共存时，在闲聊中听取"人人"的声音，在好奇的驱使和歧义的迷惘中听从"人人"的指导。由于此有往外听从"人人"，它无法反诸自己、聆听自己。因此，此有必须打断它的"往外听"，才能听到自己。但如何才能打断它的往外听呢？海德格尔认为，此有必须有另一种听，才能打断它的往外听；但要有另一种听，则必须有另一种声音，且它要与"人人"的声音相反。"人人"的声音是闲聊时，出于好奇和歧义的吵杂声，则这种声音就是不吵杂、不引起好奇和单义的，它让此有理解自己的存有。这种声音，就是良知。

一般所说的良知是关于道德的，但此有的良知与道德无关，它只是开显性，使此有得到本真的理解。它不涉及价值，因为它只是此有的存有中一个被描述的现象。海德格尔只是说，此有的存有拥有良知这个现象，但他没有给予评价。并且，即使良知是一种言谈，但它是没有声音的，因为对它而言，声音毫不重要。它虽是无声，却不是全然静寂。此有可以在良知的无声中理解它，而且它的无声蕴涵了一种呼吁，它呼吁此有回到自己的存有去。即使它是无声的，但仍可说它是"良知的声音"，但这仅表示此有的存有可以突然触动或提醒自己，使它从沉沦中苏醒，反观自己。良知的声音似乎从远方而来，又消失到远方去。对于那些需要被带领回到自己的人，良知会从远方来到他的存有中，触动他和提醒他。

2. 从言谈的结构说明良知的呼唤 (§56)

良知是一种言谈，因此可以依言谈的结构说明良知的内容。凡言谈必有所说，这是说，它在某种方式下，指出某些东西。那么，良知是在何种方式下与此有言谈的？并且，它又指出什么？我们先回答后面的问题。对此，我们分两方面说明。

良知既然是呼唤，那我们首先讨论，在它的呼唤中，它说了些什么？或它说到哪里去？这是良知的呼唤之所说 (das Angerufene, what the appeal makes)。这是要问：当此有聆听良知的呼唤时，它当时的开显性到达哪里？或它当时理解什么？海德格尔认为，那显然是此有开显自己。但这个答案还不够明确，因为我们仍要问，此有开显了自己的什么？我们说过，良知的呼唤是要打断此有往外听取"人人"的指导。因此，良知对此有说出，它正沉沦于"人人"的诱惑中，接受它的指导而追逐世界中之物。只有当此有开显自己陷于沉沦中，它才会苏醒过来，打断"人人"的指导。

其次，良知的呼唤要呼唤此有往哪里去？这是说，它呼唤之所往（Woraufhin, to what）。答案显然是：往自己的自我去。这个"自我"当然不是指有具体内容的自我，因为这即是从实体性概念去理解自我，将此有视作手前存有；也不是指在日常生活中处理世界中之物的自我，因为这又沉沦在"人人"的指导中。而是，由于被"人人"所指导的自我已经被良知说了出来，所以良知是呼唤此有挣脱它，往自己的可能性存有去，亦即自己的本真存在去。再者，即使良知呼唤此有往自己的自我去，这也不是说，此有要回到内在的自我，割断它与世界的关系，而是，它要往自己的在世存有去，再度理解它与世界的统一性，由此继续存在下去。

最后我们要讨论，良知以何种方式与此有言谈？海德格尔指出，良知是以沉默的方式与此有言谈。良知的呼唤没有内容，它没有告诉事情或讯息，它无物可说，而且也不是自言自语。我们或许可以说，它是一种触动，驱使此有回到自己的存有去。若从言谈的观点说，它是一种召唤，叫此有成为自己的自我。由于它没有内容，故它没有采用文字，亦因此是沉默的。但沉默不表示意义模糊、无法捉摸或神秘难测；相反地，它以沉默的方式，迫使此有默识它的所说和所往，也使此有陷于沉默中，不再与别人闲聊，避免再度沉沦。

良知说出来的意义是明确的，但这不是指它说出的内容是明确的，因为它没有内容，也不提供消息；而是说，它指出明确的方向。换言之，良知的意义不是内容意义，而是方向意义。它向此有指出，此有要听从自己的存有，回到自己存有去。由于它是方向意义，因此无须研究它内容上的涵义，而是要跟随它的方向。我们误解良知，不是由于良知作了错误的呼唤，而是我们以不适当的方式去聆听它，亦即以"人人"的方式，视之为具有手前性意义的东西，追求它的内容和原因，却忽略了它是我们的存有的自我开显性——它揭露我们陷于"人人"中，且要求我们回到自己去。

3. 从此有的存有——关念——说明良知（§57）

　　人的存有是关念，关念有三个结构。首先是存在性，这是说，人是存在的，他要往前超出自己。这时，他理解他的存在是属于自己的，他因此本真理解自己的存有。这是人能有本真存在的结构。其次是沉沦性，这是说，人的存在不仅往前超出自己，还要到达世界中之物去。从他到达世界中之物而言，他因此沉迷在理解世界中之物，遗忘自己的存在是属于自己的，因此他误解自己的存有。这是人能有非本真存在的结构。最后是事实性，这是说，人被丢掷到他的存有时，他已经被限制为这样的存有，而不是别的存有。根据上文所说，人的存有被限制为具有存在性和沉沦性，亦即他的存有被限制为同时拥有本真存在和非本真存在的结构。

　　根据以上观点便可以明白，上节所说的，其实已经指出，良知的呼唤与关念中的存在性和沉沦性的关系。上节指出，良知的呼唤一方面说出了此有正沉沦在"人人"的诱惑中，接受它的指导而追逐世界中之物。换言之，因为此有的存有具有沉沦性，所以良知才会从它的存有中呼唤出来。没有沉沦性的存有，它是没有良知的。另方面，良知是要呼唤此有挣脱"人人"的诱惑，往自己的自我去，亦即往自己的本真存在去。换言之，因为此有的存有具有存在性，可以作本真存在，良知才会从它的存有呼唤出来，召唤它回到自己去。以上两点可以证实，良知来自此有的关念中的存在性和沉沦性。海德格尔继续的工作是要指出，良知也要来自关念中的另一个结构——事实性。若他能完成这个工作，则良知就是由关念而出的呼唤了。

　　良知是一种呼唤，但呼唤必须有呼唤者（Rufer, caller）。对于良知的呼唤者，不能视之为手前存有者，否则此有便成为手前存有者了。我们不能追问它的名称、地位、来源和声望等，因为这些都是手前的性质。并且，既然良知呼唤我们挣脱"人人"的约束，则它的呼唤者当然不能以"人人"的观点去理解。我们只能"独自"回到自己的存有中，由良知的生起处理解它的呼唤者。

　　首先，良知不受意志的控制。我们无法强迫它的呼唤，无法预测它的来临，甚至无法拒绝它。它往往违反我们的意志和预测。它要呼唤，它就呼唤；它不要呼唤，它就不呼唤。我们无能为力。因此，良知不是"我"呼唤出来的，而是"它"呼唤的。但是，这个"它"不是在我以外的存有者，而是在我之中。它从我而来，但又似乎是从我以外而来。

　　为什么良知是"从我而来，但又似乎是从我以外而来"呢？首先，它不由身体而来，因为无论何种科学观察，都无法找到发出良知的机能。另外，它也不是意志的产物。这是说，它先于我们的意志，则它不从经验而来。然而，这也不表示它是由外在的存有者，例如神或别人而来，因为在良知呼唤的经验里，我们没有发现这些存有者。可是，我们又可以确定，良知在我们的存有中出现。这是因为当我们是此有时，就被丢掷在良知的出现里，表示良知是我们存有的事实性。于是，我们可以尝试从此有的事实性找寻良知的呼唤者——它在我之中，但又似乎是在我之外。

人被丢掷到这里时，他是被丢掷为存在的，因此，他或多或少理解自己的存在性。换言之，他总是开显自己的本真存在，这是人的事实性。当人在本真的存在里，他摆脱"人人"的指导，独自承担自己的存在，所以他感到怖栗。然而，怖栗往往又使他逃避到"人人"中，接受它的诱惑而沉沦。我们以前说过，当人沉沦在"人人"的指导下，他无须承担自己的存在，只要按照"人人"的指导，就可以安全地存在下去。所以，他似乎受到家里的保护，而有一种平和的、在家里的（heimlich, canny）感受。可是，一旦他再承担自己的存在，他便发现他在完全陌生的世界中，因此升起一种无家（unheimlich, uncanny）的感受，产生怖栗（参考§40）。平和的、在家里的感受，遮蔽了人的本真自我，无家的、怖栗的感受才能开显它。但是在日常生活中的人，他最熟悉的却是那个在家里的、在"人人"中的自我。然而，良知却不是从这个自我发出，因为良知要抗拒它，促使人回到本真自我去。良知一旦出现，当时沉沦在"人人"中的自我，当然会认为良知是外来的。不过，我们也会因此发现，在"人人"的自我之外，还有一个更原初、在怖栗中以及面对陌生世界的本真自我。于是我们可以说，本真自我是良知的呼唤者，因为只有它，才会呼唤我们回到自己的本真自我去。

现在，根据关念的三个结构，可以更充实说明良知的呼唤了。首先，良知的呼唤者是在事实性中感到怖栗的此有（因为它是被丢掷来成为存在的，且开显自己的存在而感到怖栗）——这奠基在关念的事实性；良知所呼唤的，也是此有，因为它呼唤此有前往自己的存有去，以成为本真存在——这奠基在关念的存在性；良知的呼唤指出此有沉沦在"人人"中——这奠基在关念的沉沦性。于是，只有人才有良知，且由于人的存有是关念，良知才会出现在他那里。

良知呼唤人回到自己的存有去，若他听从良知，则必须随着良知所指的方向，回去理解他的存有。在这种情况下，他理解的存有是什么呢？海德格尔认为，他理解他的存有是有限的。这种有限，海德格尔称为"欠咎"（Schuld, guilt），这是说，人的存有是欠咎存有。

（二）此有的欠咎存有　（§58）

首先要说明一个翻译上的问题。我以"欠咎存有"来翻译 Schuldigsein 是一个不得已的选择，因为无论德文的 Schuldigsein 还是英译的 Being-guilty，文字上都无法适当表达海德格尔的主张。①这三个词汇表面上都蕴涵强烈的道德或价值意义，但我早已强调，海德格尔在此书中不谈道德和价值，而仅是单纯或中性地描述。其实，海德格尔是以这个词汇来指出人的存有是有限的、不完美的。可是，这种有限性和不完美性与传统哲学所指不同。后者往往将人与神相比。神具有一切正面价值的能力或属性，相对

---

①　最近很多学者把海德格尔的 Schuldigsein 译成"罪责存有"。这个翻译是不错的，因为与原文的意义非常接近。然而，它仍保持很浓厚的道德和价值意义，这是必须避免的。我不采用这个翻译，主要是因为，根据"罪"和"责"这两个词汇，我无法解释海德格尔下文对此有的 Schuld 和 Schuldig 的说明。相反地，使用"欠"和"咎"却能作出通顺的阐释。读者在理解"欠咎存有"时，务必要根据文章的脉络，不要根据文字的意义。

而言，人在各方面皆有缺陷和不足。并且，假若人能在各方面有所增益，直到无穷，则他也可以成为无限和完美。但海德格尔在这里说的有限性和不完美性，要在存在的观点下理解。我们不能将人的存在与神的存在相提并论，因为神根本没有人的那种存在方式。它们不类似，无从比较。而且我们也不知道神的存在方式。所以海德格尔不是指人的存在不及神的无限和完美，他要指出，当人在关念的结构下存在时，他在多方面是被限制的，而且永远无法突破。从人的被限制（意指有限性）和对这些限制又完全无能为力（意指不完美性）而言，他的存有是欠咎的。本书采用"欠咎"一词翻译德语的 Schuldig，仅是因为它的字面意义较能通顺说明海德格尔在下文的分析。然而，若仍硬要说明欠咎一词的意义，最多只能说它指此有的存有是欠缺的，并且，这要归咎于谁呢？那就是归咎于此有自己的存有，因为它的欠缺是它的事实性。它就是如此，没有道理可言。最后，若要适当理解欠咎的意义，最好是根据下文所说的，此有的"不"。

良知是一种呼唤，而要理解它，不是停留在它的呼声中，理解它的内容，因为良知没有声音，也没有内容，它的意义是指出方向——从沉沦中回到自己的自我，亦即回到本真存在去。因此，理解良知是要跟随它指出的方向，理解自己的存有——被丢掷在怖栗中、不在"人人"的指导下、个人化的此有。其实，良知也是从这里而发，它是良知的呼唤者。于是，良知是呼唤我们回去理解它的呼唤者。若要理解呼唤者，则我们首先要问：为何良知的呼唤者要发出良知的呼唤？

通常我们认为，只有会犯错的存有者，才有良知的呼唤。神不需要良知，因为她是完美的，她自知其所作所为都是正确的。人会犯错，所以良知呼唤他不要犯错，或指出他已犯下错误。即使良知当时肯定他的抉择，是一个"好的"良知，但这也是由于他的存有是会犯错的，所以良知才会出来肯定他。因此，只有在一个有所欠咎的存有里，才有良知。当我们跟随良知的方向去理解良知的呼唤者时，便会发现人原初上是欠咎存有。

但在这个观点下，人的欠咎是指他会犯错或犯罪。这是针对他对别人或世界中之物的存在方式而言，不是从存在—存有学的观点去理解他的存有本身的欠咎。海德格尔指出，要理解人的存有的欠咎，可先从分析欠咎的一般意义出发，然后再指出它在人的存有中的原初意义。

1. 欠咎存有的一般意义

首先，欠咎可以指欠了某些东西。例如我欠别人钱，这时我的存有所欠的，是世界中之物，因为这发生在我与别人共存时，我要归还原来属于别人的东西。这样的欠咎可以有多种模式：剥夺、借贷、偷取、无法满足、拿去或不归还别人的东西。在这种欠咎中，我所欠的，是关切之物。

欠咎也可以指归咎。例如我做了某个事情，这是归咎于我的。如我打破花瓶，因此花瓶之被打破，该归咎于我。这种欠咎不一定表示我欠了某人东西，如我赞美别人，这也是归咎于我。我也可以欠人一些东西，但却不用归咎于我。例如事先说好别人代我还债，这笔债务是我欠的，但不用归咎于我。以上说明欠咎有两种情况：一种是归咎，但没有欠；另一种是有欠，但不用归咎。

最后，欠咎也可同时指归咎与有所欠。这是说，我做了某个事情，而我对它感到亏欠，故我要为此负责。例如我犯法。我做了犯法的事情，对之有所亏欠，故我要为此负责，接受惩罚。但是，犯法往往是侵犯别人，而对别人有所亏欠。所以即使误导、危害或损坏别人，都是这种意义下的欠咎。总之，当欠咎指对别人有所亏欠时，这是说：由于我的存有使别人亏欠了某种东西，导致我的存有是有亏欠的或缺乏的，亦即它是欠咎的。换言之，与别人共存时，我们的所作所为，无法达致自己的要求，这导致我的存有是欠咎的。

基本上，海德格尔指出，此有的存有是欠咎的，不是指它有道德上的欠咎——即违背了道德的要求，也不是指它有神学上的原罪。道德的欠咎仅是由于此有的行为导致某个事实才产生出来的。这种欠咎是由此有的存有造成，不是自始即根植于它的存有中。

以上几种欠咎的意义，无论直接或间接，都与世界中之物关连，这是说，由于此有在关切的方式上，做了一件事情，而它是有所亏欠的，因此推论出此有在存有学上的欠咎——即它的存有是欠咎的。可是，这样理解此有的存有的欠咎是不合理的，因为我们不能根据一件事情（后果）的性质，推论出造成这件事情的此有（原因），也具有相同的性质。这在逻辑推论上是无效的，因为它错误默认原因的性质必须相同于后果的性质。它在存有学上也是错误的，因为此有的性格完全不同于世界中之物的性格，故不能由后者说明前者。

2. 欠咎在此有的存有学意义

海德格尔认为，欠咎的原初意义是指此有的存有具有"不"（Nicht, not）的性格。海德格尔采用"不"这个词汇，对一般读者而言是难以理解的。但我们必须谨记，当海德格尔谈论此有的性格时，往往要根据存在的进路去理解，那么这是指，当此有存在时，它开显自己本身具有许许多多的"不"。我们暂时这样解释，首先，Nicht 其实也有"无"的意义。即使将它译作"不"，但也蕴涵"无"的意义。这里的"无"当然不是说虚无或空洞，因为此有是真实的存有者，它不虚无，也不空洞。再者，这也不是指此有的存有中具有一个"无"，因为这是将"无"看作手前存有者，而此有不可能拥有任何手前存有的东西。那么，从存在的进路下，此有的"不"是指，在此有的存在中，它总是理解它的存有具有很多"不能""无能为力""无可奈何"或"不得不如此"等。这些都是此有的欠咎，但它不是指此有欠缺手前之物，也与别人的共存无关。这纯粹是此有的存有性格。当此有被丢掷到这里时，它的存有就是如此。而且，正由于它的存有是欠咎的——有这许多的"不"，因此它才会在关切世界中之物和关怀别人时，产生种种欠缺或亏欠。欠咎的原初意义是"不"，并由于此有的"不"，才会引申种种欠缺或亏欠。

此有的存有是关念。关念由事实性、存在性和沉沦性构成，所以我们可以根据这三方面来说明此有的欠咎。

(1) 此有事实性的"不"

此有被丢掷到这里，但却"不"是自己要来的。来到这里后，它又往往"无法"听从自己，而是听从别人。它也"不"能超出它的事实性，由自己重新决定它要拥有的事实性。它的事实性"不"是自己抉择，也"不"能在事后摆脱，却要"无可奈何"地承担，感受由它而来的怖栗。

此有在它的事实性中，"不"能不接受它的限制，以之为设计，投出它的可能性。被丢掷给它的事实性，就是它存在时的基础。它"无力"反抗，而"不"得不承担，继续存在。它是一个如此的"不"。

(2) 此有存在性中的"不"

此有是存在的，这是说，它是可能性存有，它必须投出自己在可能性上。可是，它只能是一个可能性，永远"不"能同时是别的可能性。在面对多个可能性时，它"不能"同时成为它们，即使它是多么不愿意，也必须放弃其中一部分。所以，当它往前投出中，它本身就是"不"。但这不是说，它往前投出时，它是空洞的、毫无价值或不重要的，而是说，当此有往前投出开显自己时，它理解自己只能选择一个可能性，而得忍受自己"不"曾选择别的，和"无法"得到它们。

(3) 此有沉沦性中的"不"

在此有的存在中，它要往前到达世界中之物，因而造成它的沉沦，遗忘自己的存有，这是此有的沉沦性。在这里，沉沦性表示此有的存有拥有一个结构，使它"不能"成为本真的自己。所以，此有总是开显自己"不能"成为自己。这是它的沉沦性的"不"。

于是，当此有在关念的结构下存在时，它发现无论它如何往前存在，它的已经在这里和在关切世界之物时，通体都是"不"，亦即都是各种"不能""无法""无可奈何"和"不得不如此"等。由此，此有的存有是欠咎的。但是，此有的欠咎不表示它是缺乏的（缺少了某些东西），因为缺乏通常是相对于圆满的标准而言，但在海德格尔，没有在存有学上圆满的此有，所以也没有缺乏的此有。并且，即使在尚未缺乏之前，此有已经是欠咎的了。它来到欠咎中，在欠咎里继续往前存在，才导致各种实际上的缺乏。再者，一个有缺乏的东西，可以被还原为圆满的，但此有却是自始至终都是欠咎的，不可能圆满。

3. 此有存有中的"要拥有良知"

良知呼唤此有听从它，跟随它所指的方向去理解自己的存有，并由此本真地开显自己的存有是欠咎的——它的存在性、事实性和沉沦性都充满各种的"不"。但我们知道，此有的存有可能听从良知，也可能不听从良知。前者让它得到本真存在，后者让它成为非本真存在。如果它不听从良知，这表示它被"人人"诱惑而沉沦，以致追逐世界中之物，遮蔽了良知的呼唤；可是，如果它接纳良知、坚持听从良知和继续跟随良知所指的方向，则这表示它的存有还有一个结构，让它能够这样做。这个结构是什么？海德格尔认为，那是由于此有的存有是"要拥有良知"（Gewissen haben wollen, wanting to have a conscience）的。

要探讨这个问题前，先要明白海德格尔的讨论方向。他在上文讨论良知时，是始于良知的呼唤，认为这是此有的自我开显，然后顺着良知的开显性，理解它开显出来的此有的存有，最后结论出此有的存有是欠咎的。这是他讨论良知的第一个步骤。接着，他要反过来，回到良知的生起处——良知的呼唤，检讨此有能发出良知，接纳、听从和坚持它的方向之存有学根据。这是说，此有的存有要具有哪些结构，才能让良知出现，继而接纳、听从和坚持它？这样，海德格尔才能完成对此有的本真存在之分析。

海德格尔认为，良知之所以能呼唤此有，把它叫到自己的存有和得以开显它，是由于此有早已预备被良知呼唤了。换言之，它总是早已开放自己，让良知一旦出现，就可以接受自己本真自我的呼唤，跟随它所指的方向，开显自己。那么，根据此有早已作出预备而言，这即表示，此有的存有早已选择了自己，亦即，它总是选择要成为自己——即使这个选择是多么隐晦，而且又往往被"人人"所遮蔽。由于此有总是选择要成为自己，所以才会聆听良知的呼唤，接纳它和跟随它所指的方向，去理解自己的存有；并且基本上，从此有发出良知、聆听它、接纳它和理解它而言，整个过程都是由于此有选择要成为自己，才会唤起自己和坚持理解自己，完成自己的本真存在。于是在海德格尔，回答良知的呼唤，不是光说不练的，而是此有的本真自我以行动来实践自己，在行动中理解自己的存有。此有会顺着良知的呼唤去理解自己，正表示此有总是选择要拥有良知——拥有由良知开显出来的整个现象。所以，即使良知尚未给出消息，也没有批判此有在非本真存在里，它最重要的意义却是正面的。这是说，此有在预备良知的呼唤时，开显了它最为原初的本真自我，让它真正体证自己的本真存有，面对自己。

海德格尔在解释这个观念时，用的字汇相当艰涩，但其意义并非深奥难懂。根据他对良知的分析，良知的呼唤者是此有的本真自我，但由于日常生活的此有常沉沦在"人人"的支配下，往外追逐世界中之物，故遮蔽了它的本真自我。于是，本真自我为了要恢复自己，便以良知去呼唤此有回到本真自我去。这是本真自我呼唤自己回到自己中，理解自己。这显示出，本真自我总是要求唤起自己，而且又早已预备接受这个呼唤，否则它不会发出良知，也不会聆听它，更不会去理解它。就本真自我总是要求唤起自己、早已预备接受自己的呼唤而言，表示它早已选择要成为自己。就这个预备接受良知、早已选择要成为自己而言，表示此有总是"要拥有良知"的。并且，由于此有"要拥有良知"，它才能在它的继续存在中，成为真正"拥有良知"。

所谓"要拥有良知"，不是指像人要拥有一个对象那样，从他原来没有的，直至将之据为己有。首先，"要拥有良知"中的"要"，没有意志的意义，这是说，不是此有立志要去拥有良知，因为无论人如何立志，都无法使良知出现。良知不在人的控制范围内，它来时则来，去时则去，人对它没有操控的能力。海德格尔反对意志哲学，因为人的存有不是心灵，只有心灵才有意志。对于海德格尔，人的存有是开显性，开显性的基本功能是开显，不是立志。从开显性而言，当此有"要拥有良知"时，它的"要"是指它的开显性不遮蔽自己，亦即它开放自己，以致当良知来临时，它能如其所显示地去看到它、接纳它。所以，"要"是指此有的自我开放性。

再者，"要拥有良知"中的"拥有"，没有占有的意义，因为人无法占有良知，良知在本性上是不让人占有的。当良知要离开时，谁都无法挽留它。"拥有"一词要根据开显性去理解。开显性"拥有"一物，表示它深入理解此物。同理，"拥有良知"就是要深入理解良知。要深入理解它，不仅是聆听它，还要跟随它所指的方向，完成它的呼唤——回去深入理解自己的本真自我。所以，此有能聆听良知、接纳它、跟随它、完成它，是由于此有的存有"要拥有良知"。而当它"要拥有良知"时，其实就是自己选择要成为自己了。

即使海德格尔采用"选择"一词，但严格而言，它也没有意志意义——虽然海德格尔没有明白说出来。"选择"也要根据开显性来理解。此有选择一物是指它更清楚开显此物。此有选择自己，不是指它在芸芸万物中，挑选了一物，因为此有不是手前之物，它无论如何都不能如挑选对象般挑选自己。所以，当此有选择自己时，是它的开显性更清楚开显自己。即使当此有真的选择了一个对象，它的存有也不能将它据为己有，因为它的存有——关念——不能占据手前性的东西。这也是指，此有的开显性更清楚开显此物而已。正如我选择去某个地方，这仅是说，我当时更清楚地往着它和开显它而已。即使我到了那个地方，也表示我更清楚开显它而已。我们必须谨记，海德格尔在此书中是要分析此有，而此有的存有是开显性，故开显性是理解此书的核心概念。

我不厌其烦地说明海德格尔的词汇不能由意志哲学的观点去理解，是为了能正确理解他另一个非常重要的概念——决断（Entschlossenheit, resoluteness），因为一些不够谨慎的读者，往往从意志哲学的观点理解它，导致无可挽救的错误。

海德格尔完成对欠咎存有的分析后，在§59 展开对传统哲学的良知概念之批判。我们不用花太多时间去说明他的批判。基本上，海德格尔的一贯立场是：他的主张是最原初的，而其他的主张皆奠基在人的沉沦性上。这是说，人逃避了自己本真的存在，沉沦到世界中之物所引申出来的。因此，传统哲学将良知看成一个事件，或将它与其他的事件相关连。但在海德格尔，良知必须根据此有的存有立论，因此它是存在概念。这是说，良知要在存在的进路下理解。在这个进路下，良知是此有的存有的呼唤，是此有的开显性。它出自此有在怖栗中的本真自我，指出此有沉沦在"人人"的支配下，成为非本真存在，误解了存有，并且更呼唤它回去自己的存有中，成为本真存在，开显它的本真自我，正确理解存有。它与道德行为或事件无关，它不来自上帝，不是公义的法庭，也不是心理学的活动，而是此有的存有之自我开显。

二、此有与决断（§60）

此有是"要拥有良知"的，所以它才会发出良知、聆听它、接纳它、跟随它的方向，而理解自己的存有是欠咎的。这是说，它把良知开显出来的整个现象，完全理解出来。我们可以说，这个理解或"要拥有良知"本身，就是此有的本真自我的行动。所以，此有的存有总是在行动中，以深入理解自己。

所谓的"要拥有良知"，指的是此有要更清楚开显良知开显出来的此有自身。"要拥有良知"是此有的开显性。根据我们以前说的，开显性有三个结构：际遇性、理解和言谈。现在我们要讨论，这种开显性中的际遇性（感受）、理解（设计而投出）和言谈（语言）是如何的。由此引出海德格尔的"决断"。

（一）决断是此有的本真开显性

此有"要拥有良知"，即是说，它预备接受良知的呼唤，且一旦良知呼唤它，它会跟随良知的方向，回到自己的存有去。然而，此有预备接受良知和顺着良知去理解自己时，它的设计而投出是什么？显然地，它早已设计它的存有是自己的可能性，因此，它才能听到良知呼唤它回到自己的可能性去。相反地，若它设计它的存有是被"人人"支配的，则它只听从外来的声音，无法听到由自己而来的良知了。并且，它必须设计它的存有是自己的可能性，它才能听从良知，投出在自己的可能性上，理解自己的存有是自己的，因而得以本真理解自己的存有。换言之，在"要拥有良知"时，此有的理解设计了它的存有是自己的可能性，且投出在自己的可能性上。

再者，良知出自此有的本真自我，把它从沉沦在"人人"中唤醒，叫它回到自己去。所以，良知出自不在"人人"的支配下、而是个人化的此有。在"人人"中，此有的感受是平和的，亦即它有一种在家里的感觉。但在个人化的此有中，此有面对自己，它是怖栗的。它感到不再在"人人"的家里，而有无家的感受。于是，当此有"要拥有良知"，预备接受良知的呼唤时，它开放自己，其感受是：预备怖栗的来临。

良知是一种言谈。它在言谈中作出呼唤。但它的呼唤不是要求此有与它对谈，这不是因为良知是神秘的、不可理解的力量，使人无法与之言谈，而是因为当此有真正理解良知时，它只是接纳它和跟随它的方向，且在沉默中理解自己的存有是欠咎的。良知要击退闲聊的吵杂声，迫使此有回到沉默中，默识自己。因此，不仅良知的呼唤是无声的，它甚至要此有成为无声的、沉默的。所以，良知的言谈是沉默的。

在此有"要拥有良知"时，它要深入开显由良知开显出来的整个现象，在这样的开显性里，此有的感受是预备怖栗，其言谈是沉默的，而又设计在自己的可能性上投出自己。这个预备怖栗，在沉默中设计自己的存有是自己的可能性，且由此投出的开显性，海德格尔称为"决断"。

根据海德格尔的文字，他把决断说得太复杂了，让人摸不着边际，抓不到要点。对于海德格尔，本真存在是指人在他的存在中，一方面抗拒由"人人"而来的支配，另方面回到自己的存在中，开显他的存在是属于自己的，而且由此存在下去，继续深入开显自己、他关切之物及他关怀的别人。但是，由于人早已在"人人"之中，也接受了它的支配，所以，若要抗拒"人人"，人需要良知的呼唤，让他实际上能够体证自己的存在。于是，海德格尔分析良知如何让我们开显自己的存有。这是他从§54 到§59前半部的工作。对于这个分析的理解，不会有太大的困难，甚至可说相当容易。但在§59 讨论此有的"要拥有良知"直至§60，他是要反过来探讨，良知的呼唤和完成在人的存有中的基础。这是要问：人的存有要具有什么结构，才足以得到良知的呼唤和完成良知的开显性？

海德格尔指出，人要得到和完成良知，他的存有必须向良知开放，并且也能跟随良知，深入理解它开显出来的一切。基本上，这就是他说的"要拥有良知"的意义。但是，这个向良知开放的存有一定是抗拒了"人人"的支配下的本真自我，而且，它在本性上又必须持续和坚持向良知开放。它不可能仅是随意或短暂开放自己，否则，当良知的呼唤突然来临时，它可能聆听不到。即使他聆听到良知，但若不坚持下去，也无法开显良知的整个现象。人的存有具有向良知的持续和坚持的开放性，就是海德格尔说的决断。

从以上可以看出，决断不是意志的活动，也不是由心灵作出的一个决定。意志的活动是心理学意义的，不是决断的原初意义——开显性。我们甚至可以说，由于人在原初的决断中开显了他的存有是属于自己的可能性，和他是在世存有，他才能对世界之物作出决定。所以在讨论决断时，海德格尔强调的是人的开显性——一种能本真开显自己的存有的开显性。

（二）从决断去理解此有

决断是此有设计自己的可能性是属于自己的，且由此投出在自己的可能性上，因此在决断中，此有能本真理解自己的存有。较简单地说，决断是此有在自己的本真自我中，持续和坚持开显自己的本真性格。以前我们说过，此有是在真理中，这是说，此有本身是开显性，是存有者真理得以被发现的基础。现在，决断是此有的本真开显性，因此，决断是此有的原初开显性。这是说，它能原初开显此有自己及它遭逢的一切。那么，我们也可以说，决断是此有的存在真理。这是说，它是此有的存在的原初意义——它能真正说明此有的存在意义。这也印证我们以前（参考§9）所说，在海德格尔，存在的意义不是指此有能有各种行为，而是指它的开显性。

由于决断能本真开显此有，则它能本真理解此有自己、世界和共存的别人。这是说，从决断而言，这些东西摆脱它们在"人人"中的意义，显出新的意义。世界不再是手前存有对象的整体，而是被丢掷到此有中，"为了满足此有的"，且由此有在它的个人中，根据世界性给出意义。但在日常生活中，世界是外在的，它的意义借着与"人人"闲聊、好奇和歧义的猜测而来。在决断中，世界中之物不是手前的，而是被此有处理的用具；别人不再是在彼此互相偷窥和探听中，而是在宽容中互相关怀的此有。"自我"也不独立于世界，更不是统一我所有经验的同一者。它与世界统一，且是属于自己的可能性存有。

决断是此有本真的开显性，它当然开显此有是往前的，而且要投出在可能性上。这是说，决断总是要作出个别的决断，它不是仅开显此有的各种可能性而不"采取行动"。决断总是在"采取行动"，针对自己的存在和当时的世界，作出适当的决断。同时，唯有在作出决断时，它才能肯定自己。

然而，在作出决断时，此有要决断一个实际的可能性，由此往前到达世界中之物，关切它们。由于决断能本真理解此有，因此它明白，此有的存有具有沉沦性，会让它沉沦在世界中之物，遗忘自己的存有。沉沦性遮蔽此有的存有，导致误解。所以，此有本身也是反决断（Unentschlossenheit, irresoluteness）。这个论点其实是呼应海德格尔以前所说：此有是在真理中，也是在反真理里。在这句话里，真理是指它的原初意义——开显性。那么，此有的存有本身是自我开显的，也是自我遮蔽的。同理，决断是此有本真的开显性，但此有本身也是自我遮蔽的，所以此有的存有本身也是反决断的。我们或许也可以说，此有是在决断中，也是在反决断里。决断抗拒"人人"，把此有从"人人"的迷惑中超拔出来；反决断却试图让"人人"去统治此有。当此有真正而坚持在决断中时，"人人"的统治性消失，但其诱惑仍在。"人人"的诱惑是此有永远挥之不去的事实性。

决断开显此有总是面对各种可能性，而它必须在其中作出一个决断，让它投出在一个实际的可能性上，往前到达世界去。决断开显此有是在世存有。但是，在决断的开显性中，此有的世界不同于日常生活中的世界。这是说，本真存在的世界不同于非本真存在的世界。海德格尔称前者为"处境"（Situation），后者为

"一般场所"（allegemine Lage, general situation）。

在日常生活中，此有早已在"人人"的解释下熟悉它的周遭世界。它理解各存有者的用途和方位、它们如何相关，也明白它要如何做才能成功，如何会失败。它对它遭逢的存有者，似乎都了如指掌。不过，它所理解的亦正如其他人所理解的。而且，在这个熟悉的周遭世界里，它只需根据"人人"的指示，就能处理它的工作。此有似乎不用过于忧虑，也无须太用心，只要平和地以一般的方式，就可以在周遭世界中生存下去。这个熟悉的，而且用一般方式就足以处理的周遭世界，只是一般场所而已。此有唯一要计较的，是如何以自己的计谋去钻营，获致它的目的。它的周遭世界，虽然可能发生意想不到的意外，但却不可能出现新的意义。

可是，在决断中的世界，却是此有在承担自己的存有，抗拒"人人"的解释，作出决断时开显出来的周遭世界。这时，存有者的意义没有被"人人"支配，此有要根据自己所决断的目的遭逢和重新定义存有者，以决定它们的用途和相关性，考察它们是否能达致它的目的。这时的此有对它所作的决断没有绝对的把握，它如履薄冰、战战兢兢地往前摸索。它一方面反省当时的状况，另方面根据自己的目的，不断调整自己及它与周遭世界的关系，以完成它的决断。这时的周遭世界似乎与它密切相关、休戚与共。这个与此有密切相关、休戚与共的周遭世界，称为"此有的处境"。只有在处境中，此有才能摆脱"人人"的解释，发现新的意义。在海德格尔，真正的意外不是指在一般场所中出现的意想不到的事件，而是在决断的存在中开显出来的新意义。由于此有必在处境中，则又可以再度证实，此有是在世存有。

总结本章所说，此有可以从良知的呼唤开始，一方面分析良知的性格，理解它与此有的存有结构的关系，再顺着良知所指的方向，开显此有的存有是欠咎的。另方面，此有可以反过来追寻良知的呼唤及其完成的存有学基础，由此开显此有的存有是"要拥有良知"的，而"要拥有良知"是由于此有的存有是决断的——坚持自我开显；再由对决断的分析，指出此有是与世界统一的整体——在世存有。这样，良知不再如传统哲学所说，是抽象、难以理解和一闪即逝的心理现象，它是丰富而充实、清楚而明确、持续而深远的开显性。它把此有在本真存在方面的存有结构，全部开显出来。

至此，海德格尔说明了此有的非本真存在和本真存在两方面的存有学结构。换言之，他已说明此有的存有整体了。但是，海德格尔的此有分析，是要说明它的存有意义，不是要说明它的存有整体。说明此有的存有整体，与说明它的存有意义不同。我们举一个简单的例子。说明一个书房中的整体，可以是说明它里面的全部东西，包括它们的安排方式或关系等。但是，这种说明没有触及书房的意义。在海德格尔，一物的意义是指它的可理解性（SZ201, BT193），而一物的可理解性是指，让人得以理解此物之所以是此物的基础。换言之，人借着这个基础，才可以彻底理解它。根据这个观点，书房的意义不是在它里面的全部东西，而是让它成为书房的书房性——它的本性（我们暂时以柏拉图哲学为例）。同理，此有的存有整体之全部结构，还不是它的意义。要理解它的意义，则要找出一个基础，且借此能彻底理解此有的存有整体之全部内容。这个基础，海德格尔认为是"时间性"（Zeitlichkeit, temporality）。于是，他接着要指出此有的存有——关念——之意义是时间性，再从时间性重新说明关念的整体内容。

第十二章 关念的意义：
时间性（§61－66）

　　此有是统一的整体，它不是手前性存有。它当然不是由许多手前的东西拼凑而成的整体。我们知道，此有的本性是存在，所以它是存在的整体。换言之，此有的存有结构虽然相当复杂，但它们不是凌乱的，而是在存在中将它们整合起来，构成统一的整体。在此书中，海德格尔对此有的种种说明，都能互相连贯和统一。假若此有的一些结构不能互相统一，就表示这样的说明是错误的，必须重新修正。

　　例如在讨论此有的存有时，我们指出它的存有是关念，而关念有三个结构：存在性、事实性和沉沦性。它们不是三个独立的部分，而是互相统一的。在存在性里，此有往前超出自己，且由此开显自己，这时它当然开显自己是存的。并且，这是它来到这里的事实性。再者，它也理解它是沉沦在"人人"的支配中，因而要抗拒"人人"来维护自己的本真性。当此有在它的事实性中，它当然理解它的存有是被丢掷来到存在性和沉沦性里。在它的沉沦性里，它逃避它的存在性和事实性，但逃避正好显示此有是因为面对它们才逃避的，而面对它们就是理解它们。所以即使是在沉沦中的此有，仍或多或少理解它的存在性和事实性。

如果关念是统一的，则以前所说的存在性征，都全部统一在关念上，因为就在此有被丢掷来到这里，在它的事实性上继续存在，沉沦到世界时，所有存在性征才得以发挥它们的作用。所以，在诠释此有时，不能有任何部分独立于整体，而各部分又必须互相融贯以构成整体。并且，整体必须能融贯说明它的所有部分，以至没有遗漏。

但海德格尔发现，在讨论死亡时，我们曾指出，此有要理解死亡，必须投出在参与（Vorlaufen, anticipation）中。这是说，此有必须在它的存在中，走到它的前面去，才能理解它的存在是死着的。这时它把握它的存有整体，也本真理解自己的存有。但在讨论决断时，我们也指出决断能本真理解此有的存有，但却没有说明它和参与的关系，也没有指出决断能把握此有的存有整体。那么，若我们对此有的诠释是正确的，则决断和参与不可能各自独立，必须互相统一。但它们如何统一呢？它们的统一又如何能更深入开显此有的存有呢？于是，海德格尔接着要说明它们的关系，希望找出此有的存有的意义——时间性（Zeitlichkeit, temporality）。

一、参与和决断（§61－62）

我们曾指出，要本真理解此有的死亡，不能在期待（Erwarten, expecting）的存在方式上，而是要参与在死亡中（参考§53），因为在期待中，此有将死亡视作事件，这是对死亡意义的误解，因此也是对自己的误解。但在参与中，此有往前走、超出自己，因此得以理解它的存有是死着的。这样，它本真理解自己了。并且，它的存有的最大极限是死亡，因此它的存有整体是在死亡内。于是，一旦此有理解自己是死着的，也就理解它的存有整体了。

可是，根据海德格尔，此有能体证自己的存有，是由于良知的呼唤。并且，此有之所以有良知的呼唤及能聆听良知，是由于它的存有是决断。决断是此有的本真开显性，它总是作出个别决断的，于是，在决断作出决断时，此有体证了自己的存有。但是在决断的体证中，它能否体证到它是死着的，或体证到自己的整体呢？这里的意思是说，参与在死亡中能开显此有的存有，而决断也能开显此有的存有。然而，此有是统一的，则它们两者必须也是统一的。但它们如何统一呢？

其实，只要深入反省决断，就能理解它同时参与在死亡中。我们曾说，决断是此有的本真开显性，它的感受是预备接受良知的呼唤所引起的怖栗，设计自己的存有是自己的可能性和欠咎的，且由此而投出。那么，就在这个投出中，它当然能本真理解自己的存有了。即使它当时感受到怖栗，它依然会接受它——正如它接受良知而愿意跟随它指示的方向那样，继续坚持下去，更清楚开显自己的存有。这样，它会开显自己的存有是欠咎的，亦即它的存有是各种的"不"。这是说，此有的存有总是理解自己具有很多"不能""无能为力""无可奈何"或"不得不如此"等事实性。并且，这些事实性不是此有自己后来获致或可以摆脱的，而是只要它是此有，就必须永远承担它们。换言之，它自始至终承担着它们。一旦此有理解它的存有自始至终都是欠咎的，则它就理解它的存有是有"终止"或"尽头"的。但是，这个"终止"或"尽头"不是尚未发生的死亡事件，而是在当下——它的死着。

另一方面，若决断开显此有的欠咎，那当然也开显此有各种的"不"，但此有最根本的"不"是它的"不可能"再是自己，亦即它的死亡。所以，决断总开显此有的死亡或死着。那么，由于此有的决断开显自己是死着，而开显死着的方式是参与，因此决断本身就是参与的。这是说，决断和参与是统一的。但这不是说，决断和参与是不同的，但又是统一的两个东西；而是说，决断就是参与的决断（vorlaufende Entschlossenheit, anticipatory resoluteness），两者完全合一。

既然决断是参与的，那么，此有在参与中开显的，与在决断中开显的，两者都可以统一起来，由此便能对此有作更深入的理解。参与在死亡中让此有原初理解它的整体，而决断让此有理解它的欠咎，因此参与的决断让此有开显它的存有虽是整体，但却是有所欠咎的整体。接着，海德格尔从参与的决断重新说明死亡的几个性格，并借此更深入说明此有的存有。

他基本上是要指出，当参与和决断统一时，由于决断开显此有的本真存在，而参与开显此有的死亡，让此有得到它的整体，因此参与的决断开显了此有的本真存在及其存有整体。在海德格尔的分析中，有些观念是重复的，故以下仅作简略的说明。

在决断中，良知的呼唤指出此有沉沦在"人人"之中，呼叫它回到自己的本真存在去，参与在死亡——最为自己的可能性——里，因此，参与的决断让此有回到自己的整体中，得以更透彻地理解其存有。

　　良知的呼唤把此有从"人人"中超拔出来，使它个人化成为自己，让它理解它是欠咎的存有，其欠咎甚至深达它最为自己的可能性——死亡。这时，此有明白死亡完全与"人人"无关，唯有自己才能承担，亦即死亡是与别人毫不相关的可能性。于是，参与的决断让良知的开显性达到此有的死亡，理解死亡与别人毫不相关。

　　再者，参与在死亡中，让此有理解死亡是不可删除的可能性，而决断又开显此有的本真存在，因此参与的决断让此有理解它的本真存在是不可删除的。这是说，无论此有如何沉沦，它依然有本真存在的可能性。只要它聆听良知的呼唤，跟随其方向去理解自己，它仍可从"人人"中超拔而出，恢复自己的本真存在。

　　决断让此有本真开显自己的存在，这是说，它开显存在的真理。但开显真理亦即确定它是真的，所以，决断的开显就是确定——它是确定者，也是被确定者。可是，此有是在世存有，它因此也确定自己当时所在的处境（Situation）。但此有如何确定它的处境呢？显然地，不是先有一个摆在手前的处境，然后此有再去认识它、确定它。而是决断早已理解自己的存有——它的存有是在世存有、在处境中的、是自己的可能性、死着的、欠咎的和沉沦的等等，由此设计而投出，才得以开显它的处境。于是，决断的确定仅是确定它早已开显的东西，这似乎是将已有的东西再次拿回来（Zurücknahme, taking it back），海德格尔称这样的确定为"重现"（Wiederholung, repeating）。

　　我们要明白，在海德格尔的诠释学，理解一物就是解释它，而解释是指将理解的东西更进一步理解出来（参考§32）。当理解一物为真时，仅是似乎将早已拥有的东西，再次拿回来看清楚；或将它再次重现出来而已。在海德格尔，人的知识不是从无到有，因为由无不能生有；而是由隐晦到清晰、隐蔽到解蔽、隐藏到显示。所以，当我们确定真理时，不是创造或发明它，而是发现它，因为它早已隐藏在我们的存有中。海德格尔曾说，哲学是从此有出发，再返回此有去（SZ51，BT62）。"从此有出发"就是从此有隐晦的理解出发；"再返回此有去"就是返回对它的隐晦的理解，将它清楚重现出来，再次确定它。因此，在参与的决断中，此有确定和重现它的本真存在及其存有整体中的一切。

其实，此有在决断中也确定自己是反决断（Unentschlossenheit, irresoluteness），因为决断本真开显此有的存有，它当然开显自己的沉沦性，而沉沦性会遮蔽决断的开显性，故此有本身也是反决断的。这正如此有是在真理中，也是在反真理里。决断参与此有的死亡，理解死亡的不可预料性，亦即它的来临是不可预期的；但反决断却将死亡视为遥不可及的事件，使它成为在可以预料的时刻里。于是，参与的决断一方面开显此有是在它的处境中，面对死亡的不可预料性；另方面开显反决断破坏死亡的原初性格，将它放在固定的时刻里。因此，本真的此有开显它被丢掷在有限的处境中——当死亡来临时，处境会随之而逝，而且它要在怖栗中面对自己的不可预料的死亡，也由此得到它在死亡前的存有整体；非真的此有开显它在"人人"的一般场所里（参考§60），死亡是遥不可及、似乎与它无关的事件，它对死亡冷漠，逃避自己的存有。

总结以上，决断开显此有的欠咎，因此也开显它最终极的欠咎——死亡，而开显死亡就是参与在死亡中，因此决断必和参与互相统一，成为参与的决断。并且，由于决断开显此有的本真存在，而参与开显此有的存有整体，因此，两者统一开显了此有本真的存有整体。

最后，我们可以看出，此有的本真存在不仅具有存有学上的根据，也有实际上的可能性，因为参与的决断是此有实际上坚持自我开显自己，让良知能从本真自我冒出，呼唤它回自己的存有去，参与在自己的死亡中，开显自己的存有整体。因此，参与的决断是此有能实际体证自己存有的根据。

二、关念和此有的自我（§63－64）

我们现在要回顾海德格尔对此有的存在分析，检讨他的方法论，希望找到一条线索，让我们能更深入理解此有。

（一）方法论的检讨

在海德格尔的分析中，他首先分析此有的日常生活——非本真的存在，由此指出它在此有的存有中之根据。然后他指出此有的存有是关念，而关念由存在性、事实性和沉沦性三个结构组成。接着，为了更完整说明此有的存有整体，他再分析它的本真存在，指出它在此有的存有中之根据。

然而，我们可以看出，如果此有的存有是关念，则无论本真和非本真的存在，皆要奠基于关念的结构上。首先，我们指出，参与的决断是此有的本真存在的根据，但参与的决断之所以可能，是由于此有的关念中的存在性。在说明关念的存在性时，我们指出，这是指此有总是在其存在中往前超出自己，由此开显自己是存在的，也因此关心自己的存有（参考§41）。那么，由于此有的存有是往前超出自己的，它才能参与（参与的基本意义是指往前走）自己的存有、开显它，才能在决断中坚持继续开显自己，成为参与的决断。所以，存在性是参与的决断之基础。

另一方面，非本真存在是由于此有开显自己的存有，却不愿承担它，甚至逃避和疏离它，更接受"人人"的支配，沉沦到世界之物去。这是由于此有的关念具有沉沦性的结构，它才能逃避自己而沉沦，成为非本真存在。因此，非本真存在奠基于关念的沉沦性。再者，无论存在性和沉沦性，都是此有被丢掷到这里时所拥有的，而且也是它以后无法摆脱的，因此，存在性和沉沦性都是关念的事实性。由于此有的关念具有事实性结构，它才能自始至终都具有存在性和沉沦性，换言之，它自始至终都不可能是别的，一定是此有。

然而，在对此有的整个分析中，我们不仅恰当默认了此有的整体——死着的存有，最重要的是，我们恰当默认了一个观点：此有的本性在它的存在。换言之，我们以存在为解释此有时的前观点。在消极方面，它让我们在分析此有时，先行抗拒了手前存有或及手存有的观点，使此有能本真显示自己；在积极方面，它让我们从两方面——非本真存在和本真存在——去理解此有，使我们能具体而丰富理解关念的整体结构。

再者，以存在为观点去分析此有，也让我们理解，此有的诠释是循环的（参考§32）。当我们默认"此有是存在的"，并由此开始分析，最后得到"此有的存有是关念"，其实我们已预设了结论，因为当我们得到"此有的存有是关念"这个结论时，它的意义基本上仍是"此有是存在的"，只是后者较为空洞，而前者把此有的存在说得更具体和丰富而已。这是说，此有不仅是存在的，且它的存在奠基在存在性、事实性和沉沦性上。诠释是从默认出发，其结论依然是回到默认去，但它更具体和丰富地解释了默认。

其实，不仅诠释是循环的，此有的存有也是循环的，因为此有的存有是开显性，而开显性是在设计而投出的结构上（参考 § 31）。这是说，此有开显一物时，必早已在设计上，再据此投出，才能开显它。那么，设计早已限定了事物的意义，而在投出中，此有就是开显它的设计中的意义内容而已。因此，此有的开显性也是在循环中。在不断地投出和循环里，此有更具体和丰富开显了事物的内容。

可是，若此有在不断地循环中得到更丰富的内容，会引发出两个问题。首先，此有是人，而人皆有自我。一般认为，人的自我是单一的，但此有的意义却是丰富而杂多的，则它的自我是如何的？其次，此有的存有是关念，而在我们的诠释中，关念的内容愈来愈丰富，但我们也知道，此有是统一的整体，即使关念的内容愈来愈丰富，它们也必须保持统一。那么，在理解关念丰富而杂多的内容时，要根据哪个基础或概念，才能将它们统一起来呢？换言之，要根据什么，才能彻底理解关念中的丰富内容？这个根据，就是关念的意义（Sinn, meaning）。海德格尔认为，借着时间性概念，可以统贯地说明关念的内容。所以，时间性是关念的意义。以下，我们将分别处理这两个问题。

（二）此有的自我

此有是统一的，这是说，无论它的结构和得到的经验多么复杂，它们都属于相同的此有。对于此有，它通常称自己为"我"。无论何时何地，它依然是相同的"我"。"我"好像统一了它所有的结构和经验。自古以来，人们将"我"视作不变而单一的实体，它支持那些可变而杂多的属性，所以人们认为"我"具有实体性和单一性。并且，"我"与其他事物不同，它是关于人格的，所以"我"具有人格性。再者，在说明"我"时，"我"是主词，不是宾词，因此"我"是主体性。于是，实体性、单一性、人格性和主体性等词汇，往往用于"我"之上。但是，这些词汇显然是误导的，因为它们早已默认此有是手前存有者。在海德格尔，此有的存有是关念，它是存在性、事实性和沉沦性的组合。此有不是实体、不是单一的、不是心理学的人格，也不是主体性。更严格地说，此有的本性是存在，而它的存在是在关念的方式上。于是，若要理解此有的自我，只能根据关念概念或存在的进路。在这个进路下，此有的自我是如何的？海德格尔分两方面处理这个问题，他首先批评康德的自我理论，然后说明此有的本真自我。

1. 对康德自我理论的批评

康德哲学的自我理论似乎介于西方传统哲学与海德格尔哲学之间，因为康德正如海德格尔那样，反对自我是实体，但他却认为自我是逻辑主体（logisches Subjekt, logical subject），而这正是海德格尔反对的。于是，只要海德格尔推翻康德哲学的逻辑主体概念，就同时推翻西方传统哲学的自我理论了。

海德格尔认为，康德虽然正确指出"我"不是实体，但他却没有正确理解"我"的存有，这是说，他没有对"我"作出适当的存有学说明。康德明白"我"不是认知对象，因此它在内容上

是空洞的。不过，它却是伴随着所有概念的，这是说，它把所有
概念组织起来，构成统一的知识体系。所以，康德把"我"作为
"我思"，因为"我"既然不是实体，而是概念的组织者，则它仅
是在"思考"的活动中把知识组织起来而已。"我"这个知识的
组织者，康德称为"逻辑主体"。所谓的逻辑主体，不是指它是
由逻辑推理得出来的，而是说，它作出逻辑活动，将概念组织起
来，构成可理解的知识体系。在这种方式下，"我"成为知识体
系的支持者，这是说，"我"似乎是一个在其下、支持整个知识
体系的基础。从存有学的观点而言，这样的"我"是一个托基
(subjectum)。所以康德认为，"我"不是表象，而是表象的形式。换
言之，"我"整理各种表象，但本身却是不可表象的。

但若我们追问："在康德哲学中，'我'基本上是'我思'，而
'我思'仅是组织知识的活动，为何康德会进一步认为'我'是
托基，知识体系的支持者，或逻辑主体呢？"海德格尔认为，这
是由于康德从手前存有的观点下理解"我"，因为当他认为"我"是
主体时，这已显出，"我"被视作一个相同的、不变的手前存有
者。因此，即使康德认为"我"不是手前性实体，但他仍旧在手
前存有的观点下，将"我"理解成手前性的主体。这显然是对
"我"的误解。

不过，在康德的主张里，"我"既然不是实体，而是"我思"，且
"我思"仅是思考活动，则我们可以进一步说，"我思"必须是"我
思某物"的，因为思考不可能没有对象。①康德曾说过，"我思"若

①　海德格尔这个主张是根据胡塞尔现象学的基本概念"意向
性"(intentionality)。在胡塞尔，意向性是意识的基本结构，它指的是"意

不伴随表象，则它是空虚的。从这条线索出发，则康德的"我"必须关连事物。再者，若更进一步发展，由于事物必须关连它的世界，则康德说的"我"便必须与世界统一，而可能发展成海德格尔的在世存有了。但为何康德哲学没有往这个方向发展呢？

海德格尔指出，当康德说明"我"时，他认为"我"伴随的表象是经验的（das Empirische, the empirical），但他尚未清楚说明"伴随"的意义。他根本上仍是根据手前存有的"我"去理解它，故"伴随"成为逻辑主体的活动。但既然康德早已默认"我"是手前存有，则"我"基本上是独立的，因此即使康德将"我"说成"我思"，他依然无法理解"我思"必须是"我思某物"，亦即他无法看出"我"与事物的必然统一性。在康德，"我"是先验的，表象是经验的，而先验的不与经验的互相统一。它们是两个不同的领域，需要图式（Schema, scheme）将它们综合起来。再者，即使康德明白"我"是"我思某物"，也明白"我"与事物的统一性，但这依然尚未正确理解"我"的存有，因为根据海德格尔，事物必须是世界中之物，它不能独立于世界外。那么，康德必须再进一步指出事物是世界中之物，亦即"我"是与世界统一的，才能正确理解"我"。这是说，"我"不是手前存有，而是"我在世界中"。真正的"我"与世界统一。

康德为何在摆脱以实体方式来说明"我"后，依然再以手前存有的观点去理解"我"呢？海德格尔认为，那是由于康德在理解"我"时，预设"我"是世界中之物。换言之，"我"的存有

识是意识某物"（consciousness is consciousness of something）。意识必然意向某物，它不可能意识空无。

正如世界中之物的存有一样，都是摆在手前的。但为何康德会如此默认呢？根据海德格尔的说法，那是由于人的存有是关念，而关念具有沉沦性。这是说，人逃避自己的存在，沉沦到世界中之物去，因此即使对自己，也视之为世界中之物。所以，即使人认为当下的这个存有者是"我"，其实这已经不是他的本真自我，而是非本真自我——是由沉沦性导引出来的误解。并且，当人肯定他的"我"时，他往往以为是由自己作出的肯定，但根本上，"我"不是由自己肯定的，而是由"人人"肯定的。于是，无论传统哲学或康德哲学中的自我，依然是根据关念的沉沦性产生，是人逃避自己的本真自我引申出来的概念。

2. 此有的本真自我

要正确理解此有的自我，就要根据它的存有——关念——来说明。根据关念来理解自我，这是说，此有不能逃避它的存有而沉沦到世界去，而是要坚持开显它为关念，即使怖栗袭击此有，使它被个人化，失去"人人"的保护，让它面对陌生的世界，产生无家的感受，它依然要坚挺这个属于自己的存在，继续存在下去。就在这样的坚挺下，此有不臣服在"人人"的支配下，不把自己化成"人人"，反而坚定不拔地确定当时的存在是属于自己的。这样，它保存了自己的本真自我。基本上，当此有在参与的决断中，就是坚持自己的本真自我。

此有的本真自我需要此有自己去争取，或从"人人"的手中再次抢夺回来，并且，一旦抢夺回来后，还要坚持不拔地维护它，否则它又会被"人人"抢夺回去。就在这样的自我坚持中，此有维护它的自我，也得到它的自我。海德格尔称为"自我坚持性"（Ständigkeit des Selbst, self-constancy）。相反地，此有也可以逃避它的本真自我，成为反决断的，被"人人"所支配，沉沦到世界中之物去。它无法坚持本真自我，更把自己分散在众多的世界之物中，成为"自我的非坚持性"（Unselbst-ständigkeit, non-Self-constancy）。它的自我不再是自己的，而是"人人"的。

在海德格尔，此有的自我不是手前的东西，也不是实体或主体，而是一种存在方式。当此有在参与的决断中，坚持而确定它的存有是自己的，则它的存在方式表现为本真自我或自我坚持性。当我们说此有的本真自我时，不是指在此有之内，具有"一个"真正的自我，而是指它当时的存在方式能坚持或确定它的存在是属于自己的。可是，当此有逃避自己的存有，沉沦到世界时，在这种沉沦的存在方式中，它无法坚持它的本真自我，而成为非本真自我。由此，它才有各种错误的自我理论。那么，此有的非本真自我，不是指它对自我拥有一个幻觉，而是指它当时的存在方式遗忘或逃避了自己的存有。

因此，不是由于此有具有一个自我，而自我是关念，所以此有的存有是关念。换言之，关念不奠基于自我，而是由于此有是关念，它才能有各种不同的自我——本真的和非本真的自我。这是说，由于关念的存在性，此有才能在它往前超出自己时，坚持开显自己，成为参与的决断，得到本真自我；也由于关念的沉沦性，此有才能逃避自己，沉沦到世界中之物去，成为非本真自我。

当此有在参与的决断中，坚持它的自我，它会理解它是存在的，而且是在关念的方式下存在。并且，虽然关念的结构是杂多的，但却是统一的。这是说，此有理解它的存在性就是被丢掷给它的事实性，它一方面在存在性中开显自己，但另方面也开显了一个早已拥有的世界，且要往前到达世界去。就在它往前到达世界中，它疏离自己而沉沦到世界中之物。因此，存在性与沉沦性是同等原初的。再者，此有也理解它是被丢掷到沉沦性中，故沉沦性与事实性同等原初。因此，此有的存有结构虽是复杂的，但仍是统一的。并且，在关念的存在方式，此有总是发现，它的各种存在方式都原是自己的。但无论在何种存在方式下，此有仍是统一的存有。

可是，当此有沉沦到世界去，接受"人人"的支配，在闲聊、好奇和歧义中追逐世界中之物时，它反而将自己分散在各种无尽的追逐中。它以为自己的存有正如它所追逐之物那样，都是世界中之物。于是，它发现它刚才在那里追逐一物，现在在这里追逐另一物，将来又在别处追逐别物，它似乎是多个不同的自己。不断地追逐就是不断地分裂自己，再难以统一了。由于难以统一，所以此有尝试找寻各种证据，希望重新证实自己是统一的。然而，找寻证据正如追逐世界之物一样，只是继续分裂自己而已。统一的自我其实就在当下的存在性中，只要听从良知的呼唤所指示的方向，回到参与的决断中，便可以在当下的开显里，证实自我的统一性。

三、关念的存有学意义：时间性（§65－66）

关念的内容非常复杂，但又是统一的。若我们问："关念的意义是什么？"它的适当答案不是把关念的内容如数家珍地全盘说出。这正如若我们问："桌子的意义是什么？"我们不是回答："桌子是有桌面的、高的、重的、可以放东西的……"这样无止境地说出它的内容，我们是要说出桌子之所以是桌子的根据，亦即是要说出桌子的本性。一旦理解桌子的本性，才能理解它为何是有桌面的、高的、重的、可以放东西的等性质。换言之，一物的意义是此物之所以是此物的基础，借着这个基础，其他性质才能得到适当的说明。同理，关念的意义是让关念之所以是关念的基础，藉着它，关念复杂的内容才能得到适当的说明。这样的意义，海德格尔称为"存有学意义"。于是，在探讨关念的存有学意义时，我们是要找出，在哪个基础上，关念才能成为关念，并且借着它，可以更彻底或适当理解关念的复杂内容。这个基础统一了关念的复杂内容。

　　根据上文，关念的存有学意义是指：让关念能成为关念的基础。要把握这个基础，首先可以问："此有在什么情况下，能让关念成为关念？"显然，关念之所以能成为关念，是在此有的参与的决断中，这是说，在参与的决断中，此有得到本真开显性，确定自己是关念，也因此让关念本真显示出来，这时，关念成为关念。接着，我们要问："参与的决断要奠基在哪个基础上，才能投出自己，开显自己为关念？"于是，探讨关念的存有学意义，要回到参与的决断中，理解它的基础。海德格尔认为，参与的决断之所以可能，奠基在时间性，因此时间性是关念的存有学意义。

（一）从参与的决断说明关念的存有学意义是时间性

　　要理解海德格尔说的时间性，就必须放弃对时间概念的一般性认知。我们通常认为，时间是时间流，这是说，时间是无始无终地向前流动。我们在时间流中占着其中一点，这就是"现在"。相对于现在，很多时间已经消失，它们是"过去"。可是，还有很多时间尚未来到，它们就是"将来"。时间流被分割成三个独立的时态。过去已经消失，将来尚未来临，最真实的只是现在，而我们只占着其中的一个——现在。但是，这样理解海德格尔的时间性，显然是误解，因为时间性是指此有的关念的存有学意义，是此有能成为参与的决断之基础。一旦时间被分割成三个独立的时态，而只有现在是最真实的，则此有就是在现在中，亦即在时间流的一点上。那么，它就是手前存有——摆在手前的时间点上的一物。它失去它的存在性，不能成为参与的决断。在海德格尔，由于此有不是手前存有，因此它不在时间流中。此有的时间性不是指在此有外的时间流，而是在参与的决断中显示出来的时间性。

但是，要理解参与的决断中的时间性，我们必须改变观点，不再如以前那样，从存在的观点去理解参与的决断，而是从时间的观点来理解它，因为既然关念的基础在时间性，那么，从时间的观点才能更彻底理解此有的存在。换言之，时间的观点比存在的观点更为原初。

在参与的决断中，参与（Vorlaufen）的字根 vor（ahead）和 laufen（running），是指往前走或走到前面去。在此有往前走而参与在自己的死亡可能性上时，它开显了自己的存有整体，而且坚持而决断地继续往前走。可是，此有之所以能往前走，是由于它的存有不仅停留在现在中，而是到了"将来"（Zukunft, future）去。这不是说，此有已经到了"将来"这个时间点上，因为此有根本不在时间流上。德文的"将来"是 Zukunft，其字根类似英文的 come to，也与中文的"将来"几乎相同。英文的 future 完全无法看出德文的字根意义。从字根而言，此有的将来是指：它的存有（即"延续下去"）总是"将要前来"。它不能不"将要前来"，否则它的存在无法继续，而就不再是此有了。因此，在理解此有的将来时，我们要根据它的字根意义：将要前来。[①]

其实，无论此有本真或非本真地面对死亡，都是由于它的存有是"将要前来"。在本真的死亡中，此有参与在它的死着里，但这是由于此有的存有是"将要前来"，因为一个不能"将要前来"的存有者，是不可能死着的。另一方面，在非本真的死亡中，此有也是"将要前来"的，否则它无法理解它终有一天会死亡。但它却是把死亡理解为一个将要前来到的事件。并且，由于这个事件尚未来临，所以它是在将来中。于是，此有把将来理解为尚未来临的时间点。前者让此有本真理解自己的将来——"将要前来"；后者离开此有的存有，沉沦到世界去，把它的将来看作在手前性的时间点上。所以，无论是本真或非本真存在，都奠基在此有的独特的时间性，其将来是"将要前来"。

再者，参与的决断本真开显此有的存有是欠咎的——它本身是种种的"不"，而欠咎是被丢掷给它的。这是说，对于此有，当它在这里时，它发现它已经是如此的（wie es je schon war, as it already was）。换言之，它已经被丢掷在许许多多的事实性中。所以，在此有"将要前来"时，它同时理解它已经是如此的。从时

---

　　① "将要前来"没有表示它尚未前来，否则此有仍在"现在"，与将来阻隔。相反地，此有虽然在"现在"，但由于它是存在的，它早已超出它的"现在"，到了将来，与之统一。用一个简单的例子说明：当我说一句话时，现在虽只说出第一个字，但我早已到达这个句子的结束，否则我不能说出第一个字。这时我的存有在第一个字里，也已到达尚未说出来的最后一个字。

间的观点而言，此有的存有虽然是将来的，但它也是它的"曾经"(sein Gewesen, its been) 或"曾经是"。这是说，由于此有"曾经"或"曾经是"如此的，所以它才能发现，它已经是如此的。一个没有"曾经"的存有者，无法开显它已经拥有的各种事实性。对于此有，它的"过去"没有过去，也没有消失，而是"曾经"。

当我们说此有的存有是"曾经"，这不是指此有曾经在以前的某个时间中，但现在仍记得当时的经验，因为这默认了此有是在时间流中，将它误解为手前之物；而是指此有的存有能伸展到它的"曾经"，或者说，它的开显性能扩及它已经拥有的。这是由于它的存有奠基在时间性上，而且时间性不仅是"将要前来"，也是已回到"曾经"去。

不过，此有之所以能够回到它的"曾经"去，是由于它在参与的决断中。这是说，在它的"将要前来"中，它才能回到它的"曾经"去。因此，在此有的时间性中，"曾经"之所以能呈现，是由于将来。[①]当此有沉沦在世界中时，它看到的是当前之物、将要但尚未出现之物，和曾经却已消失之物。于是，"曾经"只是那些已经消失的时间而已，它无法理解自己的存有已经回到"曾经"去，也无法理解它的"曾经"是由于它的将来才呈现出来的。

再者，在参与的决断中，当此有参与在它的死着时，它开显当时所遭逢、与它密切相关的处境，它要使用其中的用具，完成

---

① 较简单地说，人是存在的，他要对将来作出抉择，但适当的抉择之所以可能，必须明白自己早已遭逢的处境和早已具备的各种条件。处境和各种条件是早已是如此的，是由过去遗留下来的。所以，由于人要往着将来作出抉择，这个抉择带领他回到过去，把过去遗留下来给他的种种东西，呈现出来。

自己的决断。从时间的观点而言，此有当下开显它的处境、让它在。对于这个当下的"现在"，也是"现之为在"（Gegenwärtigen, making present）。此有的现在不是指它正在时间流中的一点。基本上，此有不在任何时间点上。它的现在是正在"现之为在"——呈现它的处境为在。它开显当时的处境，否则它不可能有世界。

　　总而言之，从时间的观点而言，参与的决断之所以可能，是由于此有的将来是"将要前来"，且它的"将要前来"同时已经回到它的"曾经"去。这时，此有也正在"现之为在"中开显它的处境。这个从"将要前来"回到"曾经"而又同时"现之为在"的统一现象，海德格尔称为"时间性"。基于这样的时间性，参与的决断才成为可能，让此有得以确定它的存有是关念。于是，根据时间性，可以更原初理解关念。时间性即是关念的存有学意义。

（二）由时间性说明关念

　　以前，我们从存在的进路理解此有的存有——关念，现在，既然时间性是关念的存有学意义，我们便可以由时间性更原初理解关念了。根据以前的说明，关念是存在性、事实性和沉沦性，这是指，此有的存有是：到了自己之前的存有（Sich-vorweg-sein, Being-ahead-of-itself)—早已在（世界中）(schon-in-[der-Welt], already-in-[the-world])，且作为靠存有（Sein-bei, Being-alongside)（参考§41）。从存在性而言，此有总是"到了自己之前"，这是由于它的将来是"将要前来"。从事实性而言，此有总是早已在世界中，这是由于它的过去是"曾经"，它早已拥有的东西没有成为过去而消失，而仅是"曾经"；由于是"曾经"，因此它仍拥有它。从沉沦性而言，此有总是到达世界中的存有者去，这是由于它的现在是"现之为在"——呈现出在世界中的存有者，故它是靠着存有者的。

但是，此有的"到了自己之前"中的"之前"，不是指此有离开它的当下，到了时间流中的前面一点；此有的"早已在"中的"早已"，也不表示时间流中的后面一点。我们早已习惯地认为，时间独自流动，而一切存有者皆在其中，占着不同的时间点。可是，在海德格尔，此有不在时间流中。时间的原初意义是此有的时间性，时间流是由于此有遗忘自己的时间性，沉沦到世界中所引申出来的观念。

此有的"到了自己之前"中的"之前"，是指它的"将要前来"，由于这是自己的"将要前来"，因此它必须考虑，在它"将要前来"时，是否要坚持自己或逃避自己。由此，它的将来让它开显自己的存有，这就是关念的存在性。存在性的意义奠基于此有的将来。同理，此有的"早已在"中的"早已"，是指它早已被丢掷到事实性中。我们曾说，此有的事实性不是此有来到后才争取得来，也不能在得到它后将它摆脱，因为此有的时间性是"曾经"。这是说，此有早已曾经拥有事实性，而且它曾经拥有的事实性是不会成为过去而消失的。事实性不会消失。只有手前性的东西，才会成为不在手前而消失。由于此有的时间是"曾经"，所以它发现自己时，总是已经在被丢掷而来的事实性中。因此，关念的事实性之所以可能，是因为此有是"曾经"。换言之，事实性的意义奠基在此有的"曾经"。

关念的沉沦性——靠存有——是指此有遭逢世界中之存有者，因此停靠在它们之上，遗忘或逃避自己的存有。基本上，这是由于此有在当下里，其时间的原初意义是"现之为在"。由于此有能呈现事物为在，故它才能停靠在它们之上。这个时间，海德格尔没有给它特别的名词。在下文，海德格尔讨论此有在沉沦中的存在方式时，他以"现之为在"（Gegenwärtigen, making present）来说明此有的现在，而以"瞬间"（Augenblick, moment of vision）来指涉决断中的现在。基本上，海德格尔的意思是指，由于此有把世界中之物"现之为在"，因此它会停靠和沉迷在它们之上，难以自拔，以致遗忘自己的存有。可是，在决断中，此有当然也会将它的处境"现之为在"，但这样的"现之为在"没有让此有停靠和沉迷在其中，它主要是关心自己的存有，只"瞬间"地开显它的处境，不停靠在其中的存有者上，且继续往前超出自己和完成自己的目的。

于是，借着此有的时间性，说明了关念之所以可能的基础，让我们更彻底理解它。因此，关念的存有学意义是时间性。

（三）时间性的互为超出的统一性

时间性是关念的意义，关念不是存有者，它是此有的存有，因此，时间性也不是存有者。时间性要时间化自己，这是说，它总是"将要前来"，回到"曾经"，当下把世界"现之为在"。更严格地说，就在此有"将要前来"时，它已经回到"曾经"去，现出了世界中的存有者，这是说，此有的将来已经到了"曾经"，也在现在中。同理，此有的"曾经"已经往前限制它的将来，也是在现在中。再者，由于此有"将要前来"，而且曾经在世界中，它才能现出它的周遭世界。因此，时间性的各时态总是要超出自

255

己，但仍在时间性中统一起来。换言之，此有的将来、"曾经"和现在，不是各自独立的时态，而是各自超出其自己，但又构成统一的整体。时间性中的各时态，由于它们超出其自己，海德格尔因此称为"超出性时态"（Ekstase, ecstase）；这个由各超出性时态构成的统一性，他称为"互为超出的统一性"（ekstatische Einheit, ecstatical unity）。

在一般的时间概念里，时间是单向的相续，它是无始无终的时间流，所以各时态是独立的——现在是当下，它尚未到达将来，也未过去；过去已经消失，它不在现在，更不可能在将来里；将来尚未到达现在，更不在过去中。然而，这样理解时间时，已经疏离了时间的原初意义，而是把时间视为手前存有的东西。海德格尔认为，这是由于此有的时间性在时间化自己时，遗忘了自己的原初意义，而在非本真的方式下理解出来的时间概念。

于是，时间性在时间化自己时，也有本真和非本真模式，这正如此有的存在也有本真和非本真之别。在本真的时间化中，此有本真理解自己的时间性，在这种情况下，此有必须先理解它的将来是"将要前来"，而不是时间流中的尚未来临的一点。因为，只有在此有的"将要前来"中，它才能理解自己的以前是"曾经"，不是时间流中的过去；也理解自己的当下是"现之为在"，不是时间流中的现在。因此，当时间性本真地时间化自己时，它必须先本真理解它的将来，而由将来回到"曾经"和现在。因此，海德格尔认为，在本真时间性中，它的基本现象是将来。他的意思是指，时间性能本真地时间化自己，首先要有本真的将来，借此，整个时间性的互为超出的统一性，才能完整呈现。

时间性不外在于客观时间中，它是此有的存有——关念——

的意义。由于此有的存有是有限的，它是死着的、有尽头的，因此，时间性也是有限的、有尽头的。但这不是说，时间发展到将来的某一点时，便会停止。它的有限性不是指它将来的停止，而是说，当此有的时间性在时间化自己时，它理解自己的"将要前来"本身就是死着，也因此自己是有尽头，或有"最后的边际"的，由此限制出此有的整体。由于时间性是有限的、有尽头的，因此此有才能理解它的存有是各种的"不"，换言之，它的存有是欠咎的。

海德格尔认为，一般人以为时间是无限的或无尽的，是由于他们逃避自己时间的有限性。在本真存在中，此有发现它的时间是有限的、有尽头的，所以它会面对死亡而怖栗，由怖栗而逃避。当逃避到非本真存在里，时间才成为无限的、没有尽头的。我们以后会更详尽地讨论这个问题。

至此，我们对时间性作了扼要的说明，也指出它是此有的存有——关念——的存有学意义。既然藉着时间性可以更彻底理解此有的存有，那么，以前我们对此有所作的分析，都可以由时间性概念重新说明了，而且这样的说明才是更彻底和更原初的。于是，海德格尔接着从时间性再次说明以前对此有的存在分析。

在进行这个工作前，先要简略说明此有的时间性与日常生活理解的时间概念。此有是存在的，它投出在它的可能性上，到达世界中之物去。这时，它总是为了自己，而去运用自己（sich verwenden, utilizes itself）。这是说，此有总是为了自己——要成为自己或逃避自己，而运用自己去完成它的目的。在日常生活中，它总是逃避自己，关切世界中之物，运用自己去使用用具，以完成它要求的工作。海德格尔指出，在此有运用自己时，它用去自己（sich verbrauchen, uses itself up）(SZ440, BT381)。他的意思基本上是说，当此有运用自己进行工作时，它总是将自己的观念用在它的工作上，让它所遭逢的一切，都在这些观念的影响下。然而，此有的存有是时间性，故而在它的工作中，它运用自己的时间，将时间用在工作上，因此，此有得以计算时间。较简单地说，此有在工作时，由于它是有将来、"曾经"和现在的，故它总是一分一秒地计算时间——用去多少时间、还有多少时间、当下是什么时间或尚需多少时间等。由于此有计算时间，于是它发现世界中之物是在时间中。当此有发现这样的时间时，就是一般的时间概念的根源。

世界中之物之所以在时间中，不是由于先有客观的时间流，然后事物被放在其中。海德格尔指出，由于此有的存有是时间性，而在日常生活的工作中，此有运用自己的时间和用去时间，因此它才会计算时间。一旦此有计算时间，则世界中之物就在时间中。于是，由于此有，世界中之物才在时间中。根据此有的存有，时间性是它的存有学意义，故它不在时间中。只有世界中之物，才在时间中。当我们用"在时间中"（die Innerzeitkeit, within-time-ness）一词时，不是指此有，而是指世界中之物。

第十三章 从时间性说明
此有的日常生活 (§67－71)

　　根据海德格尔，"此有"是指"存有在这里"。当存有在这里时，它当然是显示自己的，因为若存有完全隐藏，则它是不可知的，那就没有此有了。再者，若它显示自己，则它是被人理解的，因为若人不理解它，则没有人知道它显示自己。所以，此有意涵存有在这里，也意涵此有理解存有。我们也常强调，此有的存有之主要性格，是它理解存有。既然此有的存有是理解存有的，这亦即是说，此有的存有是开显性（参考§28）。而且，正由于此有是开显性，它才能开显它的世界性，并得以开显它的周遭世界，成为在世存有。由于它开显世界，它才能有日常生活。因此，若要根据时间性说明此有的日常生活，则首先要说明此有的开显性。

一、从时间性说明此有的开显性 (§68)

　　此有的开显性由三个结构组成，它们分别是：理解、际遇性和言谈。我们首先要从时间性分析这三个结构。开显性可以有本真和非本真的方式，前者是在参与的决断中，后者是在沉沦里。关于前者，我们会在分析开显性的三个结构时加以说明；至于后者，我们特别另辟一节讨论它。于是，我们的分析就有四个部分：理解、际遇性、言谈和沉沦。

（一）从时间性说明此有的理解

我们以前指出，此有的理解根据一个结构"设计而投出"（Entwurf, projection），这是说，此有的理解不是指一般所说的心灵的认知或知觉，而是此有早已在设计上，据此投出到世界去，由此才能完成理解。当海德格尔讨论理解时，他不是讨论心灵活动，而是讨论我们当时的存有。理解是此有的存有模式，亦即它是我们当时"延续下去"的方式。此所以海德格尔认为，理解是此有的存在性征的原因。

理解的结构是设计而投出。从它能投出自己而言，那是由于此有的时间性不仅自限于当下的现在，而是超出到将来去。这是说，由于此有是"将要前来"的，所以它才能在它的可能性上投出。对于一个手前的东西，它只能摆在当下的现在，无法投出自己，因此它没有理解能力。理解之所以可能，基本上奠基于此有的将来。

然而，当此有时间化自己于将来时，它可能有两种方式：参与的决断和沉沦到世界中。在前者，此有往前走在自己的可能性上，本真开显自己的存有，理解它的将来是"将要前来"。此有这种本真的将来，海德格尔仍旧采用"参与的决断"中的词汇，称为"参与"（Vorlaufen, anticipation）。因为唯有在参与中往前走，此有才能本真理解它的时间性。

但当此有时间化自己于将来时，它可能不参与在自己的可能性上，而是关切世界中之物。虽然它的投出依然奠基在将来，但它没有本真开显自己的存有，而是理解世界中之物。它关切它们是不是可以利用的、紧急的、必须的或是要放弃的，这样，此有在它的"将要前来"中面对着世界中之物。此有在这样的将来中，海德格尔称为"等待"（Gewärtigen, awaiting）。"等待"一词不是一般所说，被动地期待某物的来临。海德格尔要强调，在这种存在方式中，此有的开显性向着存有者，而不是向着自己的可能性。无论此有当时是主动或被动，它都只看到存有者，遗忘自己的存有。由于它开显的都是存有者，所以它才可以期待事物的来临，让它们在时间中。

在以前讨论死亡时，曾提到此有要在参与中，才能本真理解死亡——它是死着的；但当此有沉沦，将死亡误解为事件时，当时的此有是在期待中（参考§53）。现在可以明白，当此有误解死亡时，它是在等待的方式中投出自己，所以它才能期待，由期待而将死亡误解为在时间中的事件。由于等待让此有误解存有，因此等待是此有非本真的将来，也造成非本真的理解和非本真的时间性。

当此有在它的将来中投出时，无论是参与或等待，都在当下呈现出周遭世界。但在后者，此有总是计较世界中之物，考虑得失、钻营取巧，这是说，此有似乎完全投身于事物中，紧靠和追踪它们。但是，此有之所以能紧靠和追踪它们，是由于此有的现在是"现之为在"（Gegenwärtigen, making present）。这是说，此有在这样的现在中，似乎遗忘了要开显自己的存有，而聚焦在呈现世界中之物。只有遗忘自己，聚焦在呈现世界中之物时，此有才能紧靠和追踪它们。由于此有不再根据自己的在世存有去理解世界，因此"现之为在"是对世界的非本真理解，故也是非本真的现在。

相反地，在参与的决断中，此有理解往前走在将来中的是自己，且它要在往前走中坚持自己，绝不再逃避自己而沉沦到世界中。它当下虽然开显周遭世界，但它不是为了世界中之物，而是为了自己——即使它使用世界中之物，但也是为了自己而使用的。世界似乎是给它用以完成自己的，所以，世界与此有互相密切关连。这样的世界，我们以前曾称为"处境"（Situation）（参考§60）。

处境与此有密切相关，这是说，此有参与在将来时，它总是把持着本真的将来——它的"将要前来"不属于别人，是属于自己的。此有在这样的把持中呈现出处境，且处境是为了完成此有的将来的，因此，在此有的时间性中，现在似乎是由将来引出，又是为了贯注于将来去。时间性的重点是在将来，不是现在。现在似乎是从将来而来，但又回到将来去的一个必须但短暂的过程。这样的现在，海德格尔称为"瞬间"（Augenblick, moment of vision）。德语 Augenblick 中的 Blick 与视觉有关，故也与"现之为在"的呈现意义相关。中文的"瞬间"一词，一方面表示它是短暂的，另方面也表示它的呈现功能。

参与的决断能本真开显此有的存有是欠咎的，这是由于它在往前走时，同时回到它的事实性。它能够如此，是由于此有的时间性是"曾经"。假若时间性的"曾经"是"过去"，则它曾经拥有的事实性已全部消失在过去中，无法再次回到它。此有在它的"曾经"中，是指它开显它的"曾经"——它已拥有的事实性。此有这样的"曾经"，海德格尔称为"重现"（Wiederholung, repetition）。这基本上是说，时间性在本真时间化自己时，总是把曾经拥有的事实性，重新呈现出来，让此有本真地开显它。

此有的理解之所以逃避自己的存有，而仅开显世界中之物，是由于它遗忘了自己的存有。这是说，对于此有"曾经是"或"曾经"拥有的存有，它变得遗忘了。此有这样的"曾经"，海德格尔称为"遗忘"（Vergessenheit, having forgotten）。基本上，此有遗忘或逃避了自己的存有，才能在日常生活中沉沦到世界去，成为非本真存在。

在海德格尔，遗忘不是心理学现象，这是说，它不是指人心中曾有过某些经验，但现在无法想起来了。"无法想起来"是消极意义，但遗忘是此有的积极存在方式，因为这是它看到自己的存有，但由于感到怖栗，所以才积极逃避自己。人能有心理学的忘记或记忆，是由于他的时间性是"曾经"，这是说，由于他本性上能够回去开显曾经有过的一切，他才会发现现在"无法想起来"；又或他发现现在已经回到以前曾有的经验里，因此记忆起来了。

总结以上所说，时间性在本真时间化自己时，其将来是参与，且重现其"曾经"，在"瞬间"中遭逢它的处境。非本真的时间性，其将来是等待，遗忘其"曾经"，把周遭世界"现之为在"。无论本真或非本真的时间性，都是时间性以不同的方式时间化自己，但前者是原初的，后者是由于逃避前者所引申出来的，这是时间化的引出模式。

（二）从时间性说明此有的际遇性

我们说过，此有的理解与际遇性是同等原初的（参考§31），这是说，在此有的设计而投出中，它同时在感受中开显自己。在感受中，此有主要开显它的"就是如此"的事实性。无论此有正视而重现其事实性，或逃避而遗忘它，此有都是在感受中。前者是在怖栗中的无家的感受，后者是在平和的、在家里的安全感中。然而，从时间的观点而言，此有之所以能在际遇性中有各种感受，是由于此有的时间是"曾经"。较简单地说，这是由于它曾经得到的东西不会消失，而是可以让它回去重现的。因此，此有的感受奠基于时间性中的"曾经"。

以前我们曾分析惊慌与怖栗这两种不同的感受，前者是非本真感受，它让此有无法开显自己；后者是本真感受，它让此有本真开显自己。现在，我们根据时间性，简单地说明它们。

惊慌一定面对存有者。在它的威胁下，此有感到惊慌。由于它与存有者相关，所以当时此有的将来是等待。但此有之所以惊慌，是由于它害怕自己受到伤害，因此它必须回到自己，才能产生惊慌。但是，它回到自己时，却不是要开显自己，而是感到惊惶失措。惊惶失措正好表示它遗忘自己。所以，当时此有的"曾经"是遗忘，并且，在惊慌中，此有不知所措，不知道如何应付当时的周遭世界。周遭世界中之物一个接一个出现，但此有无法把握任何一个。因此，即使当时的此有将周遭世界"现之为在"，但这是"错乱的现之为在"。"错乱的现之为在"进一步改变了此有的等待，使它不能稳定停靠在一物上或专注期待一物，反而成为"错乱的等待"。于是，在惊慌中，此有沉沦到世界中，它不仅不理解自己，且由于它的错乱，对世界之物也一无所知。无论如何，惊慌的时间性是非本真的——在遗忘而等待中"现之为在"。

怖栗与惊慌的最大分别是，前者没有对象，后者一定与对象相关。怖栗面对的是完全陌生的世界，此有不认识任何存有者，因此它的将来不可能是等待。再者，怖栗所怖栗者不是世界，而是此有自己的可能性（参考§40）。因此，此有也要回去自己，才能感到怖栗。这时，它开显自己是被丢掷成个人化的此有。它不逃避，但却尚未在决断中清楚把握自己。它只是理解它的"曾经"是可以重现的，而且也准备往前作出决断。并且，它尚未在当下呈现出处境，但它理解，一旦作出决断，它就必须将处境呈现出来，以完成它的决断。因此，它是准备在"瞬间"去呈现处境。海德格尔认为，怖栗的时间性非常特殊，因为根据他的分析，怖栗还不是在本真的时间性里，而是准备成为本真的时间性而已。

海德格尔分析怖栗时，没有如分析惊慌那样，清楚说明它的时间性模式。他只简单指出，怖栗奠基在"曾经"上，而理解它的"曾经"具有重现性（Wiederholbarkeit, repeatability），且它当下准备在"瞬间"呈现其处境。再者，怖栗正要作出可能的决断。若我们勉强为海德格尔说明怖栗的时间性，或许可称其为"正要参与，也要重现和准备瞬间"。

总之，惊慌和怖栗都是奠基于时间性的"曾经"，因为当此有被丢掷到这里时，它就是如此的此有，才会惊慌或怖栗。可是，前者来自世界中具威胁性的存有者，而当此有回到它的"曾经"时，却是惊惶失措，遗忘了它，且由于它惊惶失措而成为错乱，因此对它的将来和现在也一无所知。后者来自它要参与决断中，因而要求重现它的"曾经"，更准备紧紧把持自己的将来而开显它的处境。

（三）从时间性说明此有的沉沦

此有的理解奠基在将来，际遇性的感受奠基在"曾经"，而沉沦则奠基在现在。换言之，此有之所以能够沉沦到世界中，追逐其中的事物，主要是因为它的时间性的现在是"现之为在"。

此有的沉沦是指它的存在是在"人人"的支配下。这时，它的基本存在方式是闲聊、好奇和歧义（参考§35－38）。海德格尔认为，好奇最能表示沉沦的时间性，所以他只讨论好奇的时间性。好奇是此有沉沦在世界中之物的存在方式，其基本性格是：去看事物，但仅是为了要看。但是，能看到事物，当然是因为此有能呈现它们，所以，好奇奠基在时间性的现在——"现之为在"。

在日常生活中，当此有尚未陷于极端的沉沦时，它根据自己的目的，呈现周遭世界中的存有者。此有使用它们时，是为了达致它的目的，正如它为了遮挡风雨而动手建造房子时，它呈现出槌子、钉子和木板等构成的周遭世界。它使用这些用具，是为了完成自己的目的。那么，从时间性而言，它的将来是等待（等待它的目的），再据此将相应的周遭世界"现之为在"，以完成它等待之物。这是说，它的现在接受将来的指引。我们或许可以这样说："等待于前，现在居后。"可是，一旦此有改变成极端的好奇，将来与现在的关系便会随之改变。

好奇是要去看，但仅是为了要看。当它看到事物时，它不停留而专注于此，而是为了去看别的。它不断追求新奇。于是，当它于现在呈现一物时，它立即要跳离，往着另一物。它的现在有一个特性：跳离自己。然而，当它往着另一物时，它就是等待此物。换言之，在好奇中的等待，来自它的现在要跳离自己，因此，它的等待接受现在的指引。这样，我们可以说："现在于前，等待居后。"好奇中的现在不仅跳离自己，也跳离等待的指引，且反过来指引等待，因此，此有在日常生活中一般情况下的时间性亦随之改变了。

以前讨论好奇时，曾指出它有三个性格：从不停靠（Un-verweilen, not tarrying）、分散（Zerstreuung, distraction）和居无定所（Aufenthaltslosigkeit, never dwelling anywhere）（参考§36）。我们现在可以从时间性去说明它们。由于好奇的现在总是要跳离等待的指引，因此它从不停靠于特定事物上。当好奇的现在跳离等待，更反过来指引等待时，因为它不断跳离，所以将自己分散在无止境的"现之为在"里。当好奇沉迷在无止境的分散中，它便完全仅是为了呈现而呈现，无法自拔。它既到过一切地方，也没有到过任何地方（因为它对每个地方实际上都一无所知），而成为居无定所了。

好奇的时间性集中在"现之为在"，将来反而跟随它。好奇愈是沉迷于现在，则愈是分散在世界中之物。它再难以回到原来就是如此的自己——亦即自己的"曾经"——去。这是由于它遗忘了自己的"曾经"，才沉迷到现在的。所以，好奇的时间性的"曾经"是遗忘。

（四）从时间性说明此有的言谈

言谈的基本意义是整理出可理解性（Artikulation der Ver-ständlichkeit, articulation of intelligibility）（参考§34），这是说，它整理由理解、感受和沉沦所开显的东西。从时间性而言，言谈没有特定的时态。然而，由于它主要是以语言说出自己，而它是要说出在世界中之物，故而"现之为在"是它的特殊性格。

海德格尔指出，言谈常以语言表达，语言要根据文法，而文法有各种不同时态（Tempora, tenses）。文法的时态不是由于言谈说的事物是在时间中，也不是由于言谈本身是在心理的时间中，而是由于此有的时间性。这是说，此有的时间性统一了将来、"曾经"和现在。此有在这个时间的统一体中说出语言，因此，它关切之物才在时间中，而语言才有各种时态。

海德格尔在《存有与时间》里，还未深刻理解语言的本性，所以无论他在§34 中讨论的言谈和在这节中的语言概念，都显得非常勉强。因我们不是研究海德格尔的思想发展史，就无须花太多精力，作深入的说明了。

最后，海德格尔指出，无论时间性是在本真或非本真的模式中，它依然有三个互相超出而统一的时态。这是说，此有的将来（无论是参与或等待）总是回到它的"曾经"（无论是重现或遗忘）和在现在（无论是"现之为在"或"瞬间"）中。我们不能说，在此有的时间性中，将来是在"曾经"以后才出现，而"曾经"是在现在以前的时刻，现在处于将来和"曾经"的中间。若这样理解此有，则此有便成为在时间流中的存有者。但此有不在时间流中，相反地，由于此有是时间性，它因此能在关切世界中之物时计算时间，由此把时间计算为单向相续出现的时间流。时间流是奠基于时间性引申出来的概念，不是时间的原初概念。并且，从时间性的观点而言，此有的不同存在方式，只是时间性以不同的模式时间化自己而已。然而，无论如何，时间性总是统一的，由此亦可证实此有的存有——关念，虽然由存在性、事实性和际遇性构成，但依然是统一的整体。

二、从时间性说明此有的关切和世界的超越性（§69）

在日常生活中，此有在环视的指导下，关切世界中之物。它使用其中的用具，以得到它要求的目的物。这种关切，由于它被环视指导，故可称为"环视的关切"（umsichtiges Besorgen, circumspective concern）。环视的关切让此有理解世界中之物的用途。但此有在关切世界中之物时，不一定要由环视去理解它们，它也可以建立各种科学理论去理解它们。由于这样的关切是知识性的，故可称为"认知的关切"（theoretisches Besorgen, theoretical concern）。这两种关切，可以从时间性概念说明。再者，此有既然能关切世界中之物，这即表示它早已开显了世界，且据之投出到事物上，事物才得以成为世界中之物。那么，由于世界让事物成为世界中之物，因此世界是超越的。本节先根据时间性说明此有的关切，然后说明世界的超越性。

（一）从时间性说明环视的关切

在环视中关切一物，是指使用一个用具。但用具之所以能作为用具，是由于它早已在用具整体中。我们以前曾说，严格而言，一个用具是不"在"的（参考§15）。所以当环视理解一个用具时，它早已开显用具的整体，且据之以理解它。换言之，环视总是早已保留（behalten, retain）了用具整体。

在环视中的保留，与此有时间性的重现或遗忘不同。无论重现或遗忘，都是关于此有的存有中的"曾经"，前者是正视此有

269

"曾经"拥有的事实性，后者则是逃避它。但在环视中保留的，不是关于此有存有的事实性，而是关于世界。环视的关切有一个特性，即它必须保留用具整体，否则它无法理解世界中之物。由于环视能够保留，此有才能有熟悉的周遭世界。

在关切世界中之物时，此有时间性中的将来是等待，因为它所面对的，不是自己的可能性，而是世界中之物。但是，由于环视必须保留用具整体，才能理解它们，因此这是保留的等待。而且，在日常生活中，此有必须遗忘自己，才能完全投身和沉迷在工作中。再者，在环视的保留中等待其目的物时，此有会相应着它的目的，当下呈现周遭世界，以便利用它以获得其目的。因此，它的现在是将世界中之物"现之为在"。

海德格尔继续从时间性说明 §16 所说的，用具的突出性 (das Auffallen, conspicuousness)、闯入性 (Aufdringlichkeit, obstrusiveness) 和固执性 (Aufsässigkeit, obstinacy)。由于其中没有新的概念，故不多作说明。

（二）从时间性说明认知的关切

环视的关切让此有使用世界中之物以获得它的目的；认知的关切则让此有认识世界中之物，获得科学的或理论的知识。海德格尔指出，他分析认知的关切，其观点不是逻辑的，而是存在的。前者将科学视作真命题之互相关连，重视其结论的有效性；后者却认为科学是此有的认知的或理论的存在方式。并且，分析这种存在方式是指，说明它如何由此有的存有引申出来。换言之，这是存有学的源起 (ontologische Genesis, ontological genesis)

分析。

　　海德格尔在§13指出，认识之所以可能，是由于环视停止指导此有使用世界中之物。此有在停止工作后，改为观察它们，故它从使用的存在方式，改变成认识的存在方式。这似乎是说，当此有停止实践时，则引申理论的存在方式。换言之，理论的存在方式之所以可能，仅是由于实践的消失。海德格尔反对这种主张，因为即使此有停止实践，它也不一定要去作理论的认知。它可以检讨刚才的工作、考察其成果、评估其得失等。再者，即使在理论的认知中，也有很多实践的行为，例如准备实验和记录其发现。所以，理论与实践是难以严格区分的。换言之，我们不能据此区别环视的关切和认知的关切。

　　在日常生活中，环视早已保留和理解用具整体，才能指导此有进行工作。那么环视如何才从它所保留的各个用具整体中，较清楚地开放出一个用具整体，指导此有实际进行工作呢？我们或许可以这样说明：此有必须先明白自己当时要求的目的物，再反过来考量它保留的各个用具整体，检讨哪一个在当时是最为适当的，然后才决定利用它以获得自己的目的物。这样，一个围绕着此有的周遭世界才会较清楚地呈现。当环视以这种方式拉近一个用具整体时，海德格尔称为"考量"（überlegung, deliberation）。在考量时，环视要根据一个"如果……则"的图式（Schema, scheme），即如："如果要得到某物，则要借助某些用具。"在这个图式下，环视才能把当时的周遭世界拉近、围绕着此有。因此，环视之所以能理解它的周遭世界，是由于它是考量的。从时间性而言，这是环视的现在——"现之为在"。

　　但是，如何才能从环视的关切改变成认知的关切？换言之，如何从以用途去理解世界中之物，改变成以科学理论去说明它？是否正如我们以前在§13讨论此有的认识（Erkennen, knowing）时所说，是由于此有改以手前存有的方式去理解它，就能对它有科学理论的知识呢？可是，海德格尔指出，即使是用具，也可以是科学研究的对象，正如考古学家找到原始人的用具，也可以根据考古学的理论说明它。并且，这时的用具虽然是科学的对象，但它依然是用具。再者，经济学探讨的对象，往往也是被人使用的用具。所以，科学理论的对象不一定是手前存有者。由此可见，以手前存有的方式去理解世界中之物，不是科学理论成立的必然基础。

在§24讨论此有的空间性时，我们曾指出，当此有放弃环视，直接观察空间时，原先在周遭世界中的空间，变成纯粹的三度空间；原先在区域中的用具所占有的方位（Platz, place），变成由事物占有的空间位置（Stelle, position）；原先的周遭世界失去了它的"周遭"——它不再围绕此有，变成在广大的空间中的自然世界。因此，当此有放弃环视后，不仅世界中之物的存有改变了，它们的空间意义也改变了——成为在客观空间中的位置。这样，自然世界的事物，便是占着空间位置的手前存有者。然而，这样的改变可以对自然世界建立科学理论吗？尚不足够。

我们必须对自然世界的存有，作更深入的理解。这是说，更深入整理自然事物的基本属性，且提出适当的方法论，才能建立科学理论，并得到它的理论性知识。海德格尔以现代时期的数学物理学为例，他指出，数学物理学之所以能成立，不是由于对客观事实的重视，也不是用数学来说明自然事物的运动，而是由于在理解自然界时，是在数学的方式下设计而投出。①这是说，在作科学研究前，早已根据研究对象的存有，整理出它的基本意义、方法论的轮廓、思考的进路、它的知识之确定性、真理的条件和说明的方式等。当这些项目被决定后，我们以之作为设计，投出到研究对象去，那就是在科学的存在方式去研究它们了，由此才能得到理论的知识。所有这些项目，构成科学的存在概念。

根据研究对象的存有，建构科学的存在概念中的各个项目，海德格尔称为"课题化"（Thematisierung, thematizing）。课题化把科学研究前的基本条件整理出来，以之作为设计，让此有据之而投出，将事物作为研究的对象。因此，课题化把事物客观化。②这并不是说，课题化创造出客体或对象，而是它先肯定自

---

① 海德格尔所说的"数学"，不是指一般授课时的数学。"数学"基本是指，获得一物的知识前之基本默认。对于柏拉图写在他的学院大门前的名言"不懂数学的人，不得进入"，海德格尔认为，所谓的"懂数学"，是指这些人明白，真正理解一物，是要理解我们对此物的知识之基本默认。参考 Martin Heidegger, *Die Frage nach dem Ding: zu Kants Lehre von den transzendentalen Grundsaetzen,* in Martin Heidegger: *Gesamtausgabe* (Band41, Frankfurt am Main: Vittorio Klostermann, 1984), S.76, 或是其 *Martin Heidegger: Basic Writings,* ed., David Krell (New York: Harper and Row, 1977), p. 245。海德格尔在这里说的数学包含两个歧义：一般所说的数学，以及数学物理学的基本默认。

② 用孔恩（Thomas Kuhn）的典范（paradigm）概念，更能清楚说明海德格尔在这里的主张。孔恩认为，不同的自然科学研究是由于默认不同的典范。基于典范中的概念，建构自然科学对象。从这个观点看，典范中的概念是自然科学对象的存有学结构。科学家默认了典范，投出到事物上，让事物成为科学对象，进而得到它的科学知识。同理，海德格尔认为先课题化科学对象的存有学结构，以之为设计，投出到事物中，才能得到它的科

己的设计，据之说明事物，因此让事物成为"相对"其设计的对象。①于是，从课题化将事物呈现为对象而言，它也是"现之为在"的方式——它现出了科学研究中所等待的对象。

海德格尔这样讨论科学，基本上也是一种科学哲学，但他不是从逻辑的方式检讨科学的知识或方法论。他把科学视为此有的一种存在方式，探讨它如何从原初的存在方式引申出来，及它本身的性格。这基本上是存有学的进路。在海德格尔，理解任何事物，不能先默认它是独立的，因为这已误解了它的存有；而是必须先将它与此有的存在相关连，因为事物是世界中之物，而世界是由此有的存在开显出来的。于是，各种不同的事物，奠基于此有各种不同的存在方式。再者，各种不同的存在方式之所以可能，是奠基于此有的存有——理解存有。这是说，由于此有总是理解各种不同事物的存有，且以之为设计，投出到事物上，在此有不同的理解中，就有各种不同的存在方式。反过来说，在此有不同的存在方式中，就有各种不同的理解。

根据以上的观点，就较容易明白海德格尔说的环视的关切和认知的关切了。在前者，由于此有早已理解世界中之物是在其用途中互相指向、构成用具整体，且它们是为了此有，即满足它的目的，因此它才会根据"如果……则"的图式来考量（überlegen，deliberate），亦即"如果要得到某目的物，则要藉助某些用具"。在考量的存在方式下，此有根据自己的目的，在保留的各个用具整

学理论知识。

① 现象学的理解也是在设计中，但它不肯定自己的设计。它开放自己，接受由事物本身而来的设计。一旦由事物而来的设计与它原来的设计互相冲突，它便放弃自己而接受事物，这样才能回到事物本身。

体中，决定一个足以使它获得其目的、并且呈现出当时的周遭世界。在环视的考量存在方式下，其关切之物是用具，而此有理解的，则是它们的用途。

在后者，此有也理解世界中之物的存有，但它放弃以"如果……则"的图式去考量，而是进行课题化。这是说，它根据它的理解，整理出世界中之物的存有之基本意义及可靠的方法论、决定其思考的观点，厘清知识之确定性和真理的条件，限定其使用的语言等，然后以之作为设计，投出到事物去，以求得到理论的知识。在这种存在方式下，认知的关切才得以形成，科学研究才得以进行，并且，事物成为对象。此有理解的，是它们的理论知识。

此有由课题化以研究世界中之物，使之成为对象，由此可见，相对于其他存有者，此有是超越的（transzendent, transcendental）——它的存有能让存有者成为对象。但这不是说，由于此有可以客观化对象，故它是超越的；相反地，由于此有的存有是超越的，故它可以客观化它们，使之成为对象，被它研究。

此有是在世存有，这是说，它的存有早已开显世界，且以之为设计，投出到事物去，让事物成为事物。相对于事物而言，世界是超越的。接着，我们要从时间性说明世界的超越性。

（三）从时间性说明世界的超越性

在海德格尔，世界不是存有者，也不是由存有者组成的总体。事物才是存有者，但它们必须在世界中。在讨论世界性时，我们曾指出，此有在日常生活中，总已理解存有者是在指向性

(Bewandtnis, involvement) 的关系上互相关连（参考§18），而整个指向性的关系整体是为了满足此有，使它得到它的目的物。此有理解这点，以之为设计，投出到存有者去，开显当时的周遭世界。这组关系，由于它开显出周遭世界，故它是世界，海德格尔称之为"世界的现象"（SZ116, BT119）。但对于海德格尔，世界的现象有它特殊的结构。这个结构，他称为"世界性"（Weltlichkeit, worldhood）。再者，由于世界的结构让周遭世界得到周遭世界的意义，因此他认为世界性是"给出意义性"（Bedeutsamkeit, significance）。

在这节中，海德格尔说的"世界"，不是指实际的周遭世界，而是上文说的世界的现象。他认为它是超越的，因为它是让实际的周遭世界成为可能的根据。世界之所以是超越的，是由于世界是此有的存有结构，而因为此有是超越的，所以世界也是超越的。此有虽超越，但它必带着自己的超越性投出到存有者去，因此，它带着世界而投出，成为在世存有，与世界统一。现在，我们从时间性的观点来说明世界的超越性。

此有的时间性总是时间化自己。在时间化中，它依然是互为超出的统一性（ekstatische Einheit, ecstatical unity）。这是说，它的"将要前来"已回到它的"曾经"去，且同时是"现之为在"。无论本真或非本真的时间性，它都是如此，仅是各时态在不同的模式上而已。海德格尔认为在时间化时，时间性有它的视域（Horizont, horizon）。他的意思是说，各时态都会在某一方向往外看，且看到一个领域。这个方向，他称为"视域图式"（horizontales Schema, horizontal schema）。在此有的往前"将要前来"中，其视域图式是"为了自己"。这是说，在本真的时间性中，此有的将来是为了要成为自己的；在非本真的时间性中，此有的将来则是为了要逃避自己。在此有感受它的"曾经"时，其视域图式是"面对"——此有面对被丢掷给它的事实性，或面对它而逃避，以致沉沦到世界中之物去。在非本真的现在里，此有将它的周遭世界"现之为在"，其视域图式是存有者的用途——即用具的"为了……"（um-zu, in-order-to）。

由于时间性是互为超出而统一的，因此各时态的视域图式也是统一的。在"现之为在"时，此有从"为了"的方向往外看，把各存有者在其用途中，互相指向地关连起来，构成指向性整体。此有在"将要前来"时，根据"为了自己"的方向往外看，把整个指向性整体跟它关连起来了，且据之投出，开显出它的周遭世界。这个指向性的关系整体和它与此有的关系——为了满足此有的，就是我们所说的世界的现象。因此，从时间性而言，由于各时态是互为超出而统一，而它们又各有其视域图式，故它必开显世界。并且，时间性总是时间化自己，因此它总是根据世界而开显它的周遭世界、遭逢世界中之物。

此有的时间性开显世界，再由它的时间化而开显出实际的周遭世界，因此，若没有此有，则没有世界，也没有周遭世界和世界中的存有者。无论此有使用用具、认识手前事物、课题化它们为对象，或在任何存在方式上遭逢世界中之物，此有早已默认了世界。世界根基于时间性，且由时间性的时间化，此有才得以开显其他存有者，故世界是超越的。

当海德格尔说世界是超越的，不表示世界正如上帝那样，客观存在于超越的领域里。世界不是客观的，因为它先于客观。这是说，客观事物之所以可能，先要默认世界；没有世界，则无法开显存有者，更无法开显客观事物。那么，世界是不是主观的？如果我们认为，奠基于时间性上的此有是"主体"，则世界当然是主观的。但这个主观的世界却是超越的，且比客观事物更为客观——它是客观事物的基础。

三、从时间性说明此有的空间性（§70）

此有的空间性不同于及手存有者和手前存有者的空间性。及手存有者是用具，其空间性是它在用具整体中的方位；手前存有者的空间性是它在客观空间中的位置（参考§22）。它们都是在空间中的存有者。此有的空间性不表示它在空间中，相反地，它是在除距（Entfernung, deseverance）和方向性（Ausrichtung, directionality）下，让整体中的各用具得到空间——它们的方位，以致围绕此有，产生周遭世界中的"周遭"(Umhafte, aroundness)。并且，由于此有被"周遭"围绕着，它才能在其中活动。这似乎是说，它开辟空间（Einräumen, making room）（参考§24），而空间在它的周遭世界内。

显然地，此有能在除距和方向性下开辟空间，是由于它能开显周遭世界。假若它的存有无法开显周遭世界，则当然无法开辟"周遭"中的空间了。再者，根据上节所说，此有之所以能开显周遭世界，是由于它的存有早已理解世界，或它与世界是统一的。然而，此有能根据世界以开显周遭世界，是由于时间性在时间化自己时，它的时态各有视域图式，而各时态又是互为超出而统一的。那么，只要时间性在其视域图式中时间化自己、开显周遭世界时，此有同时删除世界中之物的距离、给与方向，则它就可以开辟空间了。因此，除距和方向性之所以可能，奠基于时间性在时间化时的视域性格。

四、此有日常性的时间性意义（§71）

海德格尔起初在分析此有时，曾指出要分析它的日常生活或日常性（Alltäglichkeit, everydayness）。但是，从时间性看，它到底蕴涵什么意义呢？"日常性"一词显然指出，此有的存在是在"每天"里，它一天又一天地存在。但所谓的"每天"，不是指此有一生中的全部"天"数；"每天"的意义也不是根据历法而得，它是指此有的存在方式，换言之，此有的存在方式是每天一样的，这也就是此有"切近而通常"（zunächst und zumeist）的存在方式（参考§5）。海德格尔认为，所谓的"切近"，是指此有接受"人人"的支配，因为在日常生活里，此有早已在不知不觉中直接受到"人人"的指导。所谓的"通常"，是指此有在与别人共存时，一般上是如此的存在方式。换言之，此有的日常性是指"每天"都几乎是相同的存在方式。

"每天"是时间意义的词汇。虽然它不是指历法上的"每一天"或时钟上的"二十四小时"，但它至少表示，此有在时间化中用去它的时间时，它是计算着时间的。因为只有这样，它才会发现它"一天又一天"地活着。于是，由于此有的时间性，它才能计算出"一天又一天"的时间。有了这个时间，才有它的日常性。并且，这也表示此有在时间化时，不断地伸延自己，才会从昨天到今天、今天到明天。但此有从昨天到今天、今天到明天，即表示它在历史化自己。这是说，它形成历史。那么，我们以下要做两个工作：首先，讨论此有的时间性如何才能计算时间；其次，由于时间性引申历史的问题，因此还要讨论时间性与历史的关系。在下章，我们先讨论时间性与历史的关系。

第十四章　时间性与历史 (§72－77)

　　在讨论此有的死亡时，我们曾指出，当此有理解它是死着时，就是理解它的存有整体，因为死亡是此有"最终极的边界"，它限制出此有的整体。而且，此有必须理解此有的整体，才能对自己有原初或彻底的诠释。可是，现在我们要再次检讨，是否理解此有的死亡，就能理解它的存有整体呢？海德格尔认为，死亡仅是此有其中一端的"边界"或尽头，因为此有的整体是它的由生至死。在死亡外，尚有另一端的"边界"，那就是此有的生。[①]因此，我们仅说明了此有前端的边界，却忽略了后端的另一个边界。并且，如果此有的整体是由生至死，则还要说明它从生至死的伸展方式，亦即探讨：此有如何能把一生中的各个经验关连起

---

　　① 这里指的"生"显然不是指"出生"，因为"出生"是手前事件。既然死亡不是事件，生也不能是事件。基本上，此有不是生于母亲，它生于它开显自己在这里，或它得到它的"此"(Da, there)。它在感受中开显它在这里，而这里是指它的事实性。它"生"于事实性。没有事实性，则没有此有；一旦得到事实性，则它是此有。当此有开显它的事实性，它回到它的"生"。当此有开显一端的事实性，以及另一端的死亡时，它就开显了它的整体。

来，构成统一的此有呢？

通常我们认为，人的生命是在时间中相续伸展。在时间的相续中，只有在"现在"中的经验是真实的，因为以前的经验已经消失，而将来的经验尚未来临。因此，当人在时间中时，在"现在"中的他才是真实的，而他被前后两端夹在中间。在这种情况下，他如何伸展呢？他要从"现在"跳到下一个"现在"去，成为另一个真实的"现在"。他似乎是在时间中的"现在"跳跃，故我们称人是"在时间中"或"暂时的"(zeitlich, temporal)。可是，在这样的时间中，人的经验虽不断改变，但他却又认为他是相同的"自我"。对于这个相同的"自我"，哲学史上有多种不同的解释。但是，无论如何解释"自我"的性格或它与各经验的关连性，都是在错误的观点上，因为它早已默认"自我"及它的经验都是在时间中的手前存有者，这显然误解了人的存有。

人的存有是关念，不是在时间中的全部片刻经验的总和；他也没有一个架构，足以伸展到过去与将来，把全部经验集合起来，因为人若仅是真实地在"现在"中，则他的架构也无法伸展到已不真实的过去和尚未真实的将来。可是，人的本性是存在，它的存在不需别的东西，只需要自己，就足以伸展自己了。就在它的伸展中，它同时把自己关连起来。人从生伸展至死，已把他的生与死，及其生死之间，全部关连在它的存有中。而且，人不是仅仅真实地在"现在"中，接着跳跃到另一个真实的"现在"去，以致它的生已不真实，而死则尚未真实；人是带着他的生继续存在，且在他的继续存在中，他同时是死着。于是，当人存在时，他的存在统一了他的生与死，以及生与死之间。并且，人的存在就是在这个"中间"里，或更严格地说，他就是"中间"——开显着他的两端，在其中不断伸展。

那么，人的存在就是在他的两端中的不断伸展。这种伸展，海德格尔称为"历史化"（Geschehen, historizing）。理解人的历史化，就可以理解他如何把他的一生关连起来。但是，由于人的存有是关念，而关念的存有学意义是时间性，则便要由时间性说明人的历史化。在这个说明中，我们要指出，人在哪些结构上历史化。这些结构，海德格尔称为"历史性"（Geschichtlichkeit, historicality）。以下的工作是从时间性来讨论人的历史性。

人的存在是在生与死之间伸展，所以，存在就是历史化。正如人有本真和非本真存在，他也有本真的历史化和非本真的历史化，前者能本真理解他的历史化、生与死和他的经验之关连性，而后者则误解它们。

本真的历史化出自本真的历史性，而非本真的历史化出自非本真的历史性。再者，由于人能历史化，因此他发现历史物，建立历史学（Historie, historiology）——研究历史的科学。于是，我们还要讨论如何由历史性引出历史学。

一、历史的一般意义及历史物与此有的关系（§73）

我们现在根据时间性说明历史性，海德格尔依然采取他一贯的策略：在讨论一个现象时，先检讨它的一般意义，然后希望藉此找出它的原初意义。同理，要讨论历史性，就先要检讨历史的一般意义。

我们要明白，海德格尔是要把历史的基础建立在此有的时间性上，因此，当他讨论历史的一般意义时，他要达致一个结论：所有这些意义都与此有相关。由于此有是时间性，因此只要历史与时间相关，则就是与此有相关了。所以，在以下的讨论里，海德格尔强调历史与时间的关系，并由此结论出历史与此有是相关的。我们要在这个观点的指导下，才容易明白海德格尔的分析。

一般而言，历史的意义是指历史学。关于这点，我们稍后讨论。我们目前先讨论历史的其他意义。首先，历史是指那些过去的东西。例如我们说："某物已在历史中。"这是指，它是过去的。而过去的意义是指它不在手前；或即使它在手前，但它对现在已没有影响了。但是，过去之物也可以有相反的意义，例如说："我们无法摆脱历史。"这是指那些过去之物，现在依然影响着我们。无论如何，以上的意义都是根据历史物与现在的关系而言，这是说，根据的是它影响或不影响我们的现在。并且，历史物虽属于过去，但它依然是现在的，这是说，它依然在我们的世界中。正如万里长城属于过去，但依然在现在的世界中。

再者，历史不一定指过去，它也可以指它从过去而来、到达现在，或甚至影响将来。例如说："此物是有历史的。"这句话是指它是变化的，其变化可由盛而衰，或由衰而盛。但它也可以指它是创造历史的，这是说，它是一个划时代的作品，决定了将来的发展。因此，它是从过去到现在，从现在到将来。无论如何，这依然是根据它在时间上的性格而言。

除了历史学以外，历史也可指那些在时间中与人相关的东西，尤其是那些改变人类文化或带来灾难的东西。它也与在过去中的人——那些在古代中历史化自己的人——相关。最后，历史也可指所有在时间中发生，且已流传下来给我们的东西。总结以上四个意义，历史是指那些在此有（或在此有与别人共存中）时间化自己而有了时间后，成为在过去中，或由过去流传下来给我们的东西。于是，历史与此有的时间性相关，而且是时间性在时间化时把时间给与它，让它成为历史的。海德格尔认为，这个意义指出了，人是历史事件的主体，这是说，人的时间性让事件得到历史的意义。

可是，此有的时间性如何给出历史的意义呢？我们现在可以分析一个有历史意义的东西，找出到底是什么让它得到历史的意义的。例如博物馆里一张古时的书桌，它属于过去，但仍是现在的。可是，既然它在现在，则它尚未过去，为何它会有历史意义呢？难道在它里面，还余存一些过去的东西吗？可是，即使有这些东西，但它依然在现在里，则它再不是过去的了。再者，这些现在的东西，是否仍与过去一样？若是，则它现在与过去完全相同，这就没有古今之别了。可是，显然地，这张书桌已经改变了，它跟过去不同。那么，到底在它的过去中，是什么东西让它成为历史的？

这张书桌放在这里，它尚未过去。海德格尔认为，那个已经过去的，是这张书桌的世界。世界一定是此有的世界，所以，它是以前的此有所拥有的世界。这个世界已经过去，但在它之中的书桌仍在。于是，书桌的历史意义建立在当时的此有里。若事物是历史的，则此有是首要地历史的（primär geschichtlich, primarily historical），事物是次要地历史的（sekundär geschichtlich, secondarily historical）。换言之，由于此有是历史的，故而书桌才得以成为历史的。①

---

① 由此可见，一个与人完全无关的东西是没有历史意义的。一块千万

　　可是，以前的此有已经死亡而消失，它的世界也理所当然地消失了，为何它仍在这张书桌中，让它在现在中具有历史意义呢？海德格尔认为，此有是永不过去而消失的，那不是因为它是永恒的，而是因为它的存有不是手前性或及手性，所以它不可能变成不在手前或不及手而消失。此有是存在的，不再存在的此有不是消失了，而是"曾经在"（da-gewesen, having-been-there）。已经死亡的此有没有消失，它依然在某种方式下与我们同在，所以我们才会祭祀和纪念它（参考§47）。既然此有不会消失，则它的世界也不会消失——它似乎仍在历史文物中。

　　一物之所以具有历史意义，不是由于它自身，因为它的自身不在过去中，而是在现在里。并且，不是所有过去的东西，都有历史意义；也不是年代愈久远之物，就愈有历史意义。根据海德格尔，一物的历史意义，是由于它能反映当时使用它的此有的世界。较简单地说，博物馆里的那张书桌，是由于它反映出当时的人的生活世界（以生活世界来说明海德格尔说的世界会更为传神）——如当时的书香世家的生活世界。假若这张书桌是孔子读书时使用的，则它反映出孔子的生活世界、孔子主张的礼乐世界，也反映了孔子的道德人格。假若当时有一位伟大的画家把孔子的书桌画成作品，则这幅画更能显示孔子的世界和人格。于是，愈能深刻和丰富反映当时生活世界的文物，愈具有历史意

年前的石头，若它从未与人的存在发生关系，则它仅是自然事物，没有人文学的历史意义。不过，我们或许会说："这个石头有千万年的历史，而且我们还可以研究它这千万年来的历史，怎可说它没有历史意义呢？"然而，这只是说在自然科学下研究它的演变，这是自然科学的演变。海德格尔说的历史是指人文学的历史，与自然科学的历史不同。

义。用具比自然物更有历史意义，而艺术品比用具又更有历史意义。①无论如何，事物的历史意义奠基在它的世界上。

由于事物的历史意义奠基在它的世界上，而世界是此有的世界，因此，对于不是此有的其他存有者，海德格尔称为"世界历史的"（weltgeschichtlich, world-historical）。这不是历史学所说的"世界历史"，而是强调它们的历史意义不是由于我们以历史学的方式去研究它，而是由于它在此有的世界中、反映出世界。并且，历史学的世界历史之所以可能，是由于事物具有历史意义后，被人放在世界历史的思考架构里。根据海德格尔，"世界历史的"一词有两个意义（SZ513, BT440）。首先，它指出世界的历史化是与此有的存在统一，这是说，世界意义之改变，必须与此有的改变相关。其次，事物的历史化必须奠基于它的世界，因为它是世界中之物。基本上，在历史化中，此有、世界与事物是互相统一的。要理解其中之一的历史，就必须同时说明其他两个。

可是，构成事物的历史意义的，是此有的历史性，且此有的存有是时间性。因此，我们要从时间性说明此有的历史性。

二、从时间性说明此有的历史性（§74）

从时间性说明此有的历史性，必须根据本真的时间性，因为只有这样，才能理解历史性的本真性格。要理解本真的时间性，则要根据参与的决断。我们曾指出，参与的决断不仅开显此有在死

---

① 海德格尔曾分析凡高（Vincent Willem van Gogh）的画，画中是一双农夫的鞋子。一双农夫穿过的真实鞋子，无法深刻反映农夫的生活世界，但凡高画中的农夫鞋子，却更能深刻地呈现农夫的世界。

亡中的存有整体,而且还要作出个别的决断,以决定此有实际上的可能性,让它投出、继续存在(参考§60)。但是,若此有仅开显它的死亡和存有整体,则它无法决断出个别而具体的可能性,因为要作出这样的决断,此有必须根据当时的处境,回到过去、参考其中的实际经验。一个没有实际经验的人,不可能具体决定他的可能性。然而,在参与的决断中,此有不能根据"人人"提供的指导,它反而要反抗"人人",专注在自己的存有中。换言之,它的存有必须在其自身中已经拥有过去的实际经验。这些实际的经验,它们似乎是流传下来,被此有继承,海德格尔称为"继承"(Erbe, heritage)。所以,此有不仅被丢掷在它的存有结构中,也被丢掷在它的继承里,让它能在其存有结构上,开显它的继承,以作出个别的决断。此有不断作出决断,也是不断将自己流传下去,继承自己。

我以一个简单的实例来说明。假若我看到一个小孩子快要掉到井里,我当时开显了我与他都是此有,我们要彼此关怀。而且,我也明白,世界中之物和我所做的一切,都是要为了此有的。再者,死亡是不可预料的,它随时降临到我和他之上。当它来临时,我和他就不再是此有了。那么,我不能延迟,必须立即作出决断;我也不能大意,以免害了他人,铸成错误,因为我或许没有弥补错误的机会了。我要怎么做呢?救他或是不救他呢?这时,我必须回到过去继承的经验去,参考前人在类似情况下是如何行动的,然后才能作出决定。这样,一个具体的决断才得以初步完成。假若我的决定是要去救他,则我还需考虑要如何救他。是伸手去救他,或大声呼叫,或利用周遭的用具呢?这时,我还是要诉诸过去继承的经验,才能晓得如何去救他。当我作出决定后，才是进一步地完成当时的决断。由此可见，一个具体的决断，必须诉诸那些流传下来给我们的继承。[1]

此有愈是在参与的决断中，则愈是清楚理解自己的存有——它是被限制为往着死亡的存有，死亡的压力愈是让它抗拒"人人"的支配，摆脱轻率、懒惰和退缩，也愈使它谨慎地作出决断。就在它谨慎地作出决断时，它发现它从一开始就是被限制的——被它的存有结构与继承所限。从此有历史化自己而言，海德格尔称这些限制为"定命"（Schicksals, fate）。在海德格尔，定命没有宿命论的意义，这是说，定命不是指此有的遭遇早已被决定，而是指此有被限制在参与的决断中历史化自己，在死亡和继承中，抉择它的可能性。反过来说，此有也被限制为放弃参与的决断而历史化自己，逃避死亡和断承，非本真抉择它的可能性。从此有能开显它的定命，在其限制下抉择它的可能性而言，它是自由的。此有的定命不是由事件，而是由它的存有本身而定。它的存在是定命的存在。

---

[1] 相信读者明白，这个例子出自孟子的"孺子将入于井"。在孟子，当人看到（理解）孺子将入于井时，他会有恻隐的感受（海德格尔认为理解与感受合一）。恻隐是不忍人之心，所以当时的人，不忍孺子入井的事情发生，会作出抉择，设法阻止它。但在海德格尔，当人看到这个事件时，他也希望作出抉择，但他不是作出道德的抉择，而是要抗拒"人人"的指导，正视自己的存有，作出属于自己的抉择。他当时的感受不是恻隐，而是预备接受怖栗（§60）。但什么是"属于自己的抉择"？在海德格尔，即使抗拒"人人"的指导，正视自己的存有而作出抉择时，人亦可以抉择接受"人人"的指导。所以，"属于自己的抉择"几乎没有内容上的规定。"决定救孺子"和"决定不救孺子"都可能是属于自己的抉择。海德格尔的抉择跟道德无关，也没有内容上的指导，单纯是基于抉择时对自己存有的理解。

此有不是孤立的，它与别人共存，它的世界是共存世界（Mitwelt, with-world）（参考§26）。因此，当此有作出决定时，也会开显别人及共存世界，这也是此有在历史化自己时的限制，海德格尔称为"命运"（Geschick, destiny）。此有的定命根据它本身而说，但命运则是根据它在社团中的限制。

此有在参与的决断中，往着将来，开显自己的定命，理解它是定命为死亡的、欠咎的、有限的、良知的和自由的，这时它才会回到它的继承中，发现和严肃考虑过去的经验。过去的经验是历史的，但它们的历史意义是由于此有的存在是历史的——它在参与的决断中回去开显曾经的东西，视之为过去的。

参与的决断奠基于此有的时间性，则我们也可以由时间性说明此有的历史性。只有当此有的时间性是"将要前来"，才能在将来中开显死亡——它的定命，且由于死亡的压力回到它的"曾经"去，理解在其中的继承，在"瞬间"中掌握它的处境，继续迈向将来。就在此有理解它的继承时，它开显了其中的存有者的历史意义。只有在本真的时间性中，此有才能开显它的定命，由此开显历史，所以本真的时间性也是本真的历史性。

此有在参与的决断回到它的"曾经，"理解其继承中的实例，那当然就是重现了。但重现不表示抄袭实例中前人的行为，把过去原封不动地搬到现在，因为这表示此有又沉沦到"人人"的支配中。而是，此有一方面在自己的"将要前来"中，理解当时的存在是自己的，另方面在"瞬间"中开显自己当时的处境。换言之，此有根据自己的存在和当时的处境去重现前人的行为。在"瞬间"的处境中，此有明白它的今天与过去有别，不能完全以过去的方式处理。但它又不能完全放弃过去，只顾往前。于是，此有似乎根据自己的将来和"瞬间"，参考前人的行为，最后得到属于自己的新答案，完成决断。由此，此有得到新的意义，并将它流传下去。

过去的东西之所以有历史意义，不是由于它本身属于过去，而是由于此有能重现它为过去的。但此有能重现它，是由于它在参与的决断中，开显它的定命、它的死亡。并且，从时间性而言，参与的决断奠基在此有的将来，于是海德格尔认为，历史奠基于此有的将来，因为将来让它成为参与的决断，得以面对自己的死亡，由此本真地历史化自己，呈现历史的重要性。再者，此有之所以能呈现历史的重要性，不是由于它能重现，而是由于它的本真的时间性——参与将来，重现"曾经"和当下"瞬间"的互为超出的统一性。于是，当此有在本真的时间性中，它也是在本真的历史性里；同理，当此有在非本真的时间性中，它也是在非本真的历史性里。

此有在它的历史性中开显过去事物的历史意义，但此有本身也在历史化自己——它从生往前伸展到它的死亡。在这个历史化过程中，此有如何把它一生中的经验关连起来，构成统一的自己？又是如何才导致把自己分散在不同的经验中，以致失去统一性呢？

三、此有的历史性与自我（§75）

既然事物的历史意义奠基在世界中，而世界的历史意义又根据此有的存在，这即是说，历史的历史化基本上是此有的历史化，亦即历史的演变要根据此有的演变来说明。基本上，历史是人的历史，亦即人在历史化自己时，他根据对自己的理解，给过去事物所作的诠释。当海德格尔根据此有的存有来说明历史的基础时，这几乎是必然的结论。

可是，当人历史化自己时，一方面他是统一的，另方面，他又似乎把自己分散在不同的历史阶段中。那么，人是否真的有不同的历史阶段呢？若有，这些阶段又如何统一？海德格尔认为，人在历史化自己时，没有把他分散在不同的阶段中，这只是人误解自己的历史化所导致的。换言之，由于非本真的历史性，才导致自我的分散，无法再统一。

（一）非本真的历史性与此有的自我

在日常生活中，此有逃避自己的存有，亦即逃避自己本真的历史性，沉沦到世界中之物去、追逐它们。它看到这些事物在手前，然后消失，接着另一个出现在手前。于是，它以为一切东西的存有都是手前存有。当此有理解别人时，它是理解别人在做什么（参考§27）。它看到别人有时做这个行为，有时做那个。他们总是做完一个行为，接着做另一个。对于它自己，似乎也跟别人一样，同样分散在不同的存在方式中，面对世界中之物，计较各种权宜便利，争取它的目的物。于是，在此有历史化自己时，也同时计算它的历史。这是说，它计算以前做了什么，现在要做什么，和以后要做什么。此有把自己分散在不同的时间里。这样，它才会反过来问：如何才能把历史化过程中各个分散的经验，关连起来构成统一的自我？

海德格尔认为，真正要回答这个问题，不是要找出统一所有经验的自我，因为这个问题建立在错误的存有学默认上——它误解此有，以为它和它的各个经验都是手前存有者。换言之，这是假问题，根本没有适当的答案。解答这个问题，是要追寻它的源头，指出这是由于此有沉沦、分散了自己，才会要求把自己再次集合起来。其实，若此有能本真理解自己，它会明白，它从来未曾分散，从一开始就在它的历史化中统一了自己。

（二）本真的历史性与此有的自我

在参与的决断中，此有开显死亡。这是说，它早已到达它前面的"边界"。不过，它同时重现它的继承，使其流传到它的存有中。那么，它也到达它后面的"边界"。它是在由生至死的整体中。这时，此有也在"瞬间"开显处境，但它没有沉沦于其中，反而往前坚持要成为自己，参考它的继承，相应它的处境，作出实际的决断，迈向将来。它总是在它的整体中往前伸展，也同时往后重现，把它的往前与往后都统一在它的整体中。所以，无论它如何往前伸展和往后重现，它仍坚持在它的整体中，不将它分散在追逐各世界中之物。而且，由于它坚持自我、不分散它，所以它也把在生与死之间的一切，皆统一在它的整体中。在参与的决断中，它的伸展就是不断地坚持。在坚持中，它的将来、"曾经"和"瞬间"都得以保持在时间性的互为超出之统一性中，彼此关连起来，成为统一的此有。

参与的决断不是此有的经验流中的一个心理活动，它是此有在往前存在时的开显性，它开显此有的本真自我，只要它能坚持自己，继续往前，则此有就理解它是统一的整体，并因此保存自己的统一性。可是，它的统一性不是由于此有坚持要把各种经验统一起来，而是坚持保存它的自我——往前到达自己的死亡，同时重现自己的被丢掷性和"瞬间"呈现自己的处境。再者，此有的统一性也不是奠基在它的坚持，而是奠基在它的时间性上，因为时间性是互为超出的统一性。

　　在非本真的历史性上，此有逃避自己的死亡，无法理解它已经到达死亡和在死亡中往前伸展。逃避自己的死亡，亦即放弃自我，放弃属于自己的可能性。由于此有无法坚持自我，故在"人人"的支配下，把自己分散在世界中之物，追逐手前之物。这些手前之物是属于"今天"的。它等待另一个新奇的事物来临，而又逃避和遗忘以前之物。在"人人"的支配下，它无须谨慎抉择，所以无须回去参考它的继承。对它而言，一切都是现成地在它手前，触手可及。于是，当它沉沦在手前之物时，它以为手前的"今天"是最真实的，再根据"今天"来理解过去和将来。于是，过去、今天和将来分成三个独立的时态。这样，才导致过去的、今天的和明天的自己之别。但在参与的决断中，它摆脱"人人"的支配，坚持由自己作出抉择，因此它必须回到它的继承去，将之统一起来。并且，它不沉沦在"今天"中，也不以为这是最真实的，相反地，它只在"瞬间"中呈现世界之物，同时坚持自己的将来和重现"曾经"。于是，它不将自己分散在不同的时态中。它也无须将自己统一起来，因为它明白，它本来就是互为超出而统一的。

四、此有的历史性与历史学（§76）

　　历史学是对具历史意义的存有者作科学研究。可是，存有者具有历史意义，是奠基于此有的历史性。所以，历史学之所以可能，便奠基于此有的历史性。这是由上节必然导致出来的结论。不过，这个答案尚未充足，因为即使有了历史的存有者，此有也不一定要对它作科学研究。我们在§69 中曾指出，科学研究奠基在此有的课题化（Thematisierung, thematizing），因此，当此有开显存有者的历史意义后，它还要根据对它们存有的理解，整理其基本意义、方法论的轮廓、思考的进路、知识的确定性、真理的条件和说明的方式等，以之作为设计，投出到存有者上，才能以历史学的方式研究它们。

（一）历史学研究的基本对象

根据上节，此有所以要回到它的继承去，是由于它要参考前人的行为，让它能在当前的处境与将来中，作出个别的决断。因此，此有开显它的继承时，它基本上是开显其中的此有。较简单地说，此有对历史的关心，基本上是针对历史人物，因为它是要参考他们的为人处事，以对它当时的处境，作出决断。但是，即使此有关心的是历史人物，但由于他们是在世界中的，因此，此有也同样关心他们的世界，及在其中的事物。

历史中的此有或许已经死去，但遗留下来的文物却可以让我们再次开显当时的世界，和在这个世界中的此有。因此，这些文物成为历史学的研究对象。它们所以是历史的，依然是由于它们是当时此有的世界中之物，亦即是"世界历史的"。但在研究它们时，我们一方面要明白，它们所以会被研究，奠基于此有的历史性；另方面，在研究它们时，我们是要开显当时此有之本真的存有，亦即它本真的可能性。海德格尔指出，历史研究的基本对象，不是"事实"，而是可能性。

当然，我们也可以说，历史中的人物也是"事实"。不过，他们"事实上"却是此有，其存有是可能性。他们也有自己的定命、命运、世界及行为。此有要研究他们，不是为了客观地再现他们，而是要让他们触动此有的存在，让它能在将来，作出决断，往前存在。所以，历史学也是奠基在时间性的将来。即使此有挑选研究对象时，也是出于它在时间性的将来中所作的选择。

由于历史学的基本对象是以前的此有，而它们与世界中的存有者是相关的，因此历史学才会转而研究这些存有者，而成为研究"事实"的科学。历史学因此研究用具、作品，甚至更扩展至研究文化、精神和观念。于是，历史学便离开它的原初课题，研究其他事物了。然而，无论哪种研究，都是在此有的历史性下进行。所以，根本没有所谓客观的历史学。

无论何种历史学研究，只要此有明白其研究的存有学根源，则它就是在本真的历史性中；反之，即使此有研究历史人物，但它若不明白其研究时的历史性，则它就是在非本真的历史性里。

（二）历史学的三重意义

尼采（Friedrich Nietzsche）把历史学分成三类：纪念的、训诂的和批判的。海德格尔承认这个分类，但认为尼采还不清楚它们是奠基在和统一于此有的历史性。由于此有在参与的决断中回去重现它的继承时，它开放了前人的存在，因此认为他们的为人处事是值得纪念的,这就是"纪念的历史学"。由于要纪念他们,所以此有会尊敬他们,且希望保留他们,于是成为"训诂的历史学"。此有的时间性在时间化自己时,它的"瞬间"呈现了当前的处境,同时也明白它的"今天"。并且,它在将来中也重现了它的"曾经"。这时,它不愿意沉沦在"人人"的"今天"里,这是说,它要从"人人"的"今天"中超脱出来。于是,它根据纪念的和训诂的历史学中的知识,批判"今天",这就成为"批判的历史学"。换言之,本真的历史性不仅奠立这三种历史学,也同时统一它们。

至此,海德格尔完成了从时间性说明存有者的历史意义、此有的历史性,以及历史性与历史学的关系。可是,日常生活中的此有总认为,历史是"在时间中"发生的,因此还要说明时间性如何时间化自己,才会让存有者成为"在时间中"。再者,当此有看时间时,它总是看到时间一点一点地流过,这种一般的时间概念又如何根据时间性说明呢? 这是海德格尔后续要讨论的。

第十五章 从时间性说明
一般的时间概念 （§78－83）

上一章从时间性说明此有的历史性、存有者的历史意义及历史学。可是，历史发生"在时间中"，自然物也是"在时间中"，因此，我们更要说明存有者所在的"时间"如何根据时间性引申出来。不过，存有者之所以能够"在时间中"，是由于此有能计算时间，并根据时间来调整自己的行为，因为这样才能发现时间，更进而以用具来测量时间。再者，此有才会发现它"有时间"或"没有时间"，又或它"得到时间"和"失去时间"。并且，当此有发现时间时，它总是以手前存有的方式去理解它，因此将时间视为一个接一个的"刹那"，这即是一般人理解的时间概念。于是，此有时间性的"将要前来""曾经"和"瞬间"之互为超出的统一性被遗忘了。时间成为"刹那"的系列。

一、从时间性说明日常生活关切中的时间（§79）

（一）关切世界中的存有者时所表达的时间

在日常生活里，此有关切世界中的存有者时，其时间性的将来是等待而保留。这是说，它一方面等待而面对世界中的存有者，另方面保留了它经历过的用具整体，因为它必须在用具整体下才能理解它等待的存有者（参考§69）。并且，它的现在是"现之为在"——它当下呈现它的周遭世界。当它以这样的时间性去关切世界中的存有者时，它同时会整理它们，并将它们表达出来。它会说类似以下的话（无论是发声或不发声的）："由于'从前'曾有某物让我失败或成功，因此，'现在'（jetzt, now）①我要做某事，'然后'会发生某物。"根据时间性而言，"然后"表示此有在将来中的等待；"从前"表示等待中的保留；"现在"表示此有的"现之为在"。在以上三个时间表达方式中，海德格尔认为，"现在"是最重要的，因为其他两个是根据"现在"而说的。这是说，"然后"是指"未到'现在'"（jetzt noch nicht, now-not-yet），即当下的"现之为在"尚未能将之呈现出来；而"从前"是指"不再'现在'"（jetzt nicht mehr, now-no-longer），即已经不能再"现之为在"了。在日常生活中，此有的时间性虽然是互为超出而统一的，但它总是先肯定"现在"，再据之表达其他的时间方式。

（二）关切中的时间之时刻性

从刚才的三个时间方式为观点往外看，可各自展开一个视域。由"从前"往外看，是"以前"（Früher, earlier）的视域；由

---

① 我们曾使用"现在"一词来翻译德语的 Gegenwart, 英文译作 Present, 但德语尚有 jetzt, 这个词也是指"现在"。不过，在本书中，它们的意义完全不同。但在中文，我难以找到适当的词汇来翻译德语的 jetzt。为了区别 Gegenwart 和 jetzt, 前者我译作现在，后者也译作现在，但加上引号："现在"。

"然后"往外看，其视域是"以后"(Späterhin, later on)；由"现在"往外看，则是"今天"(Heute, today) 的视域。然而，当此有表达这些时间方式时，它是在关切世界中之存有者，那么，此有不是单纯发现这些时间方式，它是要在它们中使用世界中的存有者。因此，它们与世界中的存有者相关连。这是说，"然后"是指"然后"某物会出现；"从前"是指"从前"那个情况；"现在"是指"现在"这个周遭世界。

由于各时间方式与事物相关连，因此可以由事物来给与它们特定的时刻。例如，"'然后'公交车会来到车站"，这个"然后"是指公交车到站的时刻；"'从前'在我结婚那天"，这个"从前"也有一个时刻；"'现在'的工作很忙"，这个"现在"是指在上班中的时刻。于是，日常生活中的"然后""从前""现在"有其特定的时刻，即它们具有"时刻性"(Datierbarkeit, datability)。

基本上，当此有说这些时间方式时，即使它没有故意给出日期或明确的时刻，但它已给出了时刻，因为在关切时，他总是说："'然后'当……""'从前'当……"和"'现在'正是……"但是，为何此有一定给出时刻呢？一个显然但又错误的答案是，我们总认为一切东西都在时间中，无论是"然后""从前"或"现在"，都在时间中占着不同的时间点，所以它们当然在各自不同的时刻上。然而，根据目前的分析，此有尚未发现由连续的点所构成的时间，那怎能把"然后""从前"和"现在"放在不同的时间点呢？因此，我们要根据此有的时间性来说明时刻性。

此有之所以要说"'然后'当……""'从前'当……"和"'现在'正是……"，是由于它关切世界中之存有者时，它根据自己去表达自己，即它将自己的时间性表达出来。它关切时的时间性是等待而保留，且"现之为在"，因此它根据等待而说"然后"，根据保留而说"从前"，根据"现之为在"而说"现在"。再者，当它这样说时，它是以"现之为在"为核心，根据它而说"然后"和"从前"。对海德格尔而言，此有之所以如此说，仅是由于它的时间性在时间化自己为关切时，根据"现之为在"，在互为超出的统一性中，说出了自己。

因此，"然后""从前"和"现在"之时刻性，一方面表示此有时间性之互为超出而统一的结构；另方面表示，当时间性这样表达自己时，它是在原初的方式下给出时间，而这些"然后""从前"和"现在"就是时间。此有是时间性，时间性必时间化自己，因此，此有必在时间性中表达自己而给出时间。并且，因为此有是在世存有，它总是关切世界中的存有者。在关切中，各时间都与世界中之存有者有关，故而各时间具有特定的时刻。

（三）关切中的时间之时距性格

在关切世界中之物时，此有的"现之为在"开显了"'现在'正是……"，同时在等待中开显了"'然后'当……"，那么，从"现在"与"然后"之间就是"直至—然后"（bis dahin, until-then）。对这段时间距离，也是可以给出时刻的。例如我说："'现在'我出门，然后当到达学校时……"我指出了从我出门，直至到达学校时的时间，但它是一段时间距离或一个时距（Spanne, span）。所以，当此有给出"现在"和"然后"时，它同时给出了时距。时间必定有时距，而且，这段时距之两端都是相关于世界中之物的，故它具有时刻性。这是说，这段时距是从我出门与到达学校之间，它大概是一个颇为明确的时距——不会是数年，也不会是数秒，而大约是一二小时。

在从"我出门，直至到达学校"这个时距中，也可称为"正在……之时"(während dessen, during-this)。在其中，可以加进更多"然后"，将其分成更多段落的时距。例如，"我出门，然后上公交车……然后下公交车……然后……"于是，此有可以给出多个时距。然而，时距两端总是关于世界中之物，而其中又是连续伸展的。时距中尚未被分成多个个别而独立的时间点。

同理，当"现之为在"的"现在"与保留中的"从前"相关连时，则"现在"到"从前"间也有时距。所以，此有在给出时间时，它同时让它处于由"从前""现在"和"然后"相接起来的时距中。海德格尔认为，此有之所以能够如此，是由于它在时间性中伸展自己，但又同时互为超出地统一了自己。这是说，由于此有的互为超出而统一的时间性，它才能给出时间和处于时距中。于是，此有在关切中给出时间，其时间不仅具有时刻性，也具有时距性。

再者，当此有给出时距时，它当时让它得到那段时间。正如在它"从出门，直至到达学校"这个时距中，它得到该段时间。这时，此有尚未计算它的时间。但在关切世界中之物时，它总是在等待而保留及"现之为在"中得到时间。当此有愈是沉迷于追逐世界中之物，它愈是遗忘它是让自己得到时间的。它反而认为，它的时间全部被事物占领，再没有时间了。

（四）关切中的时间之连续性

当此有得到时间，它就在时间中处理世界中之物，这是说，它在其中伸展自己。在它伸展自己时，它是连续不断的，所以它的时间也是连续不断的。它没有发现它是从一个时间点跳跃到另一个时间点去。不过，它得到的时间仿佛是有间隔的，这是说，在一个时距到另一个时距时，它们往往是隔离的。通常，此有无法把一天中所经验的时间连接起来，但这不是说它们真的有间隔，因为此有不曾从一个时间里，跳过一个间隔，到达另一个时间中。它永远是连续不断地伸展自己。要说明此有在关切世界中之物时所给出的时间，必须根据时间性互为超出的统一性，才不致把时间理解为由无数"现在"的时间点构成的时间流，因而造成时间之断裂。

我们以前说过，在非本真存在中，此有的时间性主要是在"现之为在"。这是说，在它呈现事物时，它早已好奇地被另一个新事物吸引过去。它总是被新事物带领，忙于追逐世界中之物，因而失去自己。当它失去自己时，表示它不再理解它是让自己得到时间和失去时间的。只要它理解它是先行等待某物，再将周遭世界"现之为在"，则它会说："'现在'我要如此做，然后再那样做……然后可以得到某物。"这样，它便让自己得到时间。可是，在好奇中，此有的"现之为在"带领它的等待，它似乎只看到现在，没有将来。一切都仿佛迫在眉睫，它总是没有时间的。

在本真存在中，参与的决断之将来是在往前中坚持成为自己，同时它回去重现它的"曾经"。它的现在是"瞬间"中的处境，而"瞬间"是被将来所把持的。这是说，"瞬间"是为了完成将来的。"瞬间"不领导将来，而是将来领导"瞬间"。并且，此有又理解它是从"曾经"开始伸展，到了"瞬间"而迈向将来。在这个伸展中，它坚持要前往将来以完成自己，所以，它总是有时间的。当此有能保持它的自我坚持性，它就是坚持要给出时间，让自己得到时间。它不会失去时间，又总是有时间的。

于是，由于此有的时间性是互为超出而统一，因此它可以继续伸展自己，由此给出时间、得到时间，或在非本真存在中失去时间。

此有是与别人共存的，它一方面希望能明白别人，另方面也希望别人能明白它。它表达出来的时间，最好是别人也能理解的，因此，此有的时间虽然由自己给出，但却往往具有公众的性格。这是说，"人人"都可以理解它、得到它、使用它和计算它。于是，我们要讨论：时间虽然由此有给出，但如何才能同时是公众时间？

二、时间的公众性格（§80）

上节指出，当此有在时间性中关切世界中之物时，它总是说："由于'从前'曾有某物让我失败或成功，因此，'现在'我要做某事，'然后'会发生某物。""从前""现在"和"然后"就是此有的时间。这些时间与世界中之物相关连，它们具有特定的时刻。可是，这些时刻是基于此有个人关切之物而给出的，故别人有时难以理解。那么，若此有给出的时刻能与别人共享，则它关连的事物不能只关于此有个人自己，而是别人也理解的。但哪些事物才是别人都能理解的？海德格尔认为，那是阳光。于是，根据阳光而给出时刻，则时间就具有公众性了。

（一）根据自然世界中之物给出公众时间

此有是在世存有，它使用世界中之用具以完成自己，它等待各种可能性去使用用具。但使用用具须默认能看见它们，而能看见它们则要默认光线，以白天工作，晚上休息。因此，在使用用具时，此有也使用光线。此有总是早已开放自然界，根据光线来调整自己。于是，在使用用具时，此有根据光线给出它的时间："'现在'是黄昏，我要……'然后'，当日出时，我要……"因此，此有根据给出光线的那个东西，为它的时间给出时刻，而且也计算它的时间——时距。这个给出光线的东西就是太阳。

根据太阳的光线，此有会说："日出时，我要……'然后'中午时，我要……'然后'日落时，我要……"于是，它的时间以太阳的位置获得时刻。太阳周而复始，测量时间最自然的方式，就是计算太阳起落的次数，以每次为一天。在每一天里，又可以根据阳光的变化有更多的"然后"，因而将每天分成多个段落。再者，此有的时间是有限的，这是说，它理解它会死亡。因此，它更以数字来计算它的日子。于是，借着自然天体恒常一致的运动，此有给出恒常一致的时刻，它因此可以一天又一天不断伸展它自己、历史化自己。

自然界的天体是别人都可以看到的，而且对于它们的位置，大体上彼此都能同意。借着它们给出的时刻和测量出来的时间，也同样可被公众理解。在普天之下，人人都能接受以这种方式说出来的时间。所以，根据自然界的天体给出的时间，具有公众的性格。

此有在关切世界中之物时，由于它早已开显了自然界，因此，它总是理解自然天体——太阳或月亮——的位置。换言之，它总是理解当时的时刻，亦即它总是带着一个时钟（一个自然时钟，不是科技产品的时钟）。但这不是由于自然界有太阳或月亮，所以此有总是知道当时的时间；而是由于此有是时间性，而时间性在关切中会根据世界中之物给出时刻，因此它会根据自然界中之物给出公众的时刻。但此有总是已开显了自然界，它总是知道当时的时刻。它的世界就是时钟，而时钟的基础在此有的时间性。此有在任何情况下，都理解当时的公众时间。

在有科技的时钟以前，人除了看天体位置外，也可以看自己影子的长度。只要在白天，各人都带着他的影子，即使各人高度不一，也可以根据比例，大约推测当时的时间。此有无须带着真正的时钟，因为它自己就是时钟。

（二）时间与世界性——给出意义性

此有在关切世界中之物时给出时刻，所以它往往会说："'然后'在日出时，我要……"这个"我要……"意涵了：这个时间适合做某件事情，或不适合做某件事情。由于时间总是与此有日常生活的使用用具和追求它的目的相关，故它蕴涵了适合性与不适合性。时间不是冷漠的、手前的时间点。由于它与世界中之物相关连，所以海德格尔称为"世界时间"（Weltzeit, world-time）。海德格尔的意思不是说，时间正如世界中之物那样，放在手前；而是说，这样的时间发生在公众的世界中、属于世界的，让世界中之物在某个时刻中，也因此在时间中。此有不在这样的时间中，因为它给出时间到世界中之物，它不能反过来对自己给出时间，让自己在某个时刻中，否则它误解了自己的存在——将其视为在世界中之物。

此有给出的时间具有适合性或不适合性，但适合或不适合什么呢？当然是适合或不适合去使用某个用具了。于是，此有根据它对时间的理解——适合或不适合，开显当时的周遭世界。于是，时间让它的周遭世界获得意义。另一方面，适合的时间能让此有使用用具获得它的目的物、满足它；不适合的时间让此有无法得到满足。因此，根据时间，此有也理解世界是为了满足它的。时间让此有得到它的意义——它是在世存有，而且世界是为了满足它的。从这个观点而言，时间与世界性结合。在讨论世界性时，我们指出世界性是给出意义性，这是说，它给出此有的意义——让此有理解它是在世存有，而且世界是为了满足它的；并且，世界性也给出世界中之物的意义，即它们是在其用途上，关连到别物去，构成周遭世界。现在，时间也给出了此有和世界的意义。所以，时间与世界性相关连。这是说，当此有给出时间时，它同时也由世界性给出意义。

在日常生活中，当此有看时间时，它根据时间调整它的工作。它总是说："现在是吃饭时间。"时间是给他去做事的，因此看时间是要明白当时的公众时间，被它指导，以获取时间、利用时间、计较时间等。总结以上所说的时间特性：日常生活的时间具有时刻性、时距性、公众性，和与世界性相关连。

（三）测量时间与在时间中

每当此有看时钟而说"'现在'是某钟点，我要……"时，这个"现在"其实与"从前"和"然后"相关连，因为此有的时间性是互为超出而统一的，它不仅给出时刻，也同时呈现一段由"从前"经过"现在"以至"然后"的时间。对于这段时间，此有已或多或少测量过了。它可能是一天或两天，也可能是一二个小时。不过，要测量它，则要默认测量的标准——它可能是天、小时、分或秒。但无论如何，它的测量标准早已被此有理解，而根据它出现的次数来作出测量。并且，标准蕴涵了它是不变的，也能被其他人理解和同意。于是，当此有看时钟而说"'现在'……"时，它其实同时呈现了这个测量标准。从时间性而言，此有的现在是"现之为在"，那么，它是根据当时"现之为在"的东西作为测量标准的。例如，当它说："'现在'是白天。"则它是以"天"为测量标准；或它说："'现在'是冬天。"则它是以"年"——冬天出现一次为一年——为测量标准；或它说："'现在'刚好是一分钟。"则它是以"分钟"为测量标准。在测量时间时，此有基本上是计算它的"现在"出现的次数。

但是，以"现在"出现的次数去测量时间，则似乎是把时间量化为空间，这亦即是说，把时间空间化。如果"把时间空间化"是指将时间改变成空间，则这是不可能的，因为时间是指"从前""现在"和"然后"，而空间基本上是指位置，它们是完全不同的东西。但是，如果"把时间空间化"是指以测量空间的方式去测量时间，则这是可以接受的，而且也能由此有的时间性引申出来。

在讨论此有的空间性时，我们指出，此有把周遭世界拉近，成为在"那边"，而它自己则在"这边"（参考§23），因此，当此有在关切中给出时间时，它总是与自己当时的所在相关连。此有通常说："'从前'我在那里，'现在'我在这里，'然后'我会在别处。"（注意：当此有这样说时，其实已经误解了它自己的存有。这是以沉沦的方式去理解它自己。）所以，时间总是与空间相关连的。同理，此有开显出来的那段时间，其过程也是在空间上相连的。例如我说："从我'现在'出门，'然后'直至到达学校。"这可以指一段时间，也可以指一段空间。因此，这似乎是时间在空间中扩展。换言之，此有的时间性在历史化自己时，它似乎也是在空间中进行。所以，当此有测量它开显出来的那段时间时，它也可以使用测量空间的方式了。

不过，此有以测量空间的方式来测量时间，不是由于时间已经改变成空间，也不是由于时间已经被量化，而是由于此有在看时钟时，它的现在将一个手前存有的测量标准"现之为在"。总之，这是由于此有的现在是"现之为在"。就在这样的"现之为在"中，此有遗忘了时间是由它的时间性给出来的"从前""现在"和"然后"，而仅视之为手前的"一段时间"，和由众多手前性单位（测量标准）所构成。

由于此有开显时间时已经测量了它，而测量它就是视之为一段在手前的时间，那么，此有开显出来的一切存有者，都有它们的时间，而且也是在时间中。它们成为在时间中之物，而这样的时间也是上文的"世界时间"——发生在公众世界中、属于世界的。它让世界中之物在某个时刻中，也在时间里。

当时间被认为是"世界时间"，则存有者可以在之内运动或静止。这样的时间不是"客观的"——假若"客观的"是指时间正如手前存有者那样，被此有遭逢，因为任何人都无法遭逢这样的时间；另外，这样的时间也不是"主观的"——假若"主观的"是指时间在主体内，因为在此有之内，无法找到时间。但是，"世界时间"比客体更为客观，因为当此有时间化自己时，已把时间"客观化"在世界中之存有者上，作为它们之所以可能的条件。这是说，当此有开显世界，投出到世界中的存有者去时，它的时间性给出时间，让它们成为在时间中的存有者。

"世界时间"也比主体更为主观，因为主体是此有，而此有的存有是关念，关念的存有学意义是时间性。因此，时间性让关念成为可能。再者，时间性必时间化自己，而时间化又必定给出时间，将时间给出到世界中之存有者去。换言之，时间性一定以"世界时间"的方式去时间化自己。"世界时间"让此有成为可能，让它成为主体，故它比主体更为主观。时间不是在主观或客观中的手前之物，它不在"内"，也不在"外"。海德格尔认为它"早于"主体性和客体性，因为它是让"早于"成为可能的条件，这是说，"早于"这个概念已默认了时间。

世界中的存有者之所以有时间的性格，或它们在时间中，不是由于它们本身，而是由于此有的时间性。严格而言，只有此有拥有时间的性格——它是时间的，其他存有者不能称为时间的。它们是在时间中——无论它们是真实的、理念的、永恒的、暂时的、经验的或超越的。

在日常生活中，我们常常看时钟。看时钟时，我们称为"看时间"。我们似乎看到时间一分一秒地过去，正如时钟的指针一分一秒地移动。这样，时间仿佛是刹那、刹那地呈现在手前的东西。它似乎脱离世界，独自运行。这样的时间，海德格尔称为"时间的一般概念"（vulgärer Zeitbegriff, ordinary concept of time）。它如何从此有的时间性引生出来呢？

三、时间的一般概念（§81）

此有在关切世界之物时给出时间，因此它发现时间。在日常生活的关切中，它在等待而保留及"现之为在"中给出了"然后""从前"和"现在"。这些时间是有时刻性、时距性、公众性和与世界性相关的。时间不是刹那、刹那地呈现在手前的东西。现在我们要问：此有在关切何种世界中之物时，才会发现这种时间？

（一）由计算时钟的指针得到时间的一般概念

海德格尔认为，当此有看时钟里的时间，据之以调整自己时，此有就看到一般概念意义下的时间。在看时钟时，此有将时钟的指针"现之为在"，并跟随指针的移动，计算时间。它不是仅停留在指针当时指的"现在"里，因为此有的时间性是互为超出的统一性，故它同时在等待而保留中。在看着"现在"时，它保留了"从前"，且据此看到一个视域，这个视域开放"已经不是'现在'"；它也等待着"然后"，且据此看到另一个视域，这个视域开放"尚未'现在'"。换言之，在"现在"的前后两端，一方面往"以前"看，在其中出现的，都是"已经不是'现在'"；另方面往"以后"看，在其中出现的，都是"尚未'现在'"。一般概念的时间就在这种看时钟时的"现之为在"中呈现出来。这是说，当此有在其时间性中将时钟的指针"现之为在"，且又在等待而保留中，往着"以前"和"以后"的视域开放，由此顺着指针的移动而计算出来的，就是一般概念的时间。

在这个意义下，时间是此有将指针"现之为在"，跟随着它而计算出来的。由于它基于"现之为在"，因此在计算指针时，此有总是说："'现在'到这里，'现在'到这里，'现在'到这里……"它所计算的，是时间中的"现在"。这时，每个"现在"是"立即不再是'现在'",因为它马上消失;同时,每个"现在"是"刚才尚未'现在'",因为它如今才出现。这样的时间强调"现在",且又根据"现在"去定义过去和将来。这种时间,海德格尔称为"'现在'时间"(Jetzt-Zeit, now-time) (SZ557, BT474)。

在"'现在'时间"的概念下,此有愈是不自觉地计算时间,它愈是不能发现它在关切世界中之物时所表达出来的时间——"从前""现在"和"然后",也愈是沉沦在时钟用具上。这样,它愈是注意时钟上指针的移动,将它"现之为在",而说"现在"时,每个"现在"立即成为"不再是'现在'";并且,每个"现在"又是"刚才尚未'现在'"。于是,时间成为一系列手前的"现在",不断往后面消失及由前面而来。在一般的概念下,时间成为"现在"的相续和流变,也成为"时间的历程"。

(二)"'现在'时间"与"世界时间"的差异

此有在关切世界中之物时表达出来的时间——"从前""现在"和"然后",上文称为"世界时间",因为它属于此有关切的世界。这是说,此有根据它关切的世界中之物,把时刻性、时距性、公众性给予它们,而它们与世界性相关。但当此有关切的是时钟上的指针,且计算它的移动时,由此引申出来的时间是"'现在'时间"。我们首先要讨论,这两种时间有何差异?

"世界时间"是此有在关切世界中之物时所表达出来的时间,它与此有所关切的事物相关。当此有表达"从前""现在"和"然后"时,这些时间的意义是:"'从前'当……""'现在'正是……"和"'然后'当……"因此,它具有时刻性。可是,在

"'现在'时间"中，它完全在其自身，这是说，它是一条独立的手前性的时间流，时间似乎独自在流动。它的性格完全由自己决定，无须借助事物，因此它没有时刻性。

在"世界时间"里，时间具有适合性或不适合性，这是说，时间是适合或不适合此有去做某些事的。此有根据时间的适合性去开显它的世界、使用其中的用具，以获得它的目的物、满足它自己。由此，时间让此有理解它是在世存有，和世界是为了满足它的，且世界也获得了周遭世界的意义。因此，"世界时间"与世界性相关连，亦即给出意义性。但在"'现在'时间"中，时间仅是由无数"现在"构成的时间流，与适合或不适合的问题无关，更不能给出此有与世界的意义。当此有理解时间流中的"现在"时，它早已默认时间是手前存有。它看到每个"现在"从手前消失，成为不在手前，由此构成过去。再者，每个"现在"从尚未在手前，往前来到手前，这些正在前来的，就是将来。因此，这样的时间与世界无关、不给出意义、无法给予时刻，更难以让此有理解时间性之互为超出的统一性。

再者，"'现在'时间"中的每个"现在"虽然是"现在"，但从它向着过去而言，它在消失中；从它由前面过来而言，它正在出现中。它似乎一方面往后消失，另方面由前而来。然而，它永远保持自己的相同性，仿佛没有中断和间隔。它是永恒的流变，保持着相同性，却又可以用数字去计算。由此，时间是由无数的片刻构成，而每个片刻又可以无尽分割。只是无论如何分割，"现在"还是"现在"，它不会改变。基于这个概念，产生了时间的连续性问题。这个问题是：这个永恒的"现在"既然可以分割而又保持相同，那它是连续的吗？不过这显示出，以这种方式去理解时间，则"世界时间"的时距性消失了。

在"世界时间"里，时间的时距是介于"'从前'当……"经过"'现在'正是……"以至"'然后'当……"这段时间是不能分割的，也不能以数字去计算；更不会在分割后，每个片刻都是相同的。它是连续的，但这不是指，它好像"'现在'时间"那样，连续保持自己为"现在"；而是指，在由"从前"至"然后"的这段时间中，它是无间隔地前后连接，而不是由相同的片刻所构成。这是因为此有的时间性是互为超出而统一的，所以它能在"现在"超出到"从前"和"然后"，将它们统一起来，不致分割成无数的片刻。也因此，此有才能在这样的时间中，不断伸展而历史化自己，否则它要从一片刻跳到下一片刻去，但这显然是不可能的。

时间的一般概念认为时间是无尽的。时间是由不断的"现在"构成，而每个"现在"都是刚由前面的"尚未'现在'"来到，又立即往后成为"不再'现在'"。每个在后面的"现在"，都还有更多的"不再'现在'"，亦即还有在过去中的"现在"；而每个在前面的"现在"，也还有更多的"尚未'现在'"，亦即还有在将来中的"现在"。所以，时间在两端都是无尽的。由此，时间成为一个在其自身和无始无终的时间流。不过，"世界时间"中的时间却是有尽的，它的"然后"最多只能扩展到此有的死亡。我们不能说："在我死后，'然后'我会做……"同理，它的"从前"也不能超过它的生。换言之，"世界时间"的两端都是有尽的。可是，为何此有会以无尽的"'现在'时间"，来遮蔽有尽的"世界时间"呢？

海德格尔认为，这是由于此有对自己的死亡感到怖栗，所以它逃避死亡而沉沦到世界中之物去。此有逃避自己的死亡，就是逃避自己有尽的时间，因此它误解自己的时间性。并且，当它沉沦到世界时，它不再接受自己良知的呼唤，而接受"人人"的指导。可是，死亡是属于自己的，不属于别人。并且"人人"不会死亡，因为它不是指实际的人，根本与死亡无关。因此，对于逃避了自己死亡的此有而言，它总是还有时间，因为无尽的时间似乎放在那里，任它拿去。

当时间被视为是放在那里，可以让人拿去，则时间也是公众的——不仅我可以拿它，"人人"也可以拿它。它似乎放在那里，任由"人人"去拿。但是，"人人"不是指任何实际的人，它是"没有人"（Niemand, nobody）。因此，这样的时间不属于任何人。这正好像说公共交通工具是公众的，因为"人人"都可以搭它；但由于它是公众的，因此不属于任何人。所以，当时间成为公众之物，就不属于任何人的了。但是，此处时间的公众性跟上节说的时间的公众性完全不同。后者是指此有在关切世界中之物时给出的时刻，是可以让公众理解的；例如此有说："'然后'在日出时，我会……"这里的"在日出时"是指公众可以理解的时间。前者则是指时间已经独立于此有和世界中之物，仿佛成为一件公众都拿得到的事物，因此不属于任何人。

（三）"现在"时间的其他性格

我们一般强调时间在消逝，但为何不强调时间在冒出呢？如果时间是由"现在"构成的系列，则它一方面往后消逝，另方面由前冒出。换言之，强调时间的消逝和强调它的冒出同样合理。海德格尔认为,当强调时间的消逝时,正表示我们尚未完全遗忘"世界时间"——虽然它已被遮蔽了。强调时间的消逝表示我们希望停住时间,但又理解时间是无法停住的。但是,希望停住时间,是对时间的非本真理解,因为当时我们不再在死亡中参与在自己有限的时间里,改为在等待中理解时间,将它看作对象,才会希望如同停住一物那样,将它停住。但是,为何我们以为它是往后流动呢?海德格尔认为,这是由于此有是"往前来到自己"(Sichvorweg, ahead-of-itself)的,亦即它是存在性。这是指,由于此有是存在的、"往前来到自己"的,因此在它的往前中,才会发现时间是相对地往后溜走的。并且,它又理解它的"往前来到自己"是死着的,所以它感到怖栗,希望停住时间。由于此有本真理解它是往前和死着的,亦即它的时间是有尽的,它才以为时间是往后的和希望将它停住,所以它强调"时间在消逝",而不反过来说"时间在冒出"。

时间的一般概念认为,时间是单向地相续往前,不能逆转回来。但如果时间是由"现在"构成的系列,则它不一定要往后消失、由前而来,在理论上,它也可能往前消失、从后而来。为何时间不能逆转呢?海德格尔认为,这是由于此有的时间性在时间化时,它的将来总是已经往前到了它的尽头。它无法舍弃它的尽头(即死亡)而逆转回去。这是说,时间性在时间化自己时,它是往着而且已经到了尽头,它无法从它的尽头开始,以逆转的方式去时间化自己。

时间的一般概念是无尽的、不可逆转的、正在消逝中的,由"现在"构成的系列。基本上,这是由于此有离开本真的时间性,沉沦在世界中而引申出来的。由于此有遗忘自己的时间性给出的

"世界时间"，进而在手前性的观点下，计算时针的移动，时间才能成为由片刻的"现在"所构成的系列；此有逃避自己有尽的时间，才把时间看作是无尽的；此有离开了时间性时间化时给出的时间，而视时间为单向地相续往前的时间流，因此把时间看成不可逆转的；此有怖栗自己的死亡，不再参与在它有限的时间中，而改以在等待中去理解时间，又希望将时间停住，因此强调时间正在消逝中。在这种对时间的解释中，一切存有者，甚至是历史的过程，全都在时间中。

海德格尔认为，如果视"'现在'时间"为真正的时间概念，又排斥其他的可能概念，则这是错误的。海德格尔不是说"'现在'时间"是不真实或虚幻的。时间的确有这种意义，但它不是唯一的，更不是基本的。我们难以否认时间有多种意义，而我们不是从多种意义中，确定其中一种，排斥其他的；相反地，要理解时间，是要理解在各种意义中，哪种是最基本的，其他的意义又是如何从这最基本的意义引申出来。这正如此有本身在哲学史上也有多种意义，而我们不是只选取其一，排斥其他，而是要说明在这些意义中，哪个是最原初的，这个最原初的意义，又如何引申其他的意义。当我们能一致解释所有意义，就是让此有毫无隐蔽地开显出来了，而当此有毫无隐蔽时，就是得到了它的真理——在海德格尔，真理的意义是无蔽性。

在海德格尔，若要理解时间的各种意义，则要根据此有的时间性。此有的时间性在原初的方式时间化自己时，是在参与的决断中。这时，它往前走在它的"将要前来"中，回到它的"曾经"去，在"瞬间"中将它当下的处境"现之为在"。时间的原初意义是在参与的决断中的"将要前来"、重现中的"曾经"和

"瞬间"中的"现之为在"。但当时间性开始沉沦而关切世界中之物时，时间成为具有时刻性、时距性、公众性和与世界性相关的"从前""现在"和"然后"，这是海德格尔所说的"世界时间"。这时，时间尚未完全成为手前的、由片刻的"现在"构成的时间流。当此有进一步沉沦在计时用具——时钟的指针——上时，时间便成为"'现在'时间"，单纯的"现在"之无尽相续。对于以上各种时间的意义，若只蔽于其一，则是误解时间；若能一以贯之，则时间成为无蔽，显示其真理。

至今，海德格尔已全部完成他对此有的分析。他从此有的日常生活开始，分析它的非本真存在，然后找出此有的存有——关念，再根据关念分析此有的本真存在，由此完成分析此有的预备工作。这是本书的第一个阶段。接着，他要深入探索关念的存有学意义，希望能更彻底理解此有。在证实了关念的存有学意义是时间性后，海德格尔从时间性重复说明此有的存在，让我们对分析此有的预备工作有更彻底的理解。这是本书的第二个阶段。因为此有是在发展的过程中，这是说，此有是在历史化中，所以海德格尔要从时间性说明此有与历史的关系。这是本书的第三个阶段。最后，由于时间性时间化自己时，必引申出时间，因此海德格尔根据时间性说明此有的时间。这是本书最后的阶段，由此结束对此有的全部分析。

四、结语：此有的分析与存有一般的意义（§83）

海德格尔的写作计划是要找出存有一般的意义。在《存有与时间》中，他只完成此有的分析工作。在这最后一节里，他要检讨他已完成的工作，也要反省以后要如何继续探索。

根据海德格尔的定义，人是此有，而此有是指"存有在这里"或"理解存有"。如果哲学要探索存有，则要从此有开始，又返回此有去。这是说，哲学是始于此有理解的存有，终于以现象学将它更清楚地呈现出来。不过，哲学的探索真的要从此有的"理解存有"出发，又回到这里吗？我们甚至可以质疑：若存有显示在此有中，而此有又具有自己的存有结构，那么，此有的存有结构不是已经限制了存有的显示吗？这是说，此有理解的存有，只是在其存有结构限制下的存有，而不是存有本身了，那又怎能如海德格尔要求的，回到事物本身呢？但是，如果不从此有的"理解存有"出发，又要从哪个基础出发呢？这是海德格尔的第一个主要问题。

其次，海德格尔在此书作了一个严格的区分：此有和非此有的存有者。此有的存有性格是存在，其他存有者的存有没有存在的性格，它们或许是手前存有，或许是及手存有，也或许是别的存有方式。又，自古以来，往往以手前性的方式理解此有，将它看作世界中之物。那么，为何此有总是将存有的意义视作手前性呢？我们不是已经指出，此有总是理解存有的，但这种理解为何往往变成误解，甚至还支配我们呢？再者，这个区分合理吗？在这个区分下，能够帮助我们探索存有一般的意义吗？当我们尚未理解存有一般的意义前，可以解答以上的问题吗？这是说，在尚未理解存有一般的意义前，我们作出这样的区分是否太仓促了呢？

最后，我们早已明白，存有一般的意义不能由逻辑方式去理解，因为逻辑无法提供适当的观点，也没有适当的视域。但是，当人拥有观点和视域,则他必须沿着他的观点往前深入探索他的视域。哲学一定要走在途中,沿途探索。答案是在沿途探索中获得的。但是,我们的探索是不是唯一的路径呢?是否尚有其他可行的路径呢?可是,要走上到达存有之路,必须被存有领导。《存有与时间》号称是被存有领导的。然而,被存有领导默认了此有是开显存有的,但此有开显存有如何可能?是否正如书中所说,这是此有的存有结构。或根据此有的时间性就可以解答这个问题呢。再者,此有的时间性开显存有一般,那么,这样的时间性是如何时间化自己的?到目前为止,我们只停留在此有中,预设它开显存有,但尚未明白,它是如何开显存有的。

《存有与时间》就在以上的问题中结束。海德格尔的写作计划是否走在一条错误的路径上?根据此有的存有结构,可以理解存有本身吗?海德格尔肯定此有理解存有是一个事实,这个肯定是否太独断呢?我的意思是说,这是否无须再深入探讨呢?我们或许还可追问:为什么此有不能不理解存有呢?为什么存有只显示给此有,而不显示给别的存有者呢?有没有其他存有者更能显示存有呢?这其中还有很多奥秘,有待大家研究。

参考书目

【海德格尔主要著作及译本】

（一）海德格尔主要著作

海德格尔最新全集名为 *Martin Heidegger: Gesamtausgabe*, 由 Frankfurt am Main: Vittorio Klostermann 出版，其中重要作品如下：

- ❖ *Aus der Erfahruhng des Denkens*, Band 13, 1983.
- ❖ *Einführung in die Metaphysik*, Band 40, 1983.
- ❖ *Erläuterungen zu Hölderlins Dichtung*, Band 4, 1981.
- ❖ *Holzwege*, Band 5, 1977.
- ❖ *Nietzsche I*, Band 6.1, 1996.
- ❖ *Nietzsche II*, Band 6.2, 1997.
- ❖ *Der Satz vom Grund*, Band 10, 1997.
- ❖ *Sein und Zeit*, Band 2, 1977.
- ❖ *Unterwegs zur Sprache*, Band 12, 1985.
- ❖ *Wegmarken*, Band 9, 1976.

（二）海德格尔其他重要著作及其译本

- ❖ *Being and Time*. Trans. J. Macquarrie and E. Robinson. New York: Harper and Row, 1962.
- ❖ *Being and Time: A Translation of Sein und Zeit*. Trans. J. Stambaugh. Al-

bany: State University of New York Press, 1996.

✧ *Basic Problems of Phenomenology*. Trans. A. Hofstadter. Bloomington: Indiana University Press, 1982.

✧ *Discourse on Thinking*. Trans. J. Anderson and E. Freund. New York: Harper and Row, 1966.

✧ *Early Greek Thinking*. Trans. D. F. Krell and F. A. Capuzzi. New York: Harper and Row, 1975.

✧ *The End of Philosophy*. Trans. J. Stambaugh. New York: Harper and Row, 1973.

✧ *The Essence of Reasons*. Trans. T. Malick. Evanston: Northwestern University Press, 1969.

✧ *Existence and Being*. Introduction and Analysis by Werner Brock. Indiana: Regnery, 1949.

✧ *Gelassenheit*. Pfullington: Verlag Neske, 1960.

✧ *Hegel's Concept of Experience*. Trans. J. G. Gray. New York: Harper and Row, 1970.

✧ *Identitaet und Differenz*. Pfullingen: Verlag Neske, 1957.

✧ *Identity and Difference*. Trans. J. Stambaugh. New York: Harper and Row, 1969.

✧ *An Introduction to Metaphysics*. Trans. R. Manheim. London: Yale University Press, 1980.

✧ *Kant and the Problem of Metaphysics*. Trans. J. S. Churchill. Bloomington: Indiana University Press, 1975.

✧ *Martin Heidegger: Basic Writings*. Ed. D. Krell. New York: Harper and Row, 1977.

✧ *Martin Heidegger: Pathmarks*. Ed. W. McNeill. Cambridge: Cambridge University Press, 1998.

✧ *The Metaphysical Foundation of Logic*. Trans. M. Heim. Bloomington: Indiana University Press, 1984.

✧ *Nietzsche. Volume I: The Will to Power as Art*. Trans. D. Krell. San Francisco: Harper and Row, 1979.

✧ *Nietzsche. Volume II: The Eternal Recurrence of the Same*. Trans. D. Krell. San Francisco: Harper and Row, 1984.

✧ *On the Way to Language*. Trans. P. Hertz. New York: Harper and Row, 1971.

✧ *On Time and Being*. Trans. J. Stambaugh. New York: Harper and Row, 1972.

✧ "Plato's Doctrine of Truth." Trans. J. Barlow. In *Philosophy in the Twentieth Century*. Vol.3. Ed. W. Barret and H. Aiken. New York: Harper and Row, 1971, pp.251－271.

✧ *Poetry, Language, Thought*. Trans. A. Hofstadter. New York: Harper and Row, 1971.

✧ *The Question Concerning Technology and Other Essays*. Trans. W. Lovitt. New York: Harper and Row, 1977.

✧ *Vorträge und Aufsätze*. Teil I, II, III. Pfullingen: Verlag Neske, 1967.

✧ *Was heisst Denken*? Tübingen: Max Niemeyer, 1961.

✧ *What Is a Thing*? Trans. W. Barton and V. Deutsch. New York: Regnery, 1967.

✧ *What Is Called Thinking*? Trans. J. G. Gray. New York: Harper and Row, 1968.

✧ *Zur Sachen des Denkens*. Tübingen: Max Niemeyer, 1969.

✧ 王庆节、陈嘉映译:《存在与时间》,台北:久大文化、桂冠图书,1990 年。

✧ 孙周兴译:《走向语言之途》,台北:时报文化,1993 年。

✧ ——译:《林中路》,台北:时报文化,1994 年。

✧ ——选编:《海德格尔尔选集》,上海:上海三联书店,1996 年。

✧ ——译:《路标》,台北:时报文化,1997 年。

【其他主要参考书目】

✧ Bruns, L. *Heidegger's Estrangement: Language, Truth, and Poetry in the Later Writings*. London: Yale University Press, 1989.

✧ Ballard, G. and Scott, C. *Martin Heidegger: In Europe and America*. The Hague: Nijhoff, 1973.

✧ Caputo, F. *The Mystical Element in Heidegger's Thought*. Athens: Ohio University Press, 1978.

✧ Dreyfus, H. *Being-in-the-world: A Commentary on Heidegger's Being and Time, Division I*. Cambridge: The MIT Press, 1991.

✧ Elliston, F. *Heidegger's Existential Analytic*. New York: Mouton Publishers, 1978.

✧ Gelven, M. *A Commentary on Heidegger's Being and Time: A Section-by-section Interpretation*. New York: Harper and Row, 1970.

✧ Frings, M. (Ed.). *Heidegger and the Quest of Truth*. Chicago: Quadrangle Books, 1968.

✧ Kaelin, E. *Heidegger's Being and Time: A Reading for Readers*. Tallahassee: The Florida University Press of America, 1986.

✧ King, M. *Heidegger's Philosophy: A Guide to His Basic Thought*. New York: Macmillan Company, 1964.

✧ Kockelmans, J. (Ed.). *A Companion to Martin Heidegger's "Being and Time."* Washington, D. C.: University Press of America, 1986.

✧ —— (Ed.). *Heidegger and Language*. Evanston: Northwestern University Press, 1972.

✧ ——. *Heidegger on Art and Art Works*. Dordrecht: Nijhoff, 1985.

✧ ——. *On the Truth of Being: Reflections on Heidegger's Later Philosophy*. Blooming: Indiana University Press, 1984.

✧ Loscerbo, J. *Being and Technology: A Study in the Philosophy of Martin Heidegger*. The Hague: Nijhoff, 1981.

✧ Macann, C. (Ed.). *Martin Heidegger: Critical Assessments*, 4 vols. New York: Routledge, 1992.

✧ Mehta, J. *Martin Heidegger: The Way and the Vision*. Honolulu: The University Press of Hawaii, 1976.

✧ ——. *The Philosophy of Martin Heidegger*. New York: Harper and Row, 1971.

✧ Mulhall, S. *On Being-in-the-World: Wittgenstein and Heidegger on Seeing*

Aspects. New York: Routledge, 1990.

✧ ——. *Heidegger and Being and Time*. New York: Routledge, 1996.

✧ Murray, M. (Ed.). *Heidegger and Modern Philosophy: Critical Essays*. New Haven: Yale University Press, 1978.

✧ Poeggeler, O. *Martin Heidegger's Path of Thinking*. Trans. D. Magurshak and S. Barker. New Jersey: Humanities Press, Inc., 1987.

✧ Richardson, W. *Heidegger: Through Phenomenology to Thought*. The Hague: Nijhoff, 1963.

✧ Sallis, J. (Ed.). *Heidegger and the Path of Thinking*. Pittsburgh: Duquesene University Press, 1970.

✧ Sheehan, T. (Ed.). *Heidegger: The Man and the Thinker*. Chicago: Precedent Publishing, Inc., 1981.

✧ Steiner, G. *Martin Heidegger*. New York: The Viking Press, 1978.

✧ Vail, L. *Heidegger and the Ontological Difference*. London: The Pennsylvania State University Press, 1972.

✧ Versenyi, L. *Heidegger: Being and Truth*. New Haven: Yale University Press, 1966.

✧ Waterhouse, R. *A Heidegger Critique: A Critical Examination of the Existential Phenomenology of Martin Heidegger*. New Jersey: Humanities Press, Inc., 1981.

✧ Werner, M. *Heidegger and the Tradition*. Trans. T. Kisiel and M. Greene. Evanston: Northwester University Press, 1971.

✧ Zimmerman, M. *Eclipse of the Self: The Development of Heidegger's Concept of Authenticity*. Athens: Ohio University Press, 1981.

✧ ——. *Heidegger's Confrontation with Modernity: Technology, Politics and Art*. Blooming: Indian University Press, 1990.

✧ 陈荣华:《海德格尔哲学:思考与存有》, 台北: 辅仁大学出版社, 1992年。

✧ 项退结:《海德格尔》, 台北: 东大图书公司, 1989年。

德—英—汉术语对照表

A

Abstand, distance 间距

abständigkeit, distantiality 差距性

aletheia [希], unconcealment 解蔽性

allegemine Lage, general situation 一般场所

Alltäglichkeit, everydayness 日常性／日常生活

Angst, anxiety 怖栗

Anruf, appeal 呼吁

Anwesenheit, presence "在"

Aufdringlichkeit, obstrusiveness 闯入性

Aufenthaltslosigkeit, never dwelling anywhere 居无定所

Auffallen, conspicuousness 突出性

Aufruf, summon 唤出

Aufsässigkeit, obstinacy 固执性

Augenblick, moment of vision 瞬间

Ausdehnung, extension 广延

Auslegung, interpretation 解释

Ausrichtung, directionality 方向性

Aussage, assertion 断言

aussteht, outstanding 有欠缺的

B

bedeuten, signify 意指出

Bedeutsamkeit, significance 给出意义性

Befindlichkeit, state-of-mind 际遇性

Befragtes, that which is interrogated 被研究者

Begebenheit des Todes, event of death 死亡事件

begegnen, encounter 遭逢

beruhigend, tranquillizing 平和

berühren, touch 触摸

Besorgen, concern 关切

Bewandtnis, involvement 指向性

Bewusstsein, consciousness 意识

Bodenlosigkeit, complete groundlessness 完全的无根

Botmässigkeit, subjection 屈从性

C

Cogito [拉], I think 我思

D

das Man, the they "人人"

das Man-selbst, they-self "人人自我"

Datierbarkeit, datability 时刻性

der Verstorbene, the deceased 死者

die Welt als soche, the world as such 世界一般

Durchschnittlichkeit, averageness 平均性

Durchsichtigkeit, transparency 透视

E

eigentliche Existenz, authentic existence 本真存在

eigentliche Geschichtlichkeit, authentic historicality 本真的历史性

eigentliche Zeitlichkeit, authentic temporality 本真的时间性

Einebnung, leveling down 压平

Einräumen, making room 开辟空间

einspringen, leap in 跳进

Ekstase, ecstase 超出性时态

ekstatische Einheit, ecstatical unity 互为超出的统一性

Ende, end 尽头

entdeckend-sein, Being-uncovering 发现存有

Entferntheit, remoteness 距离

Entfernung, deseverance 除距

entfremdend, alienating 疏离

Entschlossenheit, resoluteness 决断

Entsetzen, terror 恐怖

Entwurf, projection 设计而投出

Entwurzelung, uprooting 离根

Erfragtes, that which is to be found out by the asking 探索欲得知者

Erkennen, knowing 认识

erleuchtet, illuminated 明亮的

Erschlossenheit, disclosedness 开显性

Erschrecken, alarm 惊吓

Erwarten, expecting 期待／等待

Existenz, existence 存在

existenzial, existential 存在的

Existenzial, *existentiale* [拉]存在性征

Existenzialität, existentiality 存在性

existenzielle, existentiell 实际存在的

F

Faktizität, facticity 事实性

Falsch, false 假

Frage, inquiry 探索

Frage, question 问题

Früher, earlier "以前"

Fundamentalontologie, fundamental ontology 基础存有学

Furcht, fear 惊慌

Fürsorge, solicitude 关怀

G

Ganze, whole / totality 整体

Gefragtes, that which is asked about 被探索者

Gegend, region 区域

Gegenwart, presence 现在

Gegenwärtigen, making present 现之为在

Gerede, idle talk 闲聊

Geschehen, historizing 历史化

Geschichte, history 历史

Geschichtlichkeit, historicality 历史性

Geschick, destiny 命运

Gewärtigen, awaiting 等待

Gewesen, been 曾经

Gewissen, conscience 良知

Gewissheit, Certainty 确定性

Gewisssein, Being-certain 确定存有

Geworfenheit, thrownness 被丢掷性

Gleichursprunglichkeit, equiprimordiality 同等原初性

Grauen, dread 可怕

greifen, grasp 掌握

Grundverfassung, basic constitution 基本结构

H

Handlichkeit, manipulability 被操纵性

Hang, addiction 沉溺

Hermeneutik, hermeneutic 诠释学

hermeneutischer Zirkel, hermeneutical circle 诠释学循环

Heute, today "今天"

Historie, historiology 历史学

Horchen, hearkening 倾听

Hören, hearing 听 / 聆听

Horizont, horizon 视域

I

Ich, I "我"

In-der-Welt-sein, Being-in-the-world 在世存有

innerweltlich, within-the-world 在世界中

In-Sein, Being-in 在存有

J

Jemeinigkeit, mineness 属我性

jetzt, now "现在"

Jetzt-Zeit, now-time "现在"时间

K

Kategorie, category 范畴

L

logos, -logy 学

M

Methode, method 方法

Methodologie, methodology 方法论

mit, with 共存

Mitsein, Being-with 共存存有

Mitteilung, communication 沟通

Mitwelt, with-world 共存世界

Möglichkeit, possibility 可能性

Möglichsein, Being-possible 可能性存有

N

Nachhängen, hankering 渴望

Nachsehen, perfunctoriness 不理会

Nachsicht, forbearance 宽容

Neugier, curiousity 好奇

Nicht, not "不" / 无

Niemand, nobody "没有人"

noch-nicht, not-yet 尚未完成

O

Objektivität, objectivity 客体性
öffentliche Zeit, public time 公众时间
ontisch, ontical 实际存有的
Ontologie, ontology 存有学
ontologisch, ontological 存有学的
ousia [拉], substance 实体

P

Phänomen, phenomenon 现象
Phänomenologie, phenomenology 现象学
Platz, place 方位

R

Raum, space 空间
Realität, reality 实有
Rede, discourse 言谈
Rücksicht, considerateness 体贴
Ruf, call 呼唤
Rufer, caller 呼唤者

S

Schein, semblance 貌似者
Schema, scheme 图式
Schicksals, fate 定命
Schuld, guilt 欠咎
Schuldigsein, Being-guilty 欠咎存有
Schweigen, keeping silent 沉默

Seiendes, entity 存有者

Sein-bei, Being-alongside 靠存有

sein eigenste, its ownmost 最为自己

Sein-können, potentiality-for-Being 能够存有

sein lassen, letting be 让之在

Sein überhaupt, Being in general 存有一般

Seinsfrage, question of Being, 存有探索

Selbst, self 自我

sich verbrauchen, uses itself up 用去自己

sich verwenden, utilizes itself 运用自己

Sich-vorweg-sein, Being-ahead-of-itself 到了自己之前的存有

Sicht, sight 视线

Sinn, meaning 意义

sinnlos, meaningless 没意义的

sinnvoll, meaningful 有意义的

Situation, situation 处境

Sorge, care 关念

Spanne, span 时距

Späterhin, later on "以后"

Sprache, language 语言

Ständigkeit des Selbst, self-constancy 自我坚持性

steigert, aggravating 下坠

Stelle, position 空间位置

Sterben, dying 死着

Subjekt, subject 主体

Subjektivität, subjectivity 主体性

Substanzialität, substantiality 实体性

T

Tatsächlichkeit, factuality 实物性

Tempora, tense 时态

Thematisierung, thematizing 课题化

theoretisches Besorgen, theoretical concern 认知的关切

Tod, death 死亡

transzendent, transcendental 超越的

U

überantworten, deliver over 委付

Übereinstimmung, agreement 符合／符应

überlegen, deliberate 考虑

Umgang, dealing 处理

Umhafte, aroundness 周遭

Umsicht, circumspection 环视

umsichtiges Besorgen, circumspective concern 环视的关切

Umwelt, environment 周遭世界

um-zu, in-order-to 为了……

Unbestimmtheit, indefiniteness 不可预料性

unbezuglich, non-relational 毫不相关

uneigentliche Existenz, unauthentic existence 非本真存在

Unentschlossenheit, irresoluteness 反决断

unheimlich, uncanny 无家

Unselbst-ständigkeit, non-self-constancy 自我的非坚持性

Unverweilen, not tarrying 从不停靠

Unwahrheit, untruth 反真理

Unzuhandenheit, un-readiness-to-hand 尚未及手

ursprünglich, primodial 原初

V

vereinzelt, individualized 个人化

Verenden, perishing 消失

Verfallen, falling 沉沦

Verfallensein, Being-fallen 沉沦性

verfängt, entangled 纠缠不清

Vergangenheit, past "过去"

vergessen, forget 遗忘

Verständlichkeit, intelligibility 可理解性

Verstehen, understanding 理解

versucherisch, tempting 诱惑

Voraussetzung, presupposition 预设

Vor-griff, fore-conception 前概念

Vor-habe, fore-having 前所有

Vorhanden, present-at-hand 手前（的）

Vorhandenheit, presence-at-hand 手前性

Vorlaufen, anticipation 参与

Vor-sicht, fore-sight 前观点

Vorstellung, representation 表象

Vor-Strukturen, fore-structures 前结构

vulgärer Zeitbegriff, ordinary conception of time 时间的一般概念

W

Wahrheit, truth 真理

Welt, World 世界

weltgeschichtlich, world-historical 世界历史的

weltlich, worldly 世界的

Weltlichkeit, worldhood 世界性

weltlos, worldless 没有世界

Weltzeit, world-time 世界时间

weltzugehörig, belonging to the world 隶属于世界

Wesen, essence "本性"

widersinnig, absurd 违背意义

Wiederholung, repetition 重现

Wirbel, turbulence 纷乱

wirklich, actual 实在的

Wollen, willing 意欲

Wünschen, wishing 期望

Z

zeitigen, temporalize 时间化

Zeitlichkeit, temporality 时间性

Zerstreuung, distraction 分散

Zeug, equipment 用具

zu sein, to be 去存有

Zu-Ende-sein, Being-at-an-end 到尽头存有

zuhanden, ready-to-hand 及手（的）

Zuhandenheit, readiness-to-hand 及手性

Zukunft, future "将来"

zu-kunft, to come 将要前来

Zweideutigkeit, ambiguity 歧义

大陆版跋

本人非常感谢崇文书局及台湾大学出版中心的鼎力帮助,让本书简体中文版得以付梓。对于一位作者,著作能得到广大读者的分享、批评和指导,是莫大的喜悦。

《存有与时间》是海德格尔的早期作品,也是他的成名作,并奠定了他的学术地位。海德格尔后来自称曾作出一个"转向"(一般称为 die Kehre, the turn),发展出他的后期哲学。不过,不先理解《存有与时间》,会难以理解他的后期作品。并且,从西方哲学的发展而言,海德格尔奠定了欧陆当代哲学的后现代主义 (post-modernism),发展出存在主义、结构主义、批判理论、诠释学等不同当代哲学学派。所以,《存有与时间》几乎可说是进入当代欧陆哲学的钥匙。

《存有与时间》对当代欧陆哲学的影响是多方面的,其中之一可称为主体性的消失。这是说,人失去作为主体 (subject) 的意义。若能把握这个概念,可帮助我们理解《存有与时间》一书。

在亚里士多德 (Aristotle), subject是述句 (statement)

中的主词。述句由主词和宾词 (predicate) 构成。例如,"粉笔是硬的"这个述句,"粉笔"是主词,"硬的"是宾词。根据形上学,主词指的是实体 (substance),宾词指的是属性 (attribute)。并且,属性不能自存,要依附在实体上。因此相对而言,实体是源初的基础。然而,述句的主词可以泛指任何事物,如桌子、椅子、石头等,甚至是人。那么在古希腊,subject可以泛指所有具体之物,不是仅局限于人。

然而,把主体 (subject) 仅局限于人的哲学主张是从笛卡儿 (Descartes) 开始。根据他的"我思故我在"名言,我由自己的思考就可以确定我是确实无误的存在。[①]这是说,我不用依赖别的,完全由自己来肯定自己。并且,笛卡儿认为这是不容置疑的真理。他甚至借着反省这个思考者的我,肯定真理的判准:明白和清晰 (clear and distinct),[②]再根据它肯定其他真理。这样,人仅由他自己就足以规定思考的方向和规则,且据此以规定存在和真理的意义。换言之,只要在我这个思考者的主导或主宰下,就能奠定存在或真理。我似乎成为最根本和唯一的基础,其他的存在和真理皆依赖我才得以成立。对于这个作为最根本基础的我,笛卡儿以后的哲学家称为思考主体 (thinking subject) 或主体 (subject)。[③]于

---

① 请参考笛卡儿《沉思录》第二沉思。
② 请参考笛卡儿《沉思录》第三沉思。
③ 我们必须注意,在这里"主体"的意义,基本上不是指它是实体,而是指它的思考活动具有自我主导和自我主宰的性格,并能由此规定存在和

是，主体成为人的专利品，不再如古希腊那样，可以泛指一切事物。

当人自视为主体，且又是唯一的主体，则其他事物便成为相对于它的客体（object）。主体和客体成为在性质上两个完全不同的实体。[①]这奠定了现代哲学的二元区分。主客的二元区分为哲学带来很多难以解决的困难。在知识论，我们难以说明主体如何认识客体。因为主体是内在的，客体是外在的。内在的主体如何冲破它的内在，到达外在去理解事物？同理，外在的事物如何冲破它的外在，到达内在的主体，让它理解？主体和客体如何沟通，成为永远不可解的难题。

在形上学，主体和客体是各占不同领域的实体，这引出了心灵和身体如何互动的困难。心灵是内在实体，身体是外在实体。我们一般承认，心灵可以指挥身体进行某种活动，但心灵和身体在性质上完全相异，则心灵实体如何推动身体的活动？同理，身体也会影响心灵。若身体一旦受热，它如何推动心灵产生热的感觉？这是二元论在哲学上做成的千古难题。

主客对立在西方哲学引出很多无解的困难，这种二元区分把世界区分成两个不同的领域，则引出了实有与

真理的意义。它成为最源初的基础，其他的东西必须依赖它才得以成立。

① 笛卡儿提出心物二元论。这是说，心灵和物质各有不同的性质和在不同的领域。前者是非广延的（unextended），不占空间，没有运动，没有数量，没有形状，是内在的；后者刚好相反，是广延的，占空间的，有运动的，有数量的，有形状，是外在的。请参考笛卡儿《沉思录》第六沉思。

表象（reality and appearance），经验界与超越界，心灵与身体，实体与属性，本质与偶然，共相与特殊（universal and particular），潜能与现实等区分，也做成很多至今难解的问题。

海德格尔反对人是自我主导或自我主宰的思考者，亦即反对人是主体，也因此扬弃了主客对立的二元论及由此导致的二元区分。我们可以说，《存有与时间》是要更深入探讨人是什么？海德格尔认为人不是现代哲学以来所说的心灵、主体性、意识或精神等。他自创一个词汇，称为 Dasein。本书译作"此有"。①Da-sein的基本意义是存有（Sein）在这里（Da）。换言之，存有显示在人这里，且人理解它。不过，人理解存有，不是因为他具有心灵，靠心灵的活动进行理解。人不是心灵，因为人的存有不是实体。海德格尔认为，Dasein的本性是存在（Existenz）。②存在不是指 Dasein是活着的实体。存在的文字结构是 ex-ist，"ex" 是超出的意义，而此有的超出是指它超出存有者（Seiendes）到达存有去，而"到达存有"亦即理解存有，因此，存在的基本意义是理解，而且是理解存有。

根据海德格尔，存有是存有者的存有，它不是独立自存的实体，而显示它自存有者中，两者合一。于是，人一方面理解存有，另方面超出他自己，到达世界中的存

---

① 见本书对《存有与时间》的第 2 节阐释。

② 《存有与时间》第 9 节。并请考本书对第 3 和 4 节中"存有"一词的阐释。

有者去。所以，海德格尔认为，人的存有的基本结构是在世界的存有（In-der-Welt-sein, Being-in-the-world）。人与世界不二分，也不对立，他们是统一的现象。[①]这不是说，人与世界本来是两个不同的实体，然后拼合成统一的现象。而是，人与世界都不是实体。人在他的存在中，早已超出它自己，到达世界去，理解其中的存有者和存有。借着存在，人超出而到达世界，与之统一，成为整体。

人的本性是存在，亦即超出自己到达且理解世界。他不是自我主导或自我主宰的思考者。于是，他不是主体，也没有面对他的客体。海德格尔扬弃了主体性哲学，因此人与事物没有二元对立。他也扬弃了实体性哲学。人不是实体，而是存在——超出而到达世界去，与世界统一。海德格尔哲学不是实体性哲学，而是整体论（holism）。[②]

本文指出海德格尔哲学扬弃了主体性哲学，也扬弃实体性哲学及由此而引出的二元区分。这样我们可以明白，对于一般哲学工作者，为何海德格尔哲学非常难懂，因为一般人早已不自觉地在主体性哲学的限制

---

① 请参考本书对《存有与时间》第12节的阐释。

② 虽然海德格尔哲学是整体论，但这个"人与世界统一的整体"不是实体。海德格尔称它为统一的现象。这个现象由一组有结构的关系把人与世界中的事物统一起来，因此，这组关系的结构才是最源初的基础，海德格尔称它为世界性（Weltlichkeit, worldhood）。这需要很长篇幅的讨论，这里无法详述。请参考本书对第18节的阐释。

下。我们总以为，要得到真理或知识，必须主导自己的思考，要求它符合逻辑，去除偏见，摆脱主观等。我们在思考之前，早已由自己决定思考的规范和方向，认为在自我规范和自定方向下，始能得到真理。并且，我们也早已认为，面对着我的世界是外在的，充塞着很多客体。我与客体是不同的实体，在不同的领域里。并且，不同的客体或许可被划分在不同的领域中。于是，我与世界被割裂，或世界也被割裂成不同的领域。而且，由于我是主导者或主宰者，因此我可以控制自然，成为大地的主人，撕裂了人与世界的自然合一及和谐。这种不自觉的思考方式使我们难以接近海德格尔反对主体性哲学的主张。

海德格尔认为人的本性是存在。存在是指超出自己到达世界去理解它。存在的基本意义是理解，但不是自我主导的理解，而是对存有和存有者开放的理解。[①]人一旦放弃主导，反过来成为开放性，则主体性消失。主体性的消失，也是客体性的消失，主客二元对立的消失和实体性的消失。人与世界再度回到统一的源初状态。由此，无论人、事物和世界，都以源初的模式显示出来。对海德格尔的《存有与时间》而言，这是真理的呈现。

读者若要理解《存有与时间》，请务必熟读原书第

---

① 请读者详细阅读本书对《存有与时间》第 7 节的阐释。海德格尔认为现象学是《存有与时间》采用的方法。我认为它的重点是要求放弃自我主导性，让事物正如自己般地显示。

7 节的现象学和真理概念。从对现象学的分析，读者可以明白人如何让出他的主导性，以致主体性的消失。然后明白真理不是由人规定，而是事物本身的显示。

崇文学术文库·西方哲学

崇文学术文库·中国哲学

出品：崇文书局人文学术编辑部·我思

联系：027-87679738，mwh902@163.com

我
思

敢于运用你的理智

崇文学术译丛·西方哲学 [待出]

1. 〔英〕W. T. 斯退士 著，鲍训吾 译：黑格尔哲学
2. 〔法〕笛卡尔 著，关文运 译：哲学原理 方法论
3. 〔美〕迈克尔·哥文 著，周建漳 译：于思之际，何者入思
4. 〔美〕迈克尔·哥文 著，周建漳 译：真理与存在

崇文学术译丛·语言与文字

1. 〔法〕梅耶 著，岑麒祥 译：历史语言学中的比较方法
2. 〔美〕萨克斯 著，康慨 译：伟大的字母 [待出]
3. 〔法〕托里 著，曹莉 译：字母的科学与艺术 [待出]

崇文学术译丛·武内义雄文集（4种）

1. 老子原始　2. 论语之研究　3. 中国思想史　4. 中国学研究法

中国古代哲学典籍

1. 〔明〕王肯堂 证义，倪梁康、许伟 校证：成唯识论证义
2. 〔唐〕杨倞 注，〔日〕久保爱 增注，张觉 校证：荀子增注 [待出]

萤火丛书

1. 邓晓芒　批判与启蒙